中小学校长财务管理实务

张秀琴 编著

上海科学普及出版社

图书在版编目（CIP）数据

中小学校长财务管理实务／张秀琴编著.—上海：上海科学普及出版社，2014.9
ISBN 978-7-5427-5836-1

Ⅰ.①中… Ⅱ.①张… Ⅲ.①中小学—校长—学校管理—财务管理 Ⅳ.①G637.5

中国版本图书馆CIP数据核字（2013）第172914号

责任编辑　吴隆庆

中小学校长财务管理实务
张秀琴　编著
上海科学普及出版社出版发行
（上海中山北路832号　邮政编码200070）
http://www.pspsh.com

各地新华书店经销　上海金顺包装印刷厂印刷
开本787×1092　1/16　印张24.5　字数420 000
2014年9月第1版　2014年9月第1次印刷

ISBN 978-7-5427-5836-1　　定价：46.00元
本书如有缺页、错装或坏损等严重质量问题
请向出版社联系调换

序 I

中小学的财务管理是学校管理工作的重要组成部分。当前，随着财政性教育经费投入的逐年增加和财务管理制度、机制的不断完善，对中小学校长的财务管理工作提出了更高的要求。校长们不但要能遵守相关法律、法规和财务管理制度的要求使用经费，而且更要能围绕学校的中心任务——"让每个孩子健康快乐成长、为每个孩子的终身发展奠基"使用经费。

张秀琴老师的《中小学校长财务管理实务》，是她长期在督导实践中不断积累的智慧的结晶，非常值得校长们一读。这本书不但向读者介绍了学校财务管理的基础知识，而且向读者讲述了一个个生动的学校财务管理案例；不但向读者剖析了学校财务管理过程中常见的问题，而且通过理论与实践案例相结合的方法介绍了改进的方法和举措。在这些文字和报表的背后，体现了她对财务管理知识的熟练应用和对学校改革发展的深刻理解。教育督导人员，包括侧重各个方面督导工作的同志，需要有这种深入学校探究问题的精神、梳理把握现状和提出系列改进举措的能力、不断积累和总结经验的韧性，要做一个研究型、服务型、创新型的督导人员，而不能走马观花、高高在上、思维固化，面对层出不穷的新问题和现实生活中的真问题视而不见、听而不闻，面对教育改革实践中的新鲜案例缺乏敏感、缺少激情，从而使督导工作流于形式、流于平庸。

大家知道，学校是政府教育公共服务的基本单位。政府在教育领域尤其是基础教育领域的各种努力主要是通过学校这个中介将一般意义上的公共资源转化成专业化的公共教育产品而作用于人（学生与家长）。换言之，政府教育公共服务职能必须在学校的办学过程中实现，学校是

教育公共服务的具体和直接提供者。老百姓对政府教育公共服务的满意度取决于学校所提供的教育服务的质量。

政府通过制定政策、增加投入、改善环境、培训师资、配置资源、加强监督等多种手段为学校的发展提供物质资源和制度资源，保障学校教育公共服务的质量。然而，我们不能不看到，虽然这些年来政府对基础教育的投入逐年大幅度增加，惠及每个学生及其家庭的措施也不断出台，但公共服务的质量和社会满意度并没有随着投入的增长而同步提高。我们不得不面对这样的问题，人民群众对基础教育的满意与否并不全在于校舍、设备等硬件的改善，也并不全在于教育收费的减少，他们更关注的是直接享受到的、具体的教育服务的质量。因此，对中小学校的财务管理工作而言，如何围绕学校的中心任务——"育人"使用经费，让每个小孩都能享受到实实在在的高品质的教育服务、都能健康快乐成长，是学校财务工作需要重点突破的方面。

校长是政府教育公共服务的重要执行人，是学校内涵发展和公共服务的第一责任人和执行人。一所学校办学水平的高低也许会受多种因素所影响，但校长的工作能力与水平，包括财务管理能力与水平往往是其中起决定作用的因素。政府的教育公共服务政策和举措要通过学校作用于学生、服务家长，而如何把政策有效地落实在学校层面，深入到教育教学的各个环节，关键要靠校长。因此，校长是否具备相应的公共服务意识和能力，是否具有教育专业的能力，他的工作与他所领导的学校能否把政府提供的资源转化为高质量的公共教育产品，是教育公共服务能否得到有效落实的关键所在。从这个意义上说，在政府已经履行教育基本职责的前提下，学校的公共服务能力决定了教育公共服务的质量。校长作为教育公共服务的执行人，其公共服务能力（包括财务管理能力在内）将决定学校公共服务的质量。

我们认为，校长在学校管理、特别是学校财务管理过程中要增强教育公共服务的执行人意识，主要包括四个方面：

一是公共意识。首先要面向所有学生。在今天，当我们进一步明确了基础教育的公共服务性质时，面向每一个学生，不放弃任何一个学生，确保所有的学生都能享受基准水平以上的教育服务,让每个学生都能享受到适合其个性发展的优质教育,则应当成为校长的自觉意识。同时要强化自身公共职责的认识,校长不是在以个人身份管理教育和学校,教育经费是纳税人的钱,校长是作为政府部门的执行人在治理学校,我们时刻都应当按照国家的公共服务政策和要求选择教育教学行为,选择与家长和社会交往的行为。

二是法人意识。法人意识的核心是要求校长从教育管理走向法人治理,从家长式和长官式的管理思路中跳出来,依据教育规律和政策法律等,以学校法人的身份领导和治理学校。在学校各项事务管理过程中,要探索建立管理科学、职责分明的学校法人治理结构,完善民主管理等形式。要建立科学有效的管理制度,充分调动全体师生的主动性和积极性。

三是效益意识。今天,政府大幅提高了公共教育的投入,基本保障了基础教育学校的运行开支,校长要运用所获得的公共资源,转化为教育产品,提供公共服务,因此在办学过程中校长的效益意识必须大大提高。一方面,公办学校的财政是公共财政,它必须按照公共财政的要求和管理办法来使用;另一方面,必须充分重视有限的经费如何使用,用在什么地方,什么时候用,怎么用才更有利于师生与学校的发展,这些都是校长应该关心和运筹的。

四是教育意识。这是个核心问题。教育的对象是人,人的本质决定了人的需求,人的发展有其内在的特殊性和独特的规律性,教育教学行为不能脱离这些规律。强调校长的教育意识,实际上是要求校长在带领教师提供教育公共服务的过程中,在具有公共意识、法人意识和效益意识的同时,还要充分理解和认识教育的特殊规律,把教育的外部要求与内在规律结合起来,以教育工作者敏锐而独特的专业目光选择教育教学行为。这是一般的公共资源能否转化为优质教育资源,进而作为教育的公共产品服务于民众的核心所在。说白了,就是如何把钱花到真正能够促进学生健康发展的过程和条件上去。用现代社会人的发展要求去丰富学生的课程经历,充实学生的精神世界,改善学生的学习品质。以这个方向去安排和使用经费，这需要校长不断提高自己的教育思想境界和专业水平。

本书对于校长在财务管理过程中如何落实校长的职责，如何检验一个校长的财务管理能力，如何从教育需求出发用好经费是有一定的启发的。同时，学校财务督导也应该成为对学校督导的重要方面，也值得督导同志一读。

是为序。

国家督学、上海市教育委员会巡视员

2014 年 3 月

序 II

中小学校财务管理是学校管理的重要组成部分。曾经有一段时间，我国学校经费紧缺，该办的事情办不了，许多校长不姓"教"而姓"钱"，主要精力忙于筹钱。随着教育优先发展战略地位的落实，教育经费增长很快，基本上满足了事业发展的需要。特别是从2012年起，我国教育经费占GDP4%的目标已经实现，而且教育经费还将不断地增长。学校的钱多了，如何把钱用好、管好，用在最需要的地方，防止出现各种财务问题，成为中小学校教育改革发展中一个非常重要的课题。

毫无疑问，校长是学校财务管理的第一责任人。但长期以来，很多中小学校长重教育教学，轻财务管理。2013年1月1日起实施的《事业单位财务制度》、《事业单位财务规则》等4个制度，以及落实国库集中收付制度改革、实施公务卡制度改革后，对中小学校的财务管理将会更加严格规范，中小学校长在财务管理上将面临新的挑战。

教育改革发展需要加强教育督导。教育督导对学校的监督检查及指导评估的范围，包括了学校财务管理。本书作者是上海市第三、四、五届督学，上海市教师教育专家资源库成员。她在从事督导工作前，曾长期从事学校财务管理工作，积累了较丰富的学校财务管理经验，是教育督导界为数不多的专职财务督学。她非常喜爱督导工作，将自己比喻为啄木鸟和海绵，即一边在督导工作时发现问题，一边学习，用知识帮助学校规避风险，规范办学，所以深受学校校长的欢迎。

她根据从事督导工作十多年的工作经验，从所撰写的督导案例中，筛选了22个至今仍为学校财务管理中的共性问题，编写了《中小学校长财务管理实务》一书。写这本书，她十分认真，写了将近6年。全书内容丰富、实在。作者分析了当前中小学校财务管理现状，对校长应该

掌握的会计、审计知识,如何解读会计报表,学校可能出现的会计舞弊,应该健全什么样的内部监控制度,如何做好学校的预算管理和财务分析,以及民办学校的财务管理等等,都做了深入浅出的讲解。一个好校长可以不是一个财务专家,但如果对学校财务一无所知,或知之甚少,则不能不说是一个缺陷。作者意在通过本书,使中小学校长们能对学校财务管理知识有所了解,这对管好学校是非常必要的。希望这本书对广大校长有所助益。

我曾经做过多年教育督导工作,但我对学校财务知之甚少。从自己工作实践中,深感不懂学校财务是督导工作者一个很大的缺憾。应张秀琴同志嘱,为本书写了如上几句话,也权作一篇序言吧。

原国家副总督学兼教育部督导团办公室主任

2014 年 3 月

序 III

适逢国家教育投入达到国内生产总值（GDP）4%的目标，上海明确2013年的教育投入大幅提升至700亿元，教育界上至教育部，下至学校，在欢欣鼓舞的同时，都在思考并将接受全社会的监督——如何科学管好用好教育经费，如何提高教育投入的效益，从这个意义上说本书的出版顺应了时代发展的需求。

学校财务管理工作很重要。尤其是随着教育改革的深入，教育投入的增长，校长的法人代表地位不断强化，在财务管理方面对校长的要求越来越高。由于财务管理的专业性比较强，有关这方面的培训也比较少，不少校长在学校财务管理方面存在种种疑惑与困难，往往显得有些力不从心。作者在多年的督导活动中深感帮助校长了解财务管理知识，提高财务管理能力的必要性、迫切性，因此萌生了编写本书的念头，体现了作者的一份事业心，值得称道。

张秀琴同志是上海市督学、浦东新区督学，是位资深财务管理人员，曾长期从事学校财务管理工作，实践经验丰富，擅长于在督导工作中进行财务方面的监督、检查、评估和指导，这些专长为本书的编写奠定了基础。

该书的最大特点是实用性。书中语言叙述平实，力求将复杂的会计学概念讲得简洁明了，操作性比较强，在内容的选择上力求让校长了解学校财务管理中的基本知识，力求让校长学会处理学校财务管理中最实用的基本能力与技巧。同时该书具有针对性，不仅普及有关学校财务基础知识，而且还结合学校当前容易出现的问题进行剖析、提出建议。作者在督导中潜心积累，筛选了典型案例进行分析，既有针对性，又增加其可读性。

诚然，无论在内容还是在文字编写方面，该书必定还有一些不足之处。然而，在学校财务管理专著甚少的情况下，本书一定会对校长以及学校财务人员有一定的参考价值，并为督导人员提高有关财务工作督导能力提供帮助。

原上海市人民政府教育督导室常务副主任 张岚
上海市教育学会教育督导专业委员会理事长

2014年3月

自　　序

美国财务学博士罗博特·希金斯教授在其《财务管理分析》一书中说："不完全懂得会计和财务管理工作的经营者，就好比是一个投篮而不得分的球手。"从中小学校管理工作的角度看，作为学校的管理者，校长（包括幼儿园园长）在具备一定理财意识的同时，也应掌握了解财务管理知识和技能，使学校资源发挥最大效用，提高学校办学效益。

作为一名督学，在学校督导评估和校长培训过程中发现，由于校长们专注于教育、教学管理，普遍存在财务管理的意识不强，财务管理的基础知识缺乏的现象。在学校财务管理方面，校长们有诸多困惑，例如，如何理解学校财务报表中的科目与表内结构关系，学校财务运行状况是否符合国家有关法律、法规的具体规定，人、财、物的调配与使用是否实现了资源利用的最优化等。由于种种原因，这些困扰着校长的具体问题，往往不能便捷地找寻到答案。

为详细了解校长对学校财务知识的具体需求，我们在上海市浦东新区开展了一项问卷调查，以校长和学校财务人员为调研对象，对校长的财务管理意识、财务管理能力以及期望得到的专业支持等方面进行调研。问卷汇总结果表明，校长普遍认为自身在学校财务管理中的困难，在于对相关的法律、法规及政策不了解，缺乏学校财务管理的专业知识与操作技巧。有98%的校长表示，非常期望有相关部门或专业人员提供学校财务专业知识和操作技巧的相关培训，以及关于学校财务的法律、法规与政策咨询。

面对校长关于学校财务管理的诸多困惑，我逐渐萌发出一个想法，能否编撰一本关于学校财务管理基础知识的书籍，让校长能够了解学校财务管理的基本知识，看懂并学会分析学校会计报表，发现、解决学校财务管理过程中遇到的具体问题，让有限的资源发挥最大的效益。于是，在紧张工作之余，经过梳理、总结自身从事学校财务管理和财务督导工作的经验，逐渐形成了本书。

本书旨在立足学校层面，与校长探讨学校财务管理的相关问题，帮助校长熟悉并了解学校财务管理工作。为增强实用性与可读性，让本书成为校长案头有用的学校财务管理参考手册，本书采用简明且主题单一的篇章结构，尽可能将纷繁复杂的会计学概念阐述得简洁明了，通俗易懂。在编写过程中，曾得到国家财政部程晓佳老师及上海市教委、浦东新区教育局等相关领导和同仁的帮助、指导，在此一并表示致谢。期望能为广大校长提供学校财务管理的实用信息，有助于学校财务管理水平的提高。

由于时间和水平所限，本书会有诸多疏漏之处，敬请专家、同行、读者批评指正！

编　者

2014 年 3 月

目　　录

第一章　中小学校长与学校财务管理
　　一、学校财务管理概述 …………………………………………（1）
　　二、中小学校财务管理现状 ……………………………………（3）
　　三、中小学校长、财务人员财务管理情况调研 ………………（15）

第二章　会计基础知识
　　一、财务管理中的法律责任 ……………………………………（19）
　　二、校长必备的会计基本常识 …………………………………（21）
　　三、会计电算化基础知识 ………………………………………（39）

第三章　审计基础知识
　　一、校长应了解的审计内容与方法 ……………………………（47）
　　二、会计舞弊 ……………………………………………………（56）

第四章　健全内部控制制度
　　一、内部控制和内部控制制度的含义 …………………………（65）
　　二、内部控制要素 ………………………………………………（66）
　　三、内部控制制度的作用 ………………………………………（71）
　　四、内部控制制度的设计原则 …………………………………（73）
　　五、内部会计控制的内容 ………………………………………（74）
　　六、内部控制和内部会计控制的基本方法 ……………………（75）

第五章　学校预算管理
　　一、概述 …………………………………………………………（79）
　　二、学校预算编制的目的 ………………………………………（79）

三、学校预算编制的任务……………………………………(79)
四、学校预算编制的原则……………………………………(80)
五、学校预算编制的内容……………………………………(81)
六、学校预算编制的方法……………………………………(82)
七、学校预算编制的管理与绩效……………………………(87)

第六章 解读会计报表

一、会计报表及其设计的意义………………………………(89)
二、会计报表基本内容的设计………………………………(92)
三、会计报表编制的基本要求………………………………(92)
四、会计报表编制的程序……………………………………(94)
五、会计报表的种类…………………………………………(95)
六、中小学校常用会计报表…………………………………(98)

第七章 财务分析

一、财务分析相关知识………………………………………(167)
二、中小学校会计报表分析常用的指标……………………(167)
三、中小学校会计报表分析的方法…………………………(169)
四、学校财务分析的局限性…………………………………(171)
五、阅读财务分析，校长应注意的事项……………………(173)

第八章 民办学校财务管理

一、民办学校与公办学校的不同之处………………………(174)
二、民办学校财务管理现状…………………………………(176)
三、加强民办学校财务会计管理的建议……………………(178)
四、民办学校常用会计报表…………………………………(184)

附 件 中小学校财务管理相关法律法规

中华人民共和国会计法………………………………………(218)
会计基础工作规范……………………………………………(227)
事业单位会计准则……………………………………………(244)
事业单位财务规则……………………………………………(252)

事业单位会计制度 …………………………………………………（262）
中小学校财务制度 …………………………………………………（265）
行政事业单位内部控制规范（试行）………………………………（277）
中小学校会计制度 …………………………………………………（289）
民间非营利组织会计制度 …………………………………………（339）
上海市民办中小学校财务管理办法 ………………………………（360）

参考文献
………………………………………………………………………（371）

第一章　中小学校长与学校财务管理

校长是学校的法定代表人，对学校的整体发展负有不可推卸的法律责任。学校财务管理也是校长工作重要的组成部分。

一、学校财务管理概述

学校财务管理，是有关资金、财产的获得及有效使用的管理工作，是现代学校管理的重要组成部分。它指的是学校为了提高经济效益与教育效益、社会效益与生态效益，根据学校资金和财产运动的客观规律、国家计划和财务制度，通过对学校财务活动的预测、计划、核算、控制、分析和考核等工作，正确组织和调节学校的资金筹集、分配与使用过程中的财务关系，提升学校办学经济效益的行为。校长要确立财务管理理念，增强财务管理意识，提高财务管理能力，就应当了解学校的财务活动和财务关系。

学校财务活动，是学校财务管理的过程，即学校在教育教学过程中，有关资金和财产的经营或管理，包括现金出纳、保管、计算、房产、设备等管理事务。其基础是资金，具有客观性质。资金本身不具备运动的原动力，它所以能产生运动，是由于人们进行资金筹集、资金使用和资金分配的结果。这种资金的筹集、使用和分配活动，就是财务活动。财务活动又必然引起财务关系。学校财务关系，就是与学校资金的收支、结算有关的一些联系。

学校财务关系从其性质看有三种。一是经常性的财务关系。即包括政府在内的教育投入，因对学校投入而形成的比较稳定的经常存在的财务关系。二是周期性的财务关系。如学校对教职工支付的工资，对学生所付的助学金，对上级应缴款项等，其形成与消失是周期性的、有规律的。三是偶发性的财务关系。学校财务关系从其内容看，有学校与财政部门的关系，学校与教育投资者的关系，学校与金融部门的关系，学校与竞争对手的关系，学校与家长的关系，学校与师生员工的关系等。

我国是法治国家，学校财务活动应遵循有关法律、法规和相关的制度。因此，校长进行财务管理的重要职责之一，就是要营建一个对学校财务活动产

生良好作用的财务管理环境,特别是学校财务管理的法治环境。

学校财务管理的法治环境,是指学校在处理财务关系时必须遵守法律、法规和规章,保证学校财务管理的法制化。

学校财务管理,要明确学校财务管理的任务和职能。因为每个有社会责任感的校长都希望学校的财务现象、财务活动、财务行为能按照预期的设想发展,朝着既定的目标迈进。而能否做到这一点,关键在于能否自觉地运用财务法规,建立健全财务管理制度体系,保证有效实施和健康运作,重视调动财务管理人员的主动性,充分发挥财务管理职能,努力完成财务管理任务。

中小学财务管理的主要任务是:合理编制学校预算,严格预算执行,完整、准确编制学校决算,真实反映学校财务状况;依法筹集教育经费,努力节约支出;建立健全财务制度,加强经济核算,实施绩效评价,提高资金使用效益;加强资产管理,合理配置和有效利用资产,防止资产流失;加强对学校经济活动的财务控制和监督,防范财务风险。

学校财务管理职能主要包括:计划职能、组织职能、核算职能、监督职能、服务职能。

1. 计划职能

是筹划学校未来时期(例如一个年度)财务行动目标及手段的职能。主要包括根据学校事业发展的目标和计划,编制学校预算和各项财务计划,为学校各部门提供经济信息。

2. 组织职能

是围绕预算及计划的执行,组织人力,科学分工,明确职责,协调合作,组织执行财务、会计制度和现金管理制度,制定符合学校实际的财务管理实施细则与规章制度。

3. 核算职能

通过凭证的填写、会计科目的设置、账簿的登记、会计报表的编制,对学校资金筹集、分配和使用过程进行及时准确的连续记录,做到账证相符、账账相符、账实相符、账表相符。

4. 监督职能

依法维护财经纪律,保护学校资金和财产安全是财务监督的重要职能。要依据政策、法令和财务制度的规定,建立与健全学校财务监督制度,对学校资金筹集、分配和使用的合理性、正确性、合法性和效益性进行控制、监督、检查与督促,提高学校财务管理水平。要严格监督检查财务计划、预算以及经济效益指标与财经纪律的执行情况，财产情况和预算资金的使用情况。严禁设立小金库，监督学校领导班子成员遵守财经纪律、执行财务管理制度和会计制度的情况，防止违反财经法规情况的发生。管好用好学校资金，杜绝乱收乱支和挥霍浪费。

5. 服务职能

学校财务管理是现代学校管理中不可或缺的重要内容，是确保资金规范使用，促进教育教学和教育科研，确保学生全面发展的重要保障。学校财务管理对于国家、地方、学校教育预算的实现，保证财政资金的合理、有效使用，保证学校教育任务的完成，推动整个国民经济和教育事业的发展，培养知识、能力、素质全面发展的建设者和接班人，促进物质文明、精神文明建设都具有十分重要的意义。学校财务管理价值的大小，取决于学校财务管理任务完成的好坏。学校财务管理任务完成得越好，其价值就越大；反之，就会影响与削弱其科学价值。因此，校长在实施财务管理中，必须在国家方针、政策指导下，合理地组织各项财务活动，正确处理学校财务收支中体现的各种经济关系，积极筹集资金，合理分配与使用，杜绝浪费和流失，充分发挥学校财务管理的价值和作用。

二、中小学校财务管理现状

财务管理是学校管理工作的重要组成部分，是学校教育教学工作的有力保障。目前，虽然校长都知道财务管理的重要性，但由于教育教学工作的压力和专业的局限性，注重教育教学管理、忽视财务管理的状况依然存在，加之有些学校财务人员业务水平欠缺，又依赖于"校长负责制"而放弃原则，造成学校财务管理制度不健全，操作存在较大的随意性，资金使用和核算不规范现象时有发生。因此，强化学校领导的财务管理意识，健全财务管理机制，提高财务管理能力，已成为提高学校管理水平的迫切问题。

(一) 关于中小学校长财务管理意识

在调研中发现，有些校长观念上存在一些偏颇，比如有的校长把财务管理工作简单地理解为学校单纯的后勤服务工作。实际上，作为学校法定代表人的校长，更是财务管理的第一责任人，应该全面掌握本校财务管理工作的状况，结合学校实际，采取有效措施，及时解决本校在财务管理方面存在的问题，切实加强财务管理工作，不仅要加强相关理论的学习，更要了解学校财务管理实务。虽然大部分地区成立了会计核算中心，但校长不能将学校财务管理的重任

完全依赖于会计核算中心，弱化学校财务管理意识，更不能把学校财务工作简单地理解为记个账、报个账，而要视为整个学校工作的保障，是重大经济事项决策的基础。校长要把握好教育经费的预算、决算，了解学校经费收支状况，带头遵守财务制度，保证收支平衡有度。

【案例一】

随着教育改革的不断推进与深入，教育事业的规模和结构也发生了较大变化，一校多址现象越来越常见，它既拓展了教育发展的空间，也增加了学校的竞争优势，但同时也带来一些管理上的困难与挑战，特别是财务管理的工作复杂程度不断增加，然而学校财务管理工作的改进却滞后于学校的发展。笔者在督导过程中发现，校长在学校财务管理工作中基本上仍然延续原有的模式和方法，包括制度的完善、人员的配置、预算与核算的方法等。例如，虽然各校区之间基本上是校舍独立，人员数量相对稳定，但学校在财务管理上并未通过实施部门预算、部门会计核算进行管理，致使无法区分、准确核算各校区的生均成本，也无法对各校区资金使用效益进行评价，并认为现在学校收入来源主要以财政拨款为主，而且核算由会计核算中心负责，而没有从资金管理效益的角度做些思考与尝试。

【分析】

一是校长财务管理的意识不强

虽然大部分校长都非常重视财务管理，但重点还是放在能否通过"审计"上，对如何通过理财产生绩效意识不够。在督导访谈时，问校长为何不通过实施"部门预算"、"部门核算"推进学校绩效评价时，多数校长说对会计工作了解不多，加上又有会计核算中心负责核算，所以也就没有过多地考虑。

二是学校财务人员待遇低，积极性不高

实行会计核算中心代理记账后，学校仅设"报账员"一人，工作量增加了，但待遇却没有增加，一定程度上影响了工作积极性。

三是会计核算中心会计人员服务意识、专业素养不够

在督导时曾询问部分会计人员为何不进行部门核算时，均以领导不同意、软件不支持来推诿，或认为在摘要中注明是某某校区即可。

【建议】

充分利用一校多址资源整合带来的"规模效益"，改进过去单一校区的财务管理模式，建立适合现代学校管理的学校财务管理体系，提高财务管理水平。

具体措施：

1. 建立"统一领导、集中管理"的财务管理体制，完善学校内部控制制度

在校长统一领导下，可在总部设财务室和财务主管，配合校长对资金收支活动和资产调配进行集中管理，各校区设兼职"报账员"和"资产管理员"，配合财务主管做好本校区的财务工作。

2. 增强预算意识，加强预算管理

在编制学校总预算的基础上，编制各校区部门预算，通过预算管理体现学校经费使用的计划性。

3. 发挥会计电算化优势，实施各校区部门核算

即在会计核算时，在统一核算的基础上，实施各校区部门核算，可通过部门之间的横向比较、年度之间的纵向比较进行绩效考核，提高资金的使用效率，促进学校健康地持续发展。

（二）关于学校财务人员的自身素质

财务人员是财务工作的承担者和直接参与者，财务人员队伍的素质状况和积极性如何，直接影响到财务工作的水平。近几年，虽然财务人员的整体水平已有了很大的提高，但有些方面仍不尽如人意，与当前财务管理的要求不相适应。具体表现有：

1. 人员数量不足，素质参差不齐

财务管理形式的多样化，导致财务关系多元化和财务管理的复杂化，使学校财务部门的工作量也逐年增加。由于人手偏少，工作繁忙，不少财务人员很少有机会进行专业知识培训，特别是一些民办中小学校的财务人员数量严重不足，且以兼职为主，财务基础工作薄弱，核算不够规范，影响了会计工作的质量。

2. 财务人员知识更新缓慢

目前，学校财务人员的工作繁重，特别是实行会计核算中心集中核算后，一般基层学校仅保留一名财务人员，但财务工作涉及面广，专业性强，它要求财务人员既要做到财务管理微观搞活，活而不乱，又要做到宏观控制，管而不死，这样才能真正发挥财务工作的服务、监督、管理、核算的职能。由于人手少，很少有机会外出学习与培训，而民办中小学校财务人员较多为企业或事业单位退休财务人员兼职，对学校会计核算和相关政策了解不够，因此，知识更新滞后，一定程度上影响了财务管理在现代学校管理中应该发挥的作用。

3. 队伍结构不尽合理

中小学校长财务管理实务
ZHONG XIAO XUE XIAO ZHANG CAI WU GUAN LI SHI WU

目前学校财务人员队伍普遍存在几多几少现象：科班出身的少，半路改行的多；财务工作多面手少，只掌握某一方面技能的多；懂管理的少，从事具体事务的多；能运用理论的少，注重具体操作的多；结合工作深入研究的少，完成会计事务的多。

4. 财务人员积极性不高

由于工作忙导致职业倦怠，按规定做事得不到理解，待遇、职称、地位较低等诸多原因，一定程度上挫伤了财务人员的工作热情，影响了他们工作的积极性。

【案例二】

在督导过程中，常发现学校财务人员会计记账凭证"摘要"的填写不够规范，有的是重复会计科目名称，如"招待费"、"修理费"等；有的则是模糊不清。例如，在对某学校进行信息化专项督导时，有指标要求对学校用于信息技术的教学设备和专用教室"修缮"费用进行统计，访谈时，校长、信息技术老师和财务人员均认为学校对此有一定的投入，特别强调了对计算机机房的修缮投入较大，但是在查看相关账册和凭证时却无法确认，因为会计人员在填写会计记账凭证"摘要"时只写物品（水泥、黄沙、地板），而不写事由，时间久了，谁也想不起这些款项是用于计算机机房的修缮还是其他教室修缮。这样的会计记账凭证"摘要"既不能给信息使用者提供真实、可靠的会计信息，也会给审计人员带来困惑，尤其是在利用计算机辅助审计过程中，数据的"筛选"功能无法有效利用，也加大了审计工作量。

【分析】

在会计记账凭证的编写过程中，"摘要"作为一项会计基础工作，它的填写直接影响到会计信息的质量。"摘要"填写的质量可以反映一个单位财务管理水平、会计基础工作的质量和会计人员的业务素质。"摘要"填制得简明、准确，可以对财务分析、查询起到事半功倍的效果，如本例，"摘要"中如填写"计算机机房修缮用材料"，就能一目了然。

"摘要"填写是否清晰，看似会计记账中的一个小细节，但也是会计人员专业素质、工作态度、敬业精神的反映。

【建议】

提高会计信息质量，会计人员应从以下几个方面着手努力：

1. 克服普遍存在的"重数量金额，轻会计摘要"心理，重视会计"摘要"

的编写。

2. 熟悉业务，掌握经济活动的来龙去脉。会计"摘要"是用文字反映经济业务的一种方法，对经济业务了解得越清楚、越透彻，会计"摘要"就能编写得越准确、越精练。

3. 提升自身遣词造句的能力。会计"摘要"不仅要准确地反映出当时经济业务情况，而且还要为日后的检查、分析提供依据。因此，编写时要做到：详略得当，用字精练，含义清楚，书写整洁。

（三）关于收入支出管理

与前几年相比，学校收入支出管理规范程度有了较大改观，但仍存在一些不规范的现象，在收入的管理上，有些小额专款尚未做到专款专用。代办学生服务性项目收费，在执行国家和上海市等七部门关于规范收费工作意见时仍存在着一些不规范现象，有些学校仍然存在"账外账"或"小金库现象"。而在支出管理上，一些学校常常存在着随意性和支出超预算的现象，缺乏必要的统筹、规划与控制，缺少对资金的使用结构及效益的合理性分析，并对不合理的费用支出控制往往存在制度及管理缺位的问题。

【案例三】

在对几所幼儿园督导时连续发现，有关部门"六一"节时向幼儿园捐赠的活动慰问费并未在相应的会计科目中反映出来。经询问，园长说，"六一"节活动每年都搞，支出肯定大于所收到的捐赠数，至于财务如何记账及其明细科目，由于不懂财务，不了解专款专用应包含非财政拨款，所以也就忽视了。财务人员说，因为金额不多，又是非财政资金，因此也就没有将其与"专款专用"联系起来，再加上是由会计中心负责进行记账及其明细分类，也就没有过多地予以关注。

【分析】

首先，校长和财务人员所理解的专款专用仅限于"财政拨款"的专项部分。其次，对于一些较小金额的捐赠等，不够重视，不将其归属为"专款专用"范围。再次，财务人员对于"专款专用"相关规定的专业敏感性不强。

【建议】

学校任何费用支出均应在会计核算中准确无误地真实反映出来。"专款专用"不仅包含"财政拨款"的专项资金，还包括捐赠人指定用途的捐赠，且没有金额的限定。因此，不仅要使用好各项专款，还要在会计核算中准确、全面

地记录、反映。比如本例在收到"六一"捐款时,应"贷记"会计科目"其他收入——捐赠收入——××单位'六一'活动"。支出时,应"借记"会计科目"事业支出——非财政补助支出——其他资金支出——商品和服务支出——学生活动费用(基本支出)"。

【案例四】

在督导时,常常发现学校在代办学生服务性项目收费时有不规范现象。如幼儿园代办费在学期结束结算时按小、中、大班平均分摊,伙食费退费有"连续三天不来园者退费"规定,未能体现"按实结算"原则。部分民办中小学校特别是一些以招收外来务工人员子女为主的民办小学,存在将此作为以盈利为目的的现象。比如,食堂管理人员的家族化,采购物品无规范票据等。

【分析】

代办学生服务性项目的费用收取与使用,教育部等五部门和上海市教育委员会等七部门均有较为严格的规定,且每年都有专项检查,对于违规情节严重的学校,校长要承担相应的法律责任,甚至免去校长职务等。但为何仍然会存在着不规范的现象呢?究其原因,除了对相关制度和规定了解不够外,公办中小学校与民办学校有着不同的原因。如公办中小学校长理论上非常重视,但制度的健全、过程的监控较为薄弱,细节关注不够,会计记录不够详细、具体、清晰,资料较为零散或不齐全,未保存规范操作的痕迹。民办中小学校长则因为在财务管理上权限有限,一些举办者还将代办项目作为其营利性企业的盈利点,尤其是伙食费、春秋游等代办项目。

【建议】

代办学生服务性项目收费关系着学生的切身利益,无论公办还是民办中小学校都应将其作为依法治校的重要组成部分,严格执行教育部等五部门和上海市教育委员会等七部门近年来关于规范代办学生服务性项目收费管理的规定,主要包括:程序规范,按实结算,多退少不补。

具体操作要点:

1. 根据总量控制原则,每学期初学校应制定代办学生服务性项目收费方案(或计划)。

2. 学校应组织校级家长委员会对收费方案(或计划)进行审阅,并经全体家委会成员通过并签名认定。

3. 报教育行政主管部门、物价部门备案。

4. 在学校醒目的位置进行公示。

5. 收费前向每位家长发放代办学生服务性项目收费意见征询单，收费时提供法定票据。

6. 课本和作业本费（仅限高中）、课外教育活动费、卫生保健费、课程配套标准材料费（仅限幼儿园）在学期结束时结算；餐费、幼儿园点心费、幼儿园延时服务费按月据实结算；其他代办服务性收费应即时发生、即时收取、据实结算。严禁强制服务，或只收费不服务。

7. 学期结束向每位家长提供结算清单。

8. 民办幼儿园在规定的收费项目内自主选择收费项目，根据实际情况自定收费标准，报本区教育、物价部门备案，签署《对社会履行备案收费内容承诺书》，按备案的收费项目、收费标准列入招生简章，向社会公示后执行。

9. 民办高中由学校在规定的收费项目范围内自主选择，收费标准由学校根据实际情况自定，报本区县教育、物价部门同意后列入招生简章，向社会公示后执行。

注意事项：

1. 代办学生服务性项目收费均应按实结算，多退少不补。

2. 伙食费按天备案，按月收取，按实结算。

3. 任何折扣与减免（如学生春秋游旅行社给予教师的减免，应作为折扣）均应退还给学生。

4. 财务人员应分类别明细记账。

5. 资料至少保留 3 个学期，以备检查。

（四）关于会计核算中心监督

按照财政部、教育部联合颁布的《中小学财务制度》第二章第六条要求：中小学校以校为单位进行会计核算。实行"集中记账、分校核算"的，不改变学校财务管理权，即在一定区域内，由区县财政和教育部门确定的会计核算机构统一办理区域内中小学校的会计核算，学校设置报账员，在校长领导下，管理学校的财务活动，统一在会计核算机构报账。会计核算中心正是在这一政策要求下应运而生的，从一定程度上讲，这确实是一个具有一定科学性的管理机制。但是，由于学校是法人单位，实行校长负责制，会计核算中心不能直接涉及学校内部的教育经费管理，加之校务公开多流于形式，所以资金使用不合理现象仍然时有发生。

会计核算中心人员对学校的财务行为以核算为主,对学校经济活动的真实性、合法性和效益性缺乏实质性的有效监督。然而由于会计核算中心人员的专业素质存在差异,有的会计甚至不能熟练掌握《会计法》、《审计法》等财会法规,因而在办理学校财务业务的过程中,既不能严格执行"授权、批准、执行、记录、复核"等互相牵制的程序,也不能保证经济活动的审批人员、经办人员、财物保管人员职责权限的相互分离、相互制约。因此,必须进一步厘清会计核算中心与学校财务管理部门之间的法律关系、行政关系、业务关系等,提升会计结算中心整体业务水平与服务能力,确保能够切实有效地服务于中小学校财务管理。

【案例五】

会计核算中心是近几年我国部分行政事业单位实施财务管理新体制的一个环节。实践证明,实行会计核算中心集中核算,虽然在预算执行和提高会计信息质量方面发挥了一定的作用,但同时也暴露出一些存在的问题。如在学校督导访谈校长时,校长对会计核算中心所应承担的职责不清晰,认为对学校最大的益处是会计责任减轻了。又如,学校设一名"报账员"岗位,但原来会计岗位的工作量仅有核算部分转为会计核算中心负责,其余责任事项仍在学校,并落在"报账员"身上,增加了"报账员"的工作量。因此,由于会计核算中心与学校之间存在着管理上的空隙,无形中淡化了财务管理的意识,加大了财务风险。

【分析】

会计核算中心与学校之间存在着管理上的空隙,其原因主要有:

1. 会计监督职能弱化

实行会计核算中心集中核算后,取消了学校会计岗位,弱化了会计监督职能,在学校财务管理上,除"核算"部分由会计核算中心负责外,其余工作大多数落在"报账员"身上,一定程度上影响"不相容职务"的分离,弱化了会计监督职能。例如,报账员既保管票据和开具票据,又负责收费。

2. 财务管理与会计职能脱节

学校原来的会计职能被"剥离"出来,不再设会计和出纳岗位,只设"报账员",会计核算中心负责会计核算业务,学校负责本单位的财务管理,会计核算中心服务学校管理决策的功能被削弱,而监督学校财务收支是否合理、合法的功能则增强,主要表现在:

一是实行会计核算中心集中核算后,学校不再有私设"小金库"的条件,但是仍可以通过虚构原始凭证等方法达到占用资金的目的。例如,将用于个人消费或享受的费用变成会议费、办公费等合法支出,由于没有直接参与各单位的活动,会计人员根本无法鉴别真伪,因而无法遏制这种不正当行为。

二是由于会计人员远离学校现场,不能详细了解学校各项活动的真实情况,再加上一个人要负责几个学校的会计核算和报账工作,工作量是以前的几倍,很难做到既为学校提供满意的服务,又参与学校的财务管理工作,财务管理和会计核算出现脱节。

三是降低了学校财务管理水平。之前学校的财务和会计是不分家的,会计人员往往既精通会计,又精通财务。设立会计核算中心后,学校会计岗位被取消,原来精通业务、拥有中高级职称的会计只能转为"报账员",使得财务与会计的天然联系被隔断。

3. 造成了会计资源配置不合理

一方面精通业务、能力强、职称高的会计人员在会计中心从事简单机械的记账、报账工作,不参与学校的经济活动,因而他们的能力在一定程度上被"闲置"了。另一方面,学校需要精通业务并能够为资金筹集、使用和管理出谋划策的财务人员,而学校的"报账员"可能无法胜任。这种会计资源的不尽合理的配置还造成了会计核算中心会计人员的工作积极性不高,原因主要有:工作量大,待遇不高,工作简单重复等。

【建议】

1. 强调会计核算中心监督职能

会计核算中心财务人员除了要有精湛的专业能力外,还应对所服务学校的发展历史、人员结构、学校重大事项及所有经济业务往来有所了解,不能仅为记账而记账。

2. 增强学校的自我监管力度

新《事业单位财务规则》、《事业单位会计准则》、《事业单位会计制度》、《中小学校财务制度》的颁布,为进一步规范学校的会计行为,确保会计信息的真实性、完整性,提出了明确的要求。其增加的国库集中支付、政府收支分类、部门预算、国有资产管理等相关的会计核算内容,为实现会计规范与法规政策的有机衔接提供了依据,有利于促进各项政策的贯彻落实。

(五)关于学校预算管理意识

中小学校长财务管理实务
ZHONG XIAO XUE XIAO ZHANG CAI WU GUAN LI SHI WU

公办中小学校的办学资金来源主要是国家财政拨款,而学校传统的预算管理则是"多给多用,少给少用,有多少用多少",所以,校长的预算意识、收支计划意识仍然较为薄弱,学校在财务管理上存在着预算与执行相互分离的情况,收支配比原则得不到有效落实。

现代学校管理中,预算管理是学校财务管理的重要组成部分,学校办学成本是指以权责发生制原则进行核算的办学费用,分为总成本和生均成本。教育行政部门在评价学校的时候不仅要评价教育质量,还要评价学校的办学成本,从而得出学校的办学效益。从单一评价学校的教学质量过渡到评价学校办学效益,是加强学校财务管理的必由之路。因为有了成本核算意识,学校才会产生预算意识,只有这样,才能从根本上提升学校的财务管理效益。

目前,学校会计核算实行收付实现制原则,不计提固定资产折旧。因此,现有会计资料无法如实反映办学成本,需要对相关会计资料进行整理、取舍,才能得到大致的成本数据。

【案例六】

笔者到某校督导前,就听说该校教师对自身待遇有不满情绪,因此,在督导时,就这一问题与校长进行了交谈。出乎意料的是,校长对教师的不满情绪是知晓的,校长的解释是,学校有很多地方进行改造需要经费,一些派遣人员因相关规定也无法纳入财政预算中,经费较为紧张,但校长也不愿拉下面子向财政等相关部门争取资金,因此,只能从教师收入预算中调剂。

【分析】

学校预算管理贯穿于预算编制与执行的全过程,若在执行预算时未经批准随意改变预算用途,将影响预算实施的真实性。校长仍是按照传统的管理方法对预算进行随意调整,主要是对预算的重要性和严肃性了解不够,在一定程度上已经损害了教师的权益。

【建议】

《中小学校财务制度》第五章第二十七条规定:"中小学校的支出应当严格执行国家和有关财务规章制度规定的开支范围和开支标准","中小学校应当加强支出管理,基本支出、项目支出不得混用,公用支出不得用于教职工福利等人员支出"。预算的执行是严肃的,应该用于公用支出的不能用于人员,应该用于教师的也不应该用于公用支出,要确保教师薪酬能足额、按时发放。要保证学校的每项资金都严格按批准的预算用途使用,这样才能发挥应有的效益。

· 12 ·

（六）关于固定资产管理

固定资产占据着中小学校资产价值总额中的绝大部分，是学校赖以生存和发展的重要物质基础。固定资产管理是财务管理的重要组成部分。科学有效地做好固定资产的管理，保证其具有安全和良好的使用状态，对创建良好的教学环境，搞好教育教学有着很大促进作用。

由于之前中小学校固定资产管理相关规范不够详尽，缺乏相关实施细则，以至于中小学校对于固定资产范围界定和记账方法较为模糊，亟需政府相关管理部门出台固定资产管理细则。此外，由于学校长期不计提折旧，又不及时进行清理报废，大部分学校固定资产账面余额较大，却没有做到账实相符。

【案例七】

中小学固定资产管理不尽如人意。虽说校长非常重视，管理人员配置也基本到位，但能做到"账实相符"的却不多见。例如，在公办中小学校图书馆管理中，图书馆账面藏书金额应该与会计账面金额一致，但遗憾的是很少有学校能够做到。目前，中小学固定资产管理中存在的普遍问题有：

1. 管理理念陈旧，管理制度尚未健全

未形成固定资产购置、验收、保管、清查、处置、报损等完整的固定资产管理制度。

2. 管理意识淡薄，管理手段也较为落后

存在"重购置，轻管理"的观念，加上学校内部相关的资产管理部门缺乏沟通与协调，导致固定资产管理松懈与无序。

3. 管理人员专业素质较弱，管理水平低下

由于编制问题，一般学校固定资产管理人员均为兼职，且不稳定，变动大，上岗前也很少经过专业培训。另外，能运用固定资产管理软件实行管理的人员更是少之又少。例如，学校配置的图书管理软件，大部分图书管理员仅会运用借书、还书，其他功能基本不会操作。

4. 学校资产家底不清，账实不符

如有些中小学校办学时间较长，再加上财务人员、固定资产管理人员沟通不够，记账口径、记账时间不统一，致使账实不符。对于接受捐赠的固定资产，也很少有学校进行账簿记录，致使账账不符、账实不符。

5. 闲置浪费严重，使用效益低下

对现代教学设备的配置求全、求新，但使用率极低，没有发挥正常使用效

· 13 ·

能。如有些农村中小学校配置的电脑，已购置几年尚未开箱使用，造成价值不菲的设备长期闲置。

【分析】

学校固定资产管理是一项涉及多个部门的系统工程，许多问题亟待解决。一直以来，由于管理理念与手段的相对落后和陈旧，制约了一些管理控制措施的实施，致使学校固定资产管理的安全控制体系、基础工作不够规范，家底不清，账账、账实不符，资产流失的现象依然存在。随着办学条件的日益现代化、科学化，学校硬件建设的投入日趋增长，学校拥有的资产数量和价值在日益加大，如何加强学校固定资产管理既是学校管理中的重要内容，也是中小学校长财务管理工作中面临的新挑战。

【建议】

要从思想上重视，认识上到位，行动上落实，建立起有效的管理、运行、监督机制，各司其职，协同努力，确保学校固定资产的安全完整与保值增值，增强学校的办学活力。主要包括：

1. 强化资产管理意识，树立依法治校观念

强化固定资产管理意识是加强固定资产管理的前提。通过广泛宣传关于固定资产管理的政策法规，加强师生对学校固定资产管理的概念、登记、移交、报废等内容和程序的学习，增强广大教职员工主动参与固定资产管理的自觉性。

2. 完善并落实学校固定资产管理责任制，明确管理职责

校长是学校的法定代表人，对学校固定资产的完整性负责。各职能部门应强化管理和监督，促进学校增强管好用好固定资产的自觉性。一是要实行动态管理制度，建立定期分析制度，促进学校建立健全自我约束机制，强化内部管理，完善内部控制；二是要加大监督的力度，切实加强对学校固定资产购置、增减的监督，把固定资产的真实完整和保值增值作为经常性监督的重点；三是建立适当的奖惩制度，奖优罚劣。对保管人员、设备使用者进行考核和监督，并同岗位责任挂钩，对固定资产使用、管理好的给予奖励，对责任心不强，工作失误，甚至造成固定资产损失和流失的，给予处罚。

3. 配备稳定且具有一定专业水平的管理人员，并加强他们的技术及相关知识的培训

学校应该配备一支稳定、责任心强、有一定管理经验及专业知识的固定资产管理队伍，减少管理人员的流动，并组织固定资产管理人员进行业务学习，采用多种形式加强培训。例如，进行国家有关法规、政策、制度的培训，会计

核算与账务处理知识的培训,设备设施使用与维护知识的培训以及固定资产管理软件应用的培训等。

4. 完善与健全固定资产购置、减少(报废)、清查盘点制度

根据财务制度规定,每年在编制财务报告前应当进行全面盘点,平时进行抽盘,要求做到账账相符、账表相符、账实相符。

5. 运用固定资产管理软件,对固定资产进行信息化、科学化管理

中小学校固定资产管理是一个系统工程,只有转变观念,建章立制,采用现代计算机技术加强核算与管理,对学校固定资产做到实时、多维的监管,才能真正发挥其经济效益。

2013年1月1日实施的《事业单位会计制度》总说明中第五条规定:

事业单位应当按照《事业单位财务规则》或相关财务制度的规定确定是否对固定资产计提折旧和对无形资产进行摊销。

对固定资产计提折旧和对无形资产进行摊销的,按照本制度规定处理。

不对固定资产计提折旧和不对无形资产进行摊销的,不设置本制度规定的"累计折旧"、"累计摊销"科目,在进行账务处理时不考虑本制度其他科目说明中涉及的"累计折旧"、"累计摊销"科目。

三、中小学校长、财务人员财务管理情况调研

针对以上这些问题,作为学校第一责任人的校长,应该对学校的财务管理有全面、系统的掌握。为进一步摸清中小学校财务管理的现状,深入了解财务管理问题的深层次原因,以切实提高中小学校长、财务人员财务管理知识和能力,全面提升中小学校财务管理水平,笔者以上海市浦东新区为调研区域,通过调查问卷、个别访谈、座谈会等形式,以中小学校长(包括幼儿园园长,以下均称为"校长")和财务人员为调研对象,对被调查者的财务管理意识、财务管理能力以及所得到的业务支持进行了调研。

(一)调研过程

本次调研设计了调查问卷,校长调查问卷侧重了解校长对于学校财务管理重要性的认识,校长的财务管理能力,校长对于财务人员的财务能力及财务管理现状的满意程度,校长对于财务管理指导的期望程度,学校财务管理的困难,对于学校财务管理指导的具体要求等。财务人员调查问卷侧重了解他们对于学校财务管理重要性的认识,校长对财务管理工作的重视程度,财务人员的财务管理能力,财务人员对于财务管理指导的期望程度及具体领域,学校财务管理

的困难,对于学校财务管理的建议等。

本次调研共发放校长调查问卷225份,其中中学30份、小学91份、幼儿园104份,回收225份,回收率100%。发放财务人员调查问卷202份,其中中学63份、小学57份、幼儿园82份,回收201份,回收率99.5%。

为进一步获取相关信息,调研人员选择了近百名中小学校长、幼儿园园长进行了个别访谈,访谈重点侧重了解中小学、幼儿园财务管理的现状与困惑。召开了5次校长、财务人员座谈会,请校长、财务人员畅谈在学校财务管理过程中遇到的具体问题,并为校长提供政策咨询与专业指导。

(二)调研结论

经过对225份校长调查问卷和201份财务人员调查问卷的统计分析,获得以下信息:

1. 校长方面

(1)对于学校财务管理重要性的认识

校长们都认为,学校财务管理对于学校发展非常重要。225份调查问卷中,有216人认为校长的财务管理能力对学校办学的整体效益很有影响和有影响,占总数的96%,且中小幼各类学校之间无显著差异。有220人认为,校长很有必要和有必要学习学校财务管理的相关知识,占总数的97.7%,且中小幼各类学校之间也无显著差异。

(2)关于校长的财务管理能力

校长们都认为,自身的财务管理能力强。225份调查问卷中,100%的人都认为自身了解和比较了解学校财务的基本状况。有217人认为自身能够通过学校财务报表了解学校的财务状况,占总数的96.4%。仅有6人认为,自身不能够通过学校财务报表了解学校的财务状况,占总数的2.6%。有2人觉得自身看不懂学校财务报表,占总数的1%,分别为一名小学校长和一名幼儿园园长。

(3)对于学校财务管理现状的评价

绝大多数的校长对学校的财务管理现状满意。225份调查问卷中,有216人对学校的财务管理现状满意和比较满意,占总数的96%。仅有9人对学校的财务管理现状不满意,占总数的4%,且中小幼各类学校无显著差异。

(4)对于财务管理人员财务管理能力的评价

大多数的校长对本校的财务人员财务管理能力较为满意。225份调查问卷中,有178人认为本校的财务人员财务管理能力强和较强,占总数的79.1%。有47人认为,本校的财务人员财务管理能力一般,占总数的20.9%。有178

人认为,学校财务主管具有国家规定的相关资质,占总数的79.1%。有28人认为,学校财务主管没有国家规定的相关资质,占总数的12.4%。有19人不清楚学校财务主管是否具有国家规定的相关资质,占总数的8.5%。

(5) 对于财务管理指导的期望程度

校长们都非常希望得到关于学校财务管理工作的相关指导。225份调查问卷中,有220人表示非常希望和希望相关部门或专业人员对学校财务管理提供相关指导,占总数的97.8%。仅有2人表示不大需要相关部门或专业人员对学校财务管理提供相关指导,占总数的0.9%。有3人表示无所谓,占总数的1.3%。

(6) 关于学校财务管理的主要困难

浦东新区各类学校财务管理面临的困难主要有:学校财务人员专业知识和财务管理操作层面的技巧相对缺乏,与校长财务管理能力自我认知存在一定差距,对学校财务管理相关的法律法规及政策了解、熟悉不够等。

(7) 对于学校财务管理指导的具体要求

校长们对学校财务管理指导的具体要求主要集中在:进行学校财务管理专业知识和专业技巧的相关培训,开展学校财务管理的法律法规和政策咨询等。

综合上述分析,我们可以得出结论:浦东新区各类学校的校长都充分认识到了学校财务管理对于提高办学效益的重要性,都对自身的财务管理能力和财务人员的财务管理能力乃至学校的财务管理现状很满意,但仍渴望得到学校财务管理专业知识和专业技能的指导,以进一步提升自身的财务管理能力和财务人员的财务管理能力,进一步提高学校的财务管理水平,提高学校办学效益。

2. 学校财务人员方面

(1) 对于学校财务管理重要性的认识

财务人员都认为,学校财务管理对于学校发展很重要。201份调查问卷中,有193人认为,学校的财务管理状况对学校办学的整体效益很有影响和有影响,占总数的96%。有8人认为,学校的财务管理状况对学校办学的整体效益不大有影响,占总数的4%,且中小幼各类学校之间无显著差异。

(2) 关于校长对学校财务管理的重视程度

财务人员都觉得校长重视学校财务管理工作。201份调查问卷中,有190人认为,校长非常重视和重视学校财务管理工作,占总数的94.5%。仅有9人认为,校长不够重视学校财务管理工作,占总数的4.5%。有2人说不清校长是否重视学校财务管理工作,占总数的1%。

(3) 关于学校财务人员的财务管理能力

财务人员都对自身的财务管理能力满意。201份调查问卷中，有198人认为，自身了解和比较了解学校财务的基本状况，占总数的98.5%。仅有3人认为，自身不了解学校的财务的基本状况，占总数的1.5%。有192人认为，自身通过学校财务报表能够分析和能够大概分析学校资产运作情况，占总数的95.5%。仅有8人认为，自身通过学校财务报表不大能够分析学校资产运作情况，占总数的4%。有一人认为，自身不能够通过学校财务报表分析学校资产运作情况，占总数的0.5%。有195人对自身财务管理能力满意和比较满意，占总数的97%。有6人对自身财务管理能力不满意，占总数的3%。

(4) 对于财务管理指导的期望程度

财务人员都非常希望得到专业人士对学校财务管理的指导和帮助。201份调查问卷中，有190人表示，非常希望和希望相关部门或专业人员对自身财务管理工作提供帮助，占总数的94.5%。有10人表示，不大需要相关部门或专业人员对自身财务管理工作提供帮助，占总数的5%。仅有一人表示无所谓，占总数的0.5%。

(5) 关于学校财务管理的困难与建议

财务管理的困难主要有：学校财务管理人员的专业知识和操作技巧缺乏。

对于学校财务管理的建议主要有：加强学校财务管理人员的业务培训，给予财务管理人员实务指导。

对问卷中的信息进行跟踪了解，通过个别访谈和召开座谈会，发现校长和财务人员很少有机会参加学校财务管理的相关培训，也很少能获得相关的学习资料。尤其对于学校应如何进行财务管理，校长和财务人员都反映概念比较模糊，对学校财务管理的具体内涵缺少认识。校长都认为自己能看懂财务报表，但在具体理解上还存在较大偏差，还不能完全从会计报表来分析学校的财务状况。例如，从学校财务报表上，校长还不能清楚地分析学校的收支情况，人员经费与公用经费的使用是否合理等。

综上所述，我们可以得出结论：各类学校的校长和财务人员都认识到学校财务管理对于学校发展的重要意义，财务管理意识也逐步增强。但由于学校财务管理专业知识和财务管理专业技能有限，所以非常希望得到相关部门或专业人员的指导和帮助，尤其是希望在学校财务管理专业知识和财务管理实务等领域得到指导。

第二章 会计基础知识

财务管理的重要性是每位校长都能深刻体会到的。通过财务管理和会计核算形成的大量信息,是监督学校财务管理各个环节的有效工具,是单位进行预测、决策、实施战略管理的基础和依据。校长不必成为会计,但应该了解会计工作;校长不必专于财务工作,但应该成为财务管理的核心。为此,就学校财务管理实务而言,校长应该了解会计基础知识。

一、财务管理中的法律责任

(一)校长是"单位负责人"

根据《会计法》第五十条之规定:"单位负责人,是指单位法定代表人或者法律、行政法规规定代表单位行使职权的主要负责人。"即单位负责人主要是指两类人员:一是单位的法定代表人,是指依法代表法人单位行使职权的负责人;二是按照法律、行政法规规定代表单位行使职权的负责人,是依法代表非法人单位行使职权的负责人。

在社会团体、企业、事业单位,单位负责人是指其法定代表人。学校为事业单位,中小学校的法定代表人一般是校长,校长就成了学校的"单位负责人"。

(二)单位负责人是会计责任的主体

单位负责人可以代表单位依法行使职权,对外直接代表本单位,必须对本单位进行的一切经济活动和管理活动负全面责任。所以,作为中小学"单位负责人"的校长也必须对学校财务会计报告的真实性、完整性承担首要责任。

单位负责人的会计责任,《会计法》第四条明确规定:"单位负责人对本单位的会计工作和会计资料的真实性、完整性负责。"具体表现在以下几个方面:

1. 建立健全内部控制制度,充分利用内部约束机制。
2. 明确会计工作相关人员的职责权限、工作规程和纪律要求。
3. 定期了解制度的执行情况和会计人员履行职责的情况。
4. 保证单位负责人的管理意志在各个环节得以实施。
5. 保证会计工作相关人员按照一定程序、要求办理会计事务。

6. 有效地防范和抑制违法、舞弊等会计行为发生。

7. 对不真实、不准确、不完整的会计信息应当及时做出查处决定。

8. 如实向外界提供会计资料和有关情况。

9. 依法保障本单位会计人员的继续教育和培训。

(三)《会计法》中明确的单位负责人会计责任

《会计法》在十个方面明确了单位负责人的会计责任：

1. 对本单位的会计工作和会计资料的真实性、完整性负责。单位会计工作和会计资料出现问题，单位负责人要首先承担法律责任。

2. 组织领导单位会计机构、会计人员和其他相关人员严格遵守新《会计法》的各项规定，依法进行会计核算，实行会计监督。

3. 对认真执行《会计法》，忠于职守，坚持原则，做出显著成绩的会计人员，给予精神或物质的奖励。严禁对依法履行职责，抵制违反《会计法》行为的会计人员进行打击报复。

4. 应当在单位财务会计报告上签名并盖章，并保证财务会计报告的真实、完整。

5. 应当组织本单位建立健全有效的内部控制制度，强化单位内部制约机制，保证办理会计事务的规则及程序能够有效防范和阻止违法、舞弊等行为的发生。

6. 应当保证会计机构、会计人员依法履行职责，不得授意、指使、强令会计机构、会计人员违法办理会计事项。

7. 对会计机构、会计人员发现会计账簿记录与实物、款项及有关资料不相符而无权处理的报告，应当及时作出查处决定。

8. 应当如实向委托的会计师事务所提供会计资料，不得以任何方式要求或授意注册会计师及其所在的会计师事务所出具不实或不当的审计报告。

9. 应当组织本单位接受有关监督检查部门的依法监督，如实提供会计资料和有关情况，不得拒绝、隐匿、谎报。

10. 应当依法任用具有会计从业资格的会计人员，并依法保障本单位会计人员的继续教育和培训，促进会计人员业务素质的提高。

(四) 会计信息失真单位负责人应负的责任

会计信息失真就是指会计信息没有如实地反映真实情况。会计信息失真可能是由多种行为造成的：

1. 未按法律法规依法建账，使学校存在账外账、小金库，其会计信息不能反映学校的实际财务状况及现金流动状况等。

2．伪造、变造会计凭证、会计账簿。

3．编制虚假财务会计报告。

4．隐匿、故意销毁依法应当保存的会计凭证、会计账簿、财务会计报告。

以上行为都会造成会计信息失真，使得学校提供的会计报表无法如实反映实际情况。

《会计法》明确规定，单位负责人对本单位的会计工作和会计资料的真实性、完整性负责。学校会计信息失真，校长自然要承担相应的法律责任。

《会计法》第四十二至四十九条对违反《会计法》应负的法律责任有明确规定。其中，第四十五条规定：授意、指使、强令会计机构、会计人员及其他人员伪造、变造会计凭证、会计账簿，编制虚假财务会计报告或者隐匿、故意销毁依法应当保存的会计凭证、会计账簿、财务会计报告，构成犯罪的，依法追究刑事责任；尚不构成犯罪的，可以处五千元以上五万元以下的罚款；属于国家工作人员的，还应当由其所在单位或者有关单位依法给予降级、撤职、开除的行政处分。

（五）校长应了解的相关财务知识

了解财务基础知识已成为市场经济条件下中小学校长义不容辞的责任，除了相关的财务基础知识外，还包括：

1．作为一名校长，应该学习和领会《会计法》的相关条文，只有知法、懂法，在实际工作中才能得心应手。

2．作为一名校长，要了解会计的一些常用术语，这样在遇到实际问题时，才能明白其中的含义。

3．作为一名校长，要能看懂财务报表，即资产负债表、收入支出表、现金流量表等，有助于从全局上把握学校的经营管理状况，并为科学预测和决策提供可靠的依据。

4．作为一名校长，还应了解与财务有关的其他方面的知识，如审计、税务等方面的知识。这些知识与会计、财务知识有机的结合，便于校长在学校财务管理中发挥自己最大的作用，积极有效地进行管理。

二、校长必备的会计基本常识

（一）会计科目

会计科目，是指对会计要素构成内容按其性质的差别及管理上的要求进行

归类,分为若干项目,并按每一具体项目的性质标准加以命名的一种专门方法。每一个会计科目都要规定一定的名称、编号和核算内容,它是设置账户和归集、核算各项经济业务的依据。科学地设置和正确地使用会计科目,是做好会计核算工作的重要条件。

1. 会计科目的分类

资金运行需要一个完整的会计科目体系来全面地反映,各会计科目之间既有严格的区别,又有紧密的联系。会计科目按不同的标准可以做不同的分类:

(1) 按反映的经济内容分类

会计科目按反映的经济内容进行分类,也就是按会计要素分类,实际工作中的会计科目表就是按这种分类排列的。它包括如下五大类:资产类科目、负债类科目、净资产类科目(民办中小学校净资产包括非限定性净资产与限定性净资产)、收入类科目、支出类科目(公办中小学校支出类科目有:事业支出、上缴上级支出、其他支出等,民办中小学校支出类科目有:业务活动成本、管理费用、筹资费用、其他费用)。

(2) 按提供核算资料的详细程度分类

对会计科目按提供信息的详细程度一般可划分为总分类科目、二级科目和明细分类科目三个层次。

总分类科目,也称一级科目或总账科目,是对会计对象的组成内容进行总括划分的科目。例如事业单位会计科目,"事业支出"、"固定资产"、"应付账款"等都是总分类科目,它们对资产、负债和所有者权益等内容的概括性最强,每个会计科目之间相互区别,各有特性。

二级会计科目是对一级科目的进一步分类,即二级科目处于一级科目之下,因而,二级科目反映的资产、负债和所有者权益等经济内容比一级科目具体、明确。例如,隶属于一级科目"事业支出"的二级科目有:"工资福利支出"、"商品与服务支出"、"对个人与家庭的补助支出"、"其它资本性支出"四大类。

明细分类科目是对二级科目的进一步分类,它处于二级科目之下,一般而言,明细科目是会计科目的最低层次。在性质上,明细分类科目从属于二级科目和一级科目。与二级科目相比,明细分类科目反映的资产、负债和所有者权益等内容更为具体,更有针对性。例如,隶属于二级科目"工资福利支出"的明细分类科目有:"基本工资"、"津贴补贴"、"社会保障"等。

2.《中小学校会计制度》规定的会计科目

序　号	科目编号	科目名称
一、资产类		
1	1001	库存现金
2	1002	银行存款
3	1011	零余额账户用款额度
4	1101	短期投资△
5	1201 　　120101 　　120102	财政应返还额度 　　财政直接支付 　　财政授权支付
6	1212	应收账款
7	1215	其他应收款
8	1301	存　货
9	1401	长期投资△
10	1501	固定资产
11	1511	在建工程
12	1601	无形资产
13	1701	待处置资产损溢
二、负债类		
14	2001	短期借款△
15	2101	应缴税费
16	2102	应缴国库款
17	2103	应缴财政专户款
18	2201	应付职工薪酬

续 表

19	2302	应付账款
20	2305	其他应付款
21	2401	长期借款△
22	2402	长期应付款
23	2501	代管款项
三、净资产类		
24	3001	事业基金
25	3101	非流动资产资金
	310101	长期投资△
	310102	固定资产
	310103	在建工程
	310104	无形资产
26	3201	专用基金
	320101	修购基金△
	320102	职工福利基金
	320103	奖助学基金
	320109	其他专用基金
27	3301	财政补助结余
	330101	基本支出结转
	330102	项目支出结转
28	3302	财政补助结余
29	3401	非财政补助结转
30	3402	事业结余
31	3403	经营结余△
32	3404	非财政补助结余分配
四、收入类		

续 表

33	4001	公共财政预算拨款
34	4002	政府性基金预算拨款
35	4101	事业收入
36	4201	上级补助收入
37	4301	附属单位上缴收入
38	4401	经营收入△
39	4501	其他收入

五、支出类

40	5001	事业支出
41	5101	上缴上级支出
42	5201	对附属单位补助支出△
43	5301	经营支出△
44	5401	其他支出

说明：标有"△"上标的会计科目为中小学校非义务教育阶段使用的会计科目，义务教育阶段不得使用。兼有义务教育阶段和非义务教育阶段的中小学校科研设置标有"△"的会计科目，但仅能适用于本校非义务教育阶段的有关业务。

【案例八】

由于学校人员受编制的限制，部分岗位需要聘用临时人员，也会因教育教学的需要，聘请专家来校作报告或培训等。但在督导时发现，会计人员在记账时对会计科目"临时工资"和"劳务费"的使用存在模糊不清现象。另外，一些学校特别是民办学校在聘请兼职人员时不签订"非全日制用工协议"，一定程度上加大了学校风险。

【分析】

产生此现象的主要原因有：一是对会计科目"临时工资"、"劳务费"使用界限了解不够；二是对学校聘用人员情况了解不够；三是对劳动法关于"非全日制用工"的政策了解不够。

【建议】

对于"临时工资"会计科目,是学校处于缺编状态,根据工作需要,并经人事部门同意聘请的人员。经费来源应为财政拨款"缺编经费",是较为固定的、具有一定期限的连续性的支出。

对于"劳务费"会计科目,是学校根据教育教学的需要,聘请专家来校作报告及临时聘用人员等所发生的费用。经费来源应为财政拨款"公用经费",具有偶尔性且不固定的支出。

对于聘用"非全日制用工"的兼职人员,根据《劳动法》第六十八条规定:非全日制用工,是指以小时计酬为主,劳动者在同一用人单位一般平均每日工作时间不超过四小时,每周工作时间累计不超过二十四小时的用工形式。

另外,根据规定,聘用"非全日制用工"人员可以不签订书面协议,无试用期,也无需缴纳"社保"等,双方可以随时终止用工。终止用工时,用人单位不向劳动者支付经济补偿。但是,因为"非全日制用工"有时间上的限制,若双方发生意见不统一,经常会发生被聘用者不认可"非全日制用工"而引发纠纷。所以,建议学校为减少不必要的风险,在聘用兼职人员时签订"非全日制用工协议"。

附:《非全日制用工上岗协议》

非全日制用工上岗协议

甲方(用人单位):_____

地址:_____

法定代表人(主要负责人):_____

乙方(被聘者):_____

地址:_____

居民身份证号码(其他有效证件号码):_____

根据《中华人民共和国劳动合同法》和《上海市劳动合同条例》有关规定,甲乙双方经平等协商同意,自愿签订本协议,共同遵守下列条款。

1. 甲方聘请乙方在_____(以下简称学校)从事_____工作,该岗位为"非全日制用工",岗位职责按学校规定执行。

2. 乙方应服从学校的工作安排,上岗后必须按照确定的工作任务、岗位职责和安全操作规定的要求,按时、按量、按质地完成工作。

3. 乙方应严格遵守国家和本市的法律和法规,遵守学校各项规章制度。

4. 乙方违反规章制度的,学校有权进行批评教育并给予必要的处理。乙方在学校工作期间,违反有关规定,给学校造成经济损失的,按全日制人员经济赔偿规定处理。

5. 乙方在学校工作期间,学校按_____元／小时(或课时)每月结算乙方的劳动报酬。

劳务费发放单位:_____ 发放日期:每月_____日至 日扣除个人所得税发放。

6. 学校不承担乙方的社会保险费用。乙方若是失业、农村富余人员,在劳务期间,应该自觉地将劳动报酬中按规定缴纳的社会保险费交到政府相关部门。由于乙方自身原因没有缴纳或未及时缴纳而造成的后果,由乙方自行负责。乙方若是兼职、下岗、协保、征地人员,在劳务期间,社会保险缴纳与享受均按原渠道不变,由原来的劳动关系方负责,乙方若是退休人员,按照国家规定享受退休待遇。

7. 乙方在学校发生工伤事故,按国家法律规定处理。

8. 甲、乙双方都可以提前3天通知对方终止本协议,甲方无需向乙方支付经济补偿。乙方需做好相关工作的交接。

9. 本协议一式贰份,经双方在本协议文本上签字或者盖章后生效,如果双方签字或者盖章时间不一致的,以最后一方签字或者盖章的时间为准。如果有一方没有写签字时间,那么另一方写明的签字时间就是协议的生效时间。甲、乙方各执一份为凭。

10. 本协议未尽事宜或与国家法律和本市有关规定不一致时,以国家法律和本市规定为准。

甲方: 乙方:

法定代表人:

签字日期:_____年___月___日 签字日期:_____年___月___日

(二) 会计核算

校长在掌握会计基础知识时,首先要了解会计核算的基本前提以及一般原则。

1. 会计核算的基本前提

会计核算的基本前提是对会计核算所处的时间、空间环境所作的合理设定。

会计核算对象的确定、核算方法的选择、会计数据的搜集都要以此为依据。作为校长,要了解会计,首先应了解会计核算的基本前提,会计核算的基本前提包括会计主体、持续经营、会计分期和货币计量。

(1) 会计主体

会计主体指会计工作为之服务的单位或组织,即会计为谁算账,会计服务的范围是什么,也称为会计实体、会计个体。会计主体的作用在于界定不同会计主体进行会计核算的范围。对于中小学校而言,学校本身就是独立的会计主体。

(2) 持续经营

又叫继续营业,是指在可以预见的将来,单位将会按当前的规模和状态继续运作下去,不会停业,也不会大规模消减业务。会计核算应当以单位持续、正常的运作为前提,而且它对会计政策的选择影响很大。对于中小学而言,持续经营具有先天的假设性,即:假设学校是继续存在、持续经营的。

(3) 会计分期

会计分期指为了定期反映单位的经营管理活动情况及其结果,需要将一个单位的持续经营活动划分为若干个均等的期间。

按《会计法》规定,我国的会计期间均按年度划分,以公历年为一个会计年度,即从每年1月1日至12月31日为一个会计年度。每一个会计年度还具体划分为季度、月份。

(4) 货币计量

会计主体在会计核算过程中采用货币作为统一计量单位来记账、算账、报账。根据《会计法》规定,我国的货币计量以人民币为记账本位币。业务收支以人民币以外的货币为主的单位,可以选定其中一种货币作为记账本位币,但是编报的财务会计报告应当折算为人民币。例如,某校国际部招收外籍学生,学费经批准以美元收取,因此,在该校日常结算时可以将美元作为本位币记账,但在月末及年底结账时需转换为人民币为记账本位币进行结算和填制报表。

2. 会计核算的一般原则

(1) 衡量会计信息质量的一般原则

客观性原则:要求会计信息以实际发生的经济业务及证明经济业务发生的合法凭据为依据,如实反映财务状况和经营成果,做到内容真实、数字准确、资料可靠。

相关性原则:要求会计信息能够反映财务状况、经营成果和现金流量,以及满足会计信息使用者的需要。

可比性原则：要求单位之间的会计信息口径一致，相互之间可以比较，能够满足经济决策的需要。

一贯性原则：要求单位采用的会计政策在前后各期保持一致，不得随意改变。但一贯性并非绝对，当有关会计法规发生变化或改变会计政策可更恰当地反映单位财务状况和经营成果时，可以改变原会计政策。

及时性原则：要求会计信息及时处理，及时提供。

明晰性原则：要求会计记录和会计信息必须清晰、简明，便于理解和使用。

（2）确认和计量的一般原则

权责发生制原则：是指在收入和费用实际发生时进行确认，不必等到实际收到现金或支付现金时才确认。凡是当期已经实现的收入和已经发生或应当负担的费用，不论款项是否收付，都应当作为收入和费用。凡是不属于当期的收入和费用，即便款项已在当期收付，也不应当作为当期的收入和费用（民办中小学校适用此原则）。例如：民办中小学校在年底订阅了下年度全年的报刊，应根据权责发生制原则，将所发生的费用记入"待摊费用"，待明年自一月份起按月平均分摊记入"业务活动成本"或"管理费用"。

配比原则：是指将收入和对应的费用成本进行对比，以所获得的净损益。

历史成本原则：是指将取得资产时实际发生的成本作为资产的入账价值，在资产处置前保持其入账价值不变。

划分收益支出与资本性支出原则：是指将与当期收益相关的支出计入当期损益；将与当期以及以后多个期间收益相关的支出计入资产的价值。

收付实现制原则：又称现金制或实收实付制，是以现金收到或付出为标准，来记录收入的实现和费用的发生。按照收付实现制，收入和费用的归属期间将与现金收支行为的发生与否，紧密地联系在一起。换言之，现金收支行为在其发生的期间全部记作收入和费用，而不考虑与现金收支行为相连的经济业务实质上是否发生（公办学校适用此原则）。它强调的是以现金（存款）是否实际支付，确认收入和费用。如上例，虽然支付的是下年度的报刊订阅费用，但公办中小学校仍然应该根据收付实现制原则，直接将其确认为当年费用列支。

（3）起修正作用的一般原则

谨慎性原则：是指在有不确定因素的情况下，不高估资产或收益，也不低估负债或费用。

重要性原则：是指要求在选择会计方法各程序时，考虑经济业务本身的性质、规模、影响大小。

实质重于形式原则：是指要求单位应当按照事项的经济实质进行会计核算，而不应当仅仅按照它们的法律形式作为会计核算的依据。

（三）会计账户

账户是根据会计科目开设的，会计科目就是会计账户的名称。会计科目只是一个分类标志，而账户则必须有一定的结构，可以反映每一个会计项目的增减变化及其余额。

只有根据会计科目开设账户，才能将日常发生的会计事项全面反映出来，为校长等会计信息需要者提供有用的信息。

1. 账户的分类

根据事业单位会计科目的内容分类，账户分为：资产类账户，负债类账户，净资产类账户，收入类账户及支出类账户。

2. 账户的基本结构

在借贷记账法下，账户的基本结构是：每个账户都以符号"借方"和"贷方"记录，左方称为"借方"，右方称为"贷方"。资产类、支出类增加记"借方"，减少记"贷方"；负债类、净资产类、收入类增加记"贷方"，减少记"借方"。例如，学校收到一笔财政拨款，银行存款和财政拨款同时增加，银行存款账户属于资产类，而财政教育经费拨款账户属于收入类，因此，记账时，银行存款账户增加应记为"借方"，财政教育经费拨款账户收入增加应记为"贷方"。因此，会计记账的原理为"有借必有贷，借贷必相等"。

（四）会计凭证

会计凭证是记录经济业务的具体内容，明确经济责任，作为记账依据的书面证据。

会计凭证的意义在于：是收集、整理会计信息的基础渠道，是会计报表信息形成的第一环节，是会计账户形成的依据。校长了解会计凭证就可以了解到会计报表信息的来源，校长看懂会计凭证可以直接由此获取诸多会计信息。

会计凭证按其填制程序和用途，可分为原始凭证和记账凭证。

1. 原始凭证

原始凭证又称为单据，是在一个单位经济业务发生或完成时取得或填制的，是用以记录或证明经济业务的发生或完成情况的原始凭据。原始凭证是会计核算的原始资料和重要依据。

原始凭证按照来源不同，分为外来原始凭证和自制原始凭证；按填制手续及内容不同，可分为一次凭证、累计凭证和汇总凭证。

外来原始凭证，即从本单位之外取得的原始凭证，是指在经济业务发生或完成时，从其他单位或个人直接取得的原始凭证。例如，到商店购物时取得的发票。

自制原始凭证简称为自制凭证，是指由本单位内部经办业务的部门或个人（包括财会部门本身）在执行或完成某项经济业务时所填制的原始凭证。例如，本单位邀请专家时支付劳务费所填制的凭证。

一次凭证，是指一次填制完成，只记录一笔经济业务的原始凭证。

累计凭证，是指在一定时期内多次记录发生的同类经济业务的原始凭证。一张凭证可连续记录相同性质的经济业务。累计凭证是多次有效的原始凭证。

汇总凭证，是指对一定时期经济业务相同的若干张（份）原始凭证，汇总填制在一张（份）原始凭证上。

2. 记账凭证

记账凭证是会计人员将审核、批准后的原始凭证，根据会计科目加以归类，并据以确定会计分录后所填制。熟悉了记账凭证就相当于掌握了会计的语言，校长有了这个知识基础，再读会计报表就容易了。

记账凭证的基本内容一般包括：凭证的名称、编号、填制日期，填制单位的名称，经济业务内容摘要，会计分录的借方与贷方及金额，附件张数，制证、审核、记账等有关人员签名或盖章。

记账凭证按其所反映的经济内容不同，一般分为收款凭证、付款凭证和转账凭证（现在学校记账时，已不分收款凭证、付款凭证和转账凭证，直接以记账凭证来进行记账）。

收款凭证，是指用于记录现金和银行存款收款业务的会计凭证。

付款凭证，是指用于记录现金和银行存款付款业务的会计凭证。

转账凭证，是指用于记录不涉及现金和银行存款的其他业务的会计凭证。

（五）会计账簿

会计账簿，是指由一定格式并相互联系的账页组成的，以会计凭证为依据，对各项经济业务进行分类、连续、系统、全面反映的簿记。

设置和登记会计账簿，是编制会计报表的基础，是联结会计凭证与会计报表的中间环节，在会计核算单位中具有重要意义。

会计账簿可按不同用途、不同格式进行分类。

1. 账簿按用途不同，分为日记账、分类账和备查簿

日记账，也称序时账，是指按经济业务发生的顺序逐日逐笔登记的账簿（一般为出纳记录）。实际中，应用最多的是现金日记账和银行存款日记账。

分类账，是指按总分类账户和明细分类账户进行分类登记的账簿。按总分类账户分类登记的账簿称为总分类账，按明细分类账户分类登记的账簿称为明细分类账。总分类账提供总括的会计信息，明细分类账提供详细的会计信息，两者相辅相成，互为补充。

备查簿，是指某些在日记账和分类账中未记录或记录不全的经济业务进行补充登记的账簿。例如，购买有价证券后，账面和报表无法反映面值、购买日、到期日、票面利率、实际利率等辅助信息，就需要通过设置备查薄的方式予以补充。另外，对于学校经营租赁租入的固定资产，出租、出借的固定资产，都应当设置备查薄进行登记。

2. 按照账簿格式不同，可分为三栏式账簿、多栏式账簿和数量金额式账簿

三栏式账簿，是指采用借方、贷方、余额三个主要栏目的账簿。总分类账、日记账等一般采用这种格式。

多栏式账簿，是指采用一个借方栏目，多个贷方栏目或一个贷方栏目、多个借方栏目的账簿。收入账、事业支出明细账一般采用这种格式。现行电算化条件下，计算机打印的明细分类账均采用三栏式。

数量金额式账簿，是指采用数量与金额双重记录的账簿，例如固定资产明细账。

（六）会计账务处理程序

账务处理程序，是指会计凭证、会计账簿、会计报表相结合，加工形成会计信息的过程，通常也把这一过程叫做会计循环。

会计循环对于会计期间发生的经济活动，运用一定的会计方法，按照一定的会计步骤把经济数据进行确认、计量、汇总、报告，最终产生会计信息。

1. 账务处理程序的有关步骤

（1）会计事项分析

包括经济业务分析、原始凭证审查等（校长、财务主管为主要责任人）。

（2）编制会计分录

对单位发生的经济业务进行确认和计量，并根据其结果，运用复式记账法编制会计分录，填写会计凭证。

（3）记入有关账簿

根据会计凭证分别记入有关的日记账、总分类账和明细分类账，并结出发生额和余额。

（4）编制试算平衡表

是编制总分类账试算平衡表和明细分类账试算平衡表，检验记账有无错误。

（5）编制期末账项调整分录

是对应收未收、应付未付、预收及预付等事项进行账款的调整。

（6）编制和报送财务报告

根据账簿记录编制资产负债表、损益表、现金流量表等，报告单位财务状况和经营成果。

（7）结账及转回分录

对本年度所有账簿及账户进行结账，并单列到下年新的账簿中。

（8）披露财务信息

根据会计制度要求披露有关财务信息。例如，当两校合并时，在合并当月，应根据会计制度披露有关财务信息。

2．会计核算流程

单位日常会计核算中通常有三种账务处理程序：记账凭证账务处理程序，汇总记账凭证账务处理程序及科目汇总表账务处理程序。

科目汇总表形式在单位日常核算中使用较为普遍，其特点在于：将记账凭证汇总后，编制科目汇总表，再根据科目的总表登记总分类账，进而由总分类账、明细分类账编制成会计报表。其流程大致如下：

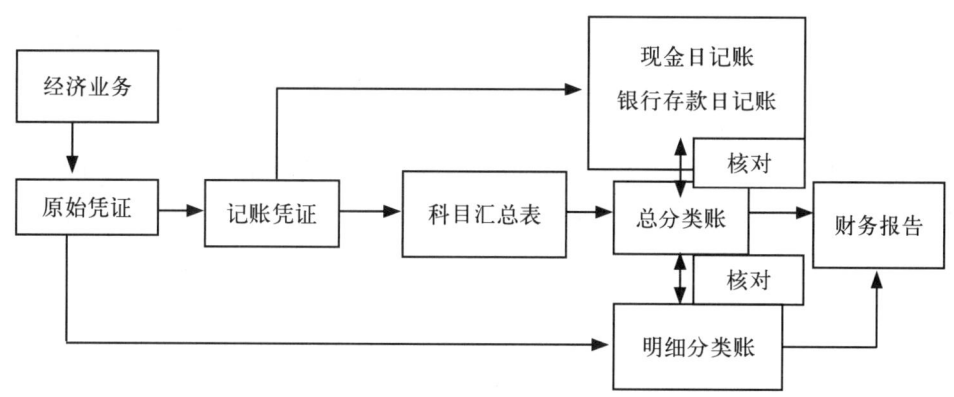

目前，中小学校由于业务活动相对简单，都采取记账凭证账务处理程序。

中小学校长财务管理实务

【案例九】

笔者在幼儿园督导过程中,发现幼儿园伙食费核算不规范,仅在学校账户一级科目"代管款项"科目下设置"收入"、"支出"明细科目核算,并未将月末库存纳入核算范围,也未设置"库存"等科目,每月盈亏只是简单地"收入—支出=结余",致使每月"结余"不准确,也无法确认盈亏是否符合"±2"的规定。

【分析】

伙食费核算,其成本核算是最为重要的环节,若简单地将"支出"直接从"收入"中减去,可致使"月末库存"成为调剂"结余"的工具,既无法准确核算盈亏,也易出现管理上的漏洞,有违于会计法"准确性"原则。其主要原因是因为校长对此事的会计核算工作了解不够,财务人员也不知道该如何规范记账所致。

【建议】

《中小学校财务制度》第二章第九条规定:"中小学校食堂应当坚持公益性和非营利性原则,在学校财务部门统一管理下,实行单独核算,定期财务公开"。

学生伙食费管理,关系到学生的切身利益,规范记账既是会计人员的基本职责,也是规范伙食管理(包括师生分食立账)的重要体现,因此,成本管理与核算至关重要。首先,领导重视,建章立制,并确保制度的落实与执行;其次,不相容职务岗位分离,如,采购与进库、验收与保管、出库等;再次,确定每月"盘点日",规范会计核算。

目前,中小学校食堂管理模式一般有三种情况:一是外包餐饮公司;二是自营,但学校无食堂独立银行账户;三是自营,学校有食堂独立银行账户。自营是政府有关部门鼓励采用的模式,实务中,不少中小学校采用外送营养餐的方式,按照有关部门的解释,这不属于食堂业务,而属于购买服务,直接从"代管款项"中列支。

根据现行《中小学校会计制度》规定,学校食堂的各项收支在"代管款项"科目中核算,但需在年末时,先将学校收支净额记入"其他收入/食堂净收入",结账时再结转至"非财政补助结转/食堂资金结转"贷方科目。具体记账方法如下:

1.若外包餐饮公司时

设置会计科目:需在"代管款项"一级科目下设置二级科目"代办学生伙食费"。

核算步骤及分录:

（1）收到伙食费
　　借：银行存款
　　　贷：代管款项/代办学生伙食费
（2）付餐饮公司
　　借：代管款项/代办学生伙食费
　　　贷：银行存款
（3）若收到餐饮公司上缴管理费
　　借：银行存款
　　　贷：其他收入/食堂净收入
（4）年末结账
　　借：其他收入/食堂净收入
　　　贷：非财政补助结转/食堂资金结转

2.若自营，但学校无食堂独立银行账户时，附案例：

××学校食堂12月收到学生伙食费10万元，并于当月购买粮食2万元，调味品1万元，蔬菜类1万元，肉类4万元，合计8万元。发放工资0.8万元，购买日用品0.2万元。假设，上月库存0.5万元，其中0.4万元为粮食，0.1万元为调味品。本月库存2万元，其中，调味品为1万元，粮食为1万元。至上月末累计损益0.5万元。

设置会计科目：需在"代管款项"一级科目下，设置二级科目"学校食堂"，三级科目"伙食费收入、原材料、成本、费用、损益"；部分三级科目还应该根据需求设置四级科目，比如："原材料"应该设置"粮食、调味品、副食品、蔬菜类、肉类"等四级科目，"费用"可以设置"物料用品"、"人员工资"等四级科目。

成本确认的方法，为了简化核算，学校食堂成本可以采用"实地盘存制"。

另外，根据国家关于代办学生服务项目收费的规定，还需做到师生分食立账。

核算步骤及分录：
（1）收到伙食费
　　借：银行存款/学校食堂100000
　　　贷：代管款项/学校食堂/伙食费收入100000
（2）原材料入库（凭验收单入库、记账）

借：代管款项/学校食堂/原材料/粮　食20000

调味品10000

蔬菜类10000

肉　类40000

贷：银行存款（代管款项/其他应付款）/学校食堂80000

（3）支付费用

借：代管款项/学校食堂/费用/人员工资8000

物料用品2000

贷：现金/学校食堂10000

（4）月末终了时，按实际盘点的原材料数额，确认当期成本。

成本＝期初库存金额＋本期入库金额－月末盘点实存金额。

成本＝0.5万元＋8万元－2万元＝6.5万元

（5）结转本月成本

借：代管款项/学校食堂/成本65000

贷：代管款项/学校食堂/原材料/粮　食14000

调味品1000

蔬菜类10000

肉　类40000

（6）月末结账

▲结转收入

借：代管款项/学校食堂/伙食费收入100000

贷：代管款项/学校食堂/损益100000

▲结转成本与费用

借：代管款项/学校食堂/损益 75000

贷：代管款项/学校食堂/成本/65000

代管款项/学校食堂/费用/10000

（7）年末结账

根据《中小学校会计制度》的规定，年末需将伙食费收支净额转至"非财政补助结转"科目。经计算，代管款项/学校食堂/损益年末余额为30000元，代管款项/学校食堂/原材料年末余额为20000元。

▲结转食堂"原材料"至学校账户"存货/学校食堂库存"科目

借：存货/学校食堂/原材料20000

贷：代管款项/学校食堂/原材料20000
▲将食堂累计损益转入学校账户"其他收入"
借：代管款项/学校食堂/损益 30000
贷：其他收入/学校食堂净收入 30000
▲将"其他收入"结转至"非财政补助结转"
借：其他收入/学校食堂净收入 30000
贷：非财政补助结转/学校食堂资金结转 30000

注：①年末学校账户"存货——学校食堂原材料余额为20000元"。

②下年度仍需将"存货——学校食堂原材料"20000元调整至"代管款项/学校食堂/原材料"各明细科目20000元。

3．若自营，学校有食堂独立银行账户时
▲学校记账方法
设置会计科目：需在"代管款项"一级科目下设置二级科目"学生伙食费"。
核算步骤及分录：
（1）收到伙食费
借：银行存款
贷：代管款项/学生伙食费
（2）支付伙食费
借：代管款项/学生伙食费
贷：银行存款
（3）收到食堂转入的净收入
借：银行存款等
贷：其他收入/食堂净收入
（4）年末结账
借：其他收入/食堂净收入
贷：非财政补助结转/食堂资金结转
▲食堂记账方法
设置会计科目：一级科目"银行存款、现金、伙食费收入、原材料、成本、费用、损益、其他应付款"等；根据需要部分一级科目应该设置二级科目，比如："原材料"应该设置"粮食、调味品、副食品、蔬菜类、肉类"等二级科目，"费用"可以设置"物料用品"、"人员工资"等二级科目。
核算步骤及分录：

(1) 收到学校划拨的伙食费
　　借：银行存款
　　　贷：伙食费收入
(2) 原材料入库（凭验收单入库、记账）
　　借：原材料／粮　食
　　　　　　　　调味品
　　　　　　　　蔬菜类
　　　　　　　　肉　类
　　　贷：银行存款／现金／其他应付款
(3) 支付费用
　　借：费用／物料用品
　　　　　　人员工资
　　　贷：现金
(4) 结转本月成本（月末盘点方法与第二种情况相同）
　　借：成本
　　　贷：原材料／粮　食
　　　　　　　　调味品
　　　　　　　　蔬菜类
　　　　　　　　肉　类
(5) 月末结账
▲结转收入
　　借：伙食费收入
　　　贷：损益
▲结转成本与费用
　　借：损益
　　　贷：成本
　　　　　费用
(6) 年末结账时，应按规定将收支相抵后的净额转至学校
　　借：损益
　　　贷：银行存款
注：无论那种管理方法，学校还应该根据教育部、卫生部《学校食堂与学生集体用餐卫生管理规定》、《国家发展改革委教育部关于规范中小学服务性收

费和代收费管理有关问题的通知》的要求进行管理。

三、会计电算化基础知识

随着人类社会步入信息时代，电子计算机的应用导致许多领域的工作方式产生重大变革，会计电算化也是会计史上一项突破性的变革。会计工作只有以电子计算机作为处理信息的工具才能符合现代学校管理的基本要求。

上世纪70年代以来，会计业务处理普遍采用了电算化方式，计算机在会计领域中的应用从以"处理"为中心转为以"数据"为中心，从而提高了数据处理速度，在更大的范围内实现了"数据共享"，减少了原始数据的输入量。同时，以"数据"为中心使会计电算化工作发生了深刻的变化，会计的日常工作也不再是记账、算账、编制报表，而是如何熟练运用电算化会计系统，提供及时、可靠和相关的会计信息。在建立以会计信息系统为中心的单位管理信息系统基础上，增加必要的外部数据，形成满足决策要求的全面的数据库，进而将数据库与决策方法结合，构成决策支持系统，为单位决策提供依据。

（一）会计电算化的意义

在会计工作中应用电子计算机和现代信息技术是提高会计工作质量和工作效率的重要途径，也是建立会计信息中心，实现宏观经济管理现代化的基础。财政部先后印发了《会计电算化管理办法》、《会计核算软件基本功能规范》、《会计电算化工作规范》等，对于会计电算化的推广和普及具有重要指导意义。

作为中小学校长，也应了解会计电算化对学校的具体指导意义。推广和普及会计电算化的意义主要体现在以下几个方面：

1．提高会计工作效率

实现会计电算化后，大量的数据处理、查询核对、存储分析等工作由计算机完成，其速度与手工操作的速度不可同日而语，使会计人员从繁重、单调的记账、算账、报账工作中摆脱出来，从而可以把工作重点和主要精力转向对经济活动的分析、预测和日常管理方面，更好地完成会计反映和监督学校经营管理活动的各项任务，充分发挥会计决策的管理和控制职能。

2．提高会计工作质量

计算机使数学方法在会计工作中得到广泛运用，采取各种方法分析、校验数据，并有强大的逻辑运算功能，从而提高数据的可靠性，可以避免许多手工记账易漏易错的问题，提高核算的质量。

3．提高财务管理水平

随着会计电算化向深度和广度发展,会计软件由核算型、封闭型、手工型向管理型、开放型、智能型发展,许多人工不能解决的问题能迎刃而解了。特别是网络的发展,使学校与财政部门、上级主管部门等建立网络联系,使会计信息的及时性、系统性、全面性和共享性充分得到体现,从而提高了学校的财务管理水平。

（二）会计数据处理方式

随着数据处理技术的不断进步及管理要求的不断提高,会计数据处理方式也不断改进。目前,会计数据处理方式大致有三种：

1．手工数据处理会计

手工数据处理会计是指完全由人借助于计算工具及凭证、账簿、报表等,对会计数据进行确认、计量、记录、分类、计算、汇总、报告等。

2．机械数据处理会计

机械数据处理会计是指在机电设备上使用穿孔卡片等对会计数据进行处理。其主要特征是：在会计数据处理中,从原始数据的准备,到记录、验证、分类、登记、计算、汇总、报告等一系列具体步骤都以机器为主,结合手工操作进行。机械数据处理会计与手工数据处理会计相比较,仅是数据处理的载体、传输的形式发生了变化,而在会计数据处理的方法、程度等方面都未有根本的变化。

3．计算机数据处理会计

计算机数据处理会计,简称为计算机会计,是以计算机以及数据传输和通讯设备作为数据处理系统的核心,完成从原始数据的搜集,到记录、验证、分类、登记、计算、汇总、报告等一系列会计工作。在此过程中,会计人员只需把会计数据按规定的要求输入处理系统,计算机即可按照事先编制好的程序,自动完成会计数据处理,并将最终结果——财务报告打印出来。

（三）会计电算化条件下的会计核算与数据处理

会计要连续、系统、综合地核算单位经济活动的全过程,为会计信息使用者提供有用的信息,就必须运用特有的方法,对大量经济业务产生的数据进行处理。在一定程度上,会计核算工作的过程是对数据进行处理的过程。

1．数据收集

数据收集一般包括数据判定和数据记载两项工作。数据判定是指在取得大量数据的基础上,选择那些有意义、能够正确描述事件的数据,把这些数据输入处理系统,同时排除那些不能真实描述事件的数据。数据记载是把所需要的数据记载下来,可以记载数据的介质称为数据载体,会计上的数据载体就是会计凭证，通过会计凭证记录经济业务的发生或完成。将数据从原始凭证过入记账凭证，从会计核算的角度看，是分类的过程；从数据处理的角度看，则是通过加工进行了信息转换，由一般经济信息转换成会计信息，并且改变了数据记载的形式。

2．数据校验

数据校验是指对记载过程的数据进行校验，以保证完整和正确的数据进入处理系统。在会计工作中，是通过对取得的原始凭证进行审核完成的，并根据审核后的原始凭证编制记账凭证，表明通过审核的经济业务能够进入会计核算系统。

3．数据加工

数据加工是指通过算术运算或逻辑运算，把收集好的数据转换成信息的处理过程。数据加工过程一般包括分类、排序、核对、合并、计算、比较、选择等工作。对会计数据的处理一般也包括以下工作：根据审核后的原始凭证编制记账凭证，通过会计科目完成对经济业务的分类；通过复式记账方法完成信息转换过程；依据记账凭证登记有关账簿，连续、系统地反映某项经济业务，实现对会计数据的排序；定期将总分类账与明细分类账、日记账核对，保证会计数据记录的正确性；采用一定的方法对经济活动的各项成本、收支等进行计算，以保证资产、损益价值的正确；通过再次确认，选择满足会计信息使用者需要的数据。

4．数据传输

数据传输是指将数据从一个地方传送到另一个地方。财务报告是会计工作的最终结果，单位应定期编制财务报告，并报送给有关的会计信息使用者。

5．数据存储

数据存储是指将原始数据、中间结果和程序存储起来，以备调用。会计数据的收集和使用时间不一致，而且对数据的处理是一个连续不断的过程，或者说是一个周期循环的过程，大量的会计数据均需存储起来，以备将来使用。会计数据是存储在序时账簿、分类账簿和有关的备查账簿中的。

综上所述，可以看出会计核算与数据处理的关系十分密切。简言之，会计核算是一种特殊的数据处理程序，是运用会计特有的方法，对经济业务的数据进行加工、处理、存储、传输并打印出财务报告。

（四）会计电算化条件下数据的来源和加工的特点

中小学校长应该了解会计电算化条件下数据的来源和加工的特点。

1. 会计数据的采集

除了人工采集输入会计数据,计算机会计系统还可以将一部分经济活动现场发生的原始数据,通过自动输入装置转化为计算机可以直接处理的数据形式,且无需人工重新输入。这些数据不但可以用来进行经济活动的管理,而且可以直接进行会计处理,速度快、差错少,提高了会计工作的效率。同时由于是即时处理,某些会计数据可以及时反馈给有关人员,大大提高了会计数据的有用性。

2. 会计数据的存储

原来用于记录会计数据的主要材料——纸张基本上被取消了,取而代之以硬磁盘、光盘等。新的存储材料体积小,存储密度大,易于传递,易于复制及保管,具有纸张无法比拟的优点。

3. 会计数据的处理

原始数据通过自动扫描装置或人工输入方式存储于计算机,在此后的数据加工过程中,计算机自动按照预先编制的程序进行各种处理工作,很少或者完全不需要人工干预,而且可以根据需要,随时查询或打印有关账簿、报表。

4. 会计数据的传输

随着网络通信技术的发展,通过网络来传输会计数据变得越来越频繁。

(五) 会计电算化条件下记账凭证编制的特点

会计电算化方式下,记账凭证分为人工凭证、机制凭证和派生凭证。其中,人工凭证是采用手工编制、录入的,后两者则是机器自动编制、转录的。

1. 人工凭证

对零星业务编制的人工凭证主要产生于未单独设置子系统进行核算的经济业务。这些业务的处理类似于手工方式下记账凭证的编制,即先填制原始凭证,包括自制原始凭证和外来原始凭证,经会计人员整理、加工、审核后,填制记账凭证,再交计算机操作人员手工录入,存入凭证文件。

由于人工凭证从屏幕输入,所以设计一个直观、方便、准确率高的输入模块,将有利于提高凭证的输入速度,减少数据输入错误,提高系统的运行效率。为了保证会计系统数据资料的正确、真实,不仅要具备输入功能,还应能在凭证输入过程中对数据进行编辑和检测,利用逻辑判断、平衡法则、检验法等检测手段对输入的记账凭证进行检测,及时发现错误并进行编辑修改,以保证产生正确的人工凭证。

2. 机制凭证

各业务子系统处理业务后自动编制的机制凭证,与人工凭证的区别比较大,它无需人工直接参与编制,而是在一定业务处理后,由各子系统自动编制凭证并传递到账务处理子系统。

机制凭证与人工凭证涉及的业务无明确界定,可以根据自身特点和电算化程度高低,选择采用人工凭证或机制凭证。机制凭证的广泛使用可以简化手工劳动,提高工作效率和准确程度,但要求有较高水平的软件系统支持,尤其是一些复杂的业务,没有可靠、流畅的程序支持,难以产生真实、正确的记账凭证,同时人工凭证也不可能完全取消。

3. 派生凭证

由账务处理子系统自身产生的派生凭证,它主要涉及期末一些固定的结转业务。这种记账凭证完全产生于账务处理子系统的内部,从而区别于产生在各业务子系统的记账凭证。

人工凭证、机制凭证和派生凭证共同形成了会计信息系统的记账凭证体系,反映单位发生的所有经济业务,为账务处理提供信息,成为会计信息系统中账务处理子系统的起点,也是账务处理子系统的接口。

会计电算化以后,记账凭证一旦输入,此后的各种处理均通过计算机自动进行,原来手工方式下对记账凭证进行分类的意义随之降低。但电算化以后,记账凭证的来源发生了变化,即:人工凭证、机制凭证、派生凭证。在这种情况下,所有的记账凭证都存储在一起,必须从中明确地区分出凭证的来源。因此,会计电算化以后对记账凭证按其来源而不是按会计科目进行分类,没有必要继续沿用原手工会计凭证的分类方式。

(六) 会计电算化条件下会计账簿编制的特点

账簿一般是指根据会计凭证序时、分类记录经济业务的簿籍。按其性质和用途,可以分为序时账簿、分类账簿和备查账簿。其中序时账簿包括现金日记账、银行存款日记账,分类账包括总分类账和明细分类账,备查账簿则用于上述账簿中未记录或记录不详的内容进行补充登记。在手工会计下,上述账簿属于数据存储,一张新的记账凭证产生以后,将其数据按会计科目的方向进行转抄、登记,从而形成日记账或分类账。

会计电算化方式改变了这种处理过程。例如,当需要查询现金日记账时,由计算机从所有记账凭证中将涉及到现金科目的记账凭证挑选出来,再加以编辑即可。

1. 账簿的概念发生了变化

电算化以后的所谓会计账簿,只不过是根据记账凭证按会计科目进行归类、统计的中间结果,在计算机内部不存在手工意义下的各种账簿。

2. 将会计账簿分为日记账、总账及明细账的价值和必要性已经不大

电算化以后,只要给出一个会计科目,计算机就可将涉及到该科目的所有业务全部筛选出来形成所谓的账簿,而不管这个科目是现金科目还是银行存款科目,是总账科目还是明细科目。而且只要挑选的结果按日期进行排序或索引,所有的账都可表现为日记账的形式。

这种变化是会计数据处理的一次革命,它突破了手工会计的局限性。在手工方式下,不能要求会计人员按登记日记账的要求去逐日、逐笔登记所有账簿,使用计算机以后改变了这种情况,已经没有必要继续沿用手工会计下关于账簿的一些概念和分类方式。

(七) 会计电算化条件下会计核算形式的特点

会计电算化条件下要求单位采取更适合计算机处理、效率更高、数据流程更加合理的账务处理形式,其中较为常见的是记账凭证文件核算形式。这种核算形式的特点是:在系统内主要建立记账凭证文件和科目余额文件,而不设现金日记账文件、银行存款日记账及明细分类账文件。平时根据已输入的记账凭证按会计科目逐笔更新科目余额文件。需要输出现金日记账、银行存款日记账或其他明细分类账时,可临时从记账凭证文件中经挑选整理而成。其数据流程是:

1. 由录入员通过键盘(或自动转账)输入记账凭证;

2. 输入的凭证经检测无误后,写入记账凭证文件;

3. 随时用记账凭证文件更新科目余额文件,以便随机查询所有会计科目的当前借方发生额、贷方发生额及期末余额;

4. 根据科目余额文件和记账凭证文件编辑输出现金日记账和银行存款日记账以及其他各种明细分类账;

5. 根据科目余额文件编辑输出总账;

6. 根据科目余额文件生成会计报表数据文件;

7. 根据会计报表数据文件编辑输出各种会计报表。

凭证文件核算形式的优点是流程简章,数据无需重复存储,它和手工方式下的会计核算组织程序有很多不同之处:

1. 改变了现金日记账、银行日记账及明细分类账的输出方式

在手工方式下上述账簿属于数据存储,随着一张新的记账凭证的产生,它

上面的数据被转抄到相应的日记账或明细分类账上,这种转抄过程不仅增加了工作量,而且增加了出错的可能性。新的处理方式是:将现金日记账、银行存款日记账及各种明细分类账看作数据流,当需要这些账簿的时候由计算机从所有的记账凭证中依次按相应的会计科目进行挑选,通过屏幕显示或打印输出即可形成这些账簿。实际上总账的输出也可采用这种方式,这时的总账和手工方式采用记账凭证核算组织程序下的总账完全相同。

2.明细账和总账之间的核对工作不复存在

在手工方式下,明细账和总账平行登记,并定期进行核对,当明细账和总账的数据不相符时,说明必然有一方或双方有记账错误,这是手工方式下一种行之有效的查错方法。但由于计算机不会产生计算错误,明细账和总账之间的核对工作随之消失。

3.明细分类账的输出无法参照原始凭证或原始凭证汇总表

在手工方式下明细分类账除了要根据记账凭证登记外,还要参照记账凭证所附的原始凭证或原始凭证汇总表。采用计算机后,账务处理子系统的处理起点是记账凭证,一般不输入原始凭证,这就要求所输入的记账凭证对经济业务的描述要比原手工方式更加详细。

(八)会计电算化条件下会计岗位的特点

在会计电算化条件下设置合理的会计岗位,从而更好地协调、促进整个学校的经济管理。

财政部于1996年6月发布的《会计电算化工作规范》,对会计电算化后的会计工作岗位提出了指导性意见。《规范》指出,会计电算化后的工作岗位可分为基本会计岗位和会计电算化会计岗位。而电算化会计岗位进一步细分如下:

1.电算主管:负责协调计算机及会计软件系统的运行工作。

2.软件操作:负责输入记账凭证和原始凭证等会计数据,输出记账凭证、会计账簿和报表、进行部分会计数据处理工作。

3.审核记账:负责对输入计算机的会计数据进行审核,操作会计软件登记机内账簿,对打印输出的账簿、报表进行确认。

4.电算维护:负责保证计算机硬件、软件的正常运行,管理机内会计数据。

5.电算审查:负责监督计算机及会计软件系统的运行,防止利用计算机进行舞弊。

6.数据分析:负责对计算机内的会计数据进行分析。

【案例十】

会计电算化在中小学校已基本普及,为学校财务管理工作奠定了基础。但在督导中发现,在会计电算化管理上仍然存在一些不规范现象。例如,会计人员权限过大,表现为会计不仅负责审核、记账、结账,还可直接进入制单人名下修改凭证,而制单人所设密码无任何作用。又如,修改、更正时未留痕迹,表现为在发生记账凭证记录错误并已登记账簿和结账时,没有根据《会计核算软件基本功能规范》的相关规定进行修改、更正,而是将其按原步骤退回,修改、更正后重新审核、登记及结账。

【分析】

本案例不但违反了"不相容职务分离"的原则,还违背了《会计核算软件基本功能规范》第十八条、十九条规定:"在已经输入的原始凭证审核通过或者相应记账凭证审核通过或者登账后,原始凭证确需修改,会计核算软件在留有痕迹的前提下,可以提供修改和对修改后的机内原始凭证与相应的记账凭证是否相符进行校验的功能";"发现已经输入并已审核通过或者登账的记账凭证有错误的,可以采用红字冲销法或者补充更正法进行更正,记账凭证输入时可用'一'号或者其他标记表示。"

会计电算化工作虽然对提高工作效率和管理水平有极大的促进作用,无论其性质还是操作,都是对传统会计工作的一场变革,但是,由于会计电算化专业性较强,校长对其意义和作用还缺乏应有的认识。加之现在学校多为会计核算中心代为核算,会计人员素质参差不齐,学校报账员也仅满足于一般的工作要求,对规范会计电算化操作的相关法律法规了解不多,影响了会计电算化的操作规范性。

【建议】

校长不但要重视会计电算化的操作规范性,还要重视不相容职务的分离,不能一人承担如制单、审核、记账、结账等多种职能,会计人员也要加强相关法律法规的学习,注重专业水平的提升。

第三章 审计基础知识

审计是审计机关依法独立检查被审计单位的会计凭证、账簿、报表以及其他与财政、财务收支有关的资料和资产,监督财政、财务收支真实、合法和效益的行为。审计包括内部审计和外部审计,内部审计是指单位内部成立的审计机构对本单位的会计工作实施的审计;外部审计包括国家审计(如审计局、审计署)和社会审计(审计中介机构)。国家审计是指由国家财政、审计等部门依法对单位会计工作实施的审计。社会审计是指由会计师事务所和审计师事务所等社会中介机构对单位会计工作实施的审计。

一、校长应了解的审计内容与方法

(一)教育内部审计职能及其作用

提起审计,往往被认为是查账,其实不然。对于教育系统而言,中小学校目前广泛接受的是教育内部审计,它是教育事业管理与内部控制重要的组成部分。教育系统内部审计,是指教育系统内部审计机构和人员,通过对本部门和本单位与资源利用有关的业务活动及其内部控制的适当性、合法性和有效性的审查,并进行确认、评价、控制,旨在规范管理、防范风险、创造效益,从而促进本部门、本单位事业目标的实现。

中小学教育内部审计的主要职能有:

1. 经济监督职能

教育系统办学规模不断扩大,经济活动日趋复杂,经济管理方式向多样化发展,这使管理层不可能直接控制经济活动的各个环节,因此在客观上需要健全内部审计监督机制,达到加强管理的目的。

2. 经济评价职能

经济评价职能,是指在经济责任审计、经济活动风险评估,以及内部控制审计评估等审计活动中体现的较为明显、真实及客观的评价,可为校长提供学校内部管理现状,为改善管理,及时、正确决策提供了依据。

3. 经济鉴证职能

经济鉴证职能,是指审计机构对被审计单位财务收支及经济活动进行检查和验证,审定其财务状况和经营成果的真实性、公允性、合法性,并出具证明性文件。

教育内部审计对于中小学的经济管理活动,具有明显的作用:

1．堵塞漏洞

查错纠弊,堵塞漏洞,是内部审计的基本职能。加强内部审计,有利于堵塞资产管理中的漏洞,纠正违法违规问题,防止资产流失,保障资产合规有效使用。

2．防范风险

内部审计是风险管理的一道重要防线。市场经济不可能没有风险,内部审计可以从降低、防范风险的角度揭示风险所在,当好校长参谋,加强风险控制。

3．防腐促廉

内部审计是防腐促廉的重要手段之一。加强内部审计,有利于领导干部廉政自律,推进党风廉政建设,从源头上预防和治理腐败。

4．完善管理

内部审计是部门单位完善管理的重要推动力。加强内部审计,有利于各部门、单位改进管理方式,完善制度建设,提高管理水平。

5．增值服务

提高部门单位的经济效益是内部审计工作的重心。内部审计不仅要做好保障服务,还要做好咨询、参谋等服务。加强内部审计,有利于提高经济效益,为本单位提供增值服务。

【案例十一】

某校接到审计通知后,校长根据审计范围,要求财务人员将相关凭证和账簿拆开,根据自己理解的审计内容,重新整理后再交审计人员,认为这样可以节约审计时间,减轻审计人员的工作量。

【分析】

学校会计工作的好坏,关键看校长是否重视财务管理。校长作为学校财务管理的第一责任人,是本单位会计行为的责任主体,对本单位会计工作和会计资料的真实性、完整性负责。校长若财务管理意识淡薄,就可能不重视学校财务管理,不重视会计资料的完整性和真实性,认为会计人员只要将钱管好即可,这是不利于学校工作的。

【建议】

衡量学校财务工作优劣的标准，包括经济上是否能够提高效益，物质上是否能够保障供应，工作上是否能够提高效率，精神上是否能够激励师生。对校长和财务人员而言，应使用科学管理手段，力求"管"出最佳效益，"管"与"理"如同左膀右臂，缺一不可，"管"中有"理"，"理"中有"管"，管而有度，理而有节。因此，校长和财务人员只有不断地提高自身的理论和业务素养，在实践中不断总结经验教训，不断破除错误观念和消除思维中的误区，才能将"管"和"理"运用自如，艺术地处理好财务工作中碰到的实际问题，使管理发挥出真正的效益。

（二）教育审计的种类

1．按审计目的分类

可以分为财务收支审计、基建及修缮审计、经济责任审计、效益审计、管理审计、经济风险评价、内部控制评价、审计调查、审计咨询、审计鉴证等。

2．按审计对象分类

可分为财务报表审计、业务审计、经济合同审计、专项审计等。

3．按审计时期分类

可以分为事前审计、事中审计、事后审计。

4．按审计时间分类

可以分为期中审计、期终审计、定期审计、非定期审计等。

5．按审计范围分类

可分为局部审计、重点审计、全部审计、全面审计、专项审计、专题审计以及综合审计等。

6．按审计方式分类

可分为送达审计、就地审计、独立审计、委托审计、联合审计、分步审计以及同步审计等。

7．按审计方法分类

可分为详细审计和抽样审计等。

8．按审计阶段分类

可分为一般审计与后续审计。

（三）委托社会中介机构审计

教育审计工作的主要任务是为学校资产保驾护航以及增值服务。要完成这

个任务,其前提条件,一是要投入相当的教育审计资源;二是要提高教育审计工作质量;三是要降低审计成本。在目前审计资源普遍不足的情况下,教育部17号令规定:"内部审计机构根据工作需要,经所在部门、单位负责人批准,可委托社会中介机构对有关事项进行审计。"

委托社会审计机构进行审计要解决好几个问题:

1．组织授权

由于内部审计的特殊性,是否需要委托社会审计机构进行审计,首先要进行可行性研究。在此基础上,内部审计机构负责人向主管审计工作的领导汇报、请示,充分说明理由与利弊,获得组织的授权,切忌未经过组织授权而擅自委托。

2．确定委托审计的范围

在获得上级部门的授权后,内部审计机构负责人要确定委托审计的范围。

3．保持内部审计机构的主导权

在一般情况下,委托社会审计机构进行教育审计应由部门或单位的内部审计机构进行。内部审计机构应该是审计全过程的组织者,对委托审计负全责。在有内部审计机构的情况下,委托或组织社会审计机构进行审计是不合适的。

4．选择合适的社会审计机构进行审计

审计项目比较大的,应通过招标的办法进行筛选。选择时要充分考虑各事务所的资质、注册会计师人数、以往审计的案例、收费标准、承诺的服务、遵纪守法以及社会信誉等综合情况,尽量选择资质高、信誉好、收费合理的审计事务所作为自己的合作伙伴。

5．在委托审计过程中,内部审计机构要明确定位

在委托审计过程中,内部审计机构要起到组织、协调、监督、配合的作用。

6．对被委托的社会审计机构与人员要尊重

要尊重他们的工作经验,尊重他们工作的独立性与原则性,有不同意见要协商解决。

(四)教育审计机构职责

根据《教育系统内部审计工作规定》,教育审计机构的职责是:

1．可以对下列事项进行审计:

(1) 财务收支及有关经济活动;

(2) 预算执行和决算;

(3) 预算内、预算外资金的管理和使用;

(4) 专用教育资金的筹措、拨付、管理和使用;

（5）固定资产的管理和使用；

（6）建设、修缮工程项目；

（7）对外投资项目；

（8）内部控制制度的健全、有效及风险管理；

（9）经济管理和效益情况；

（10）有关领导人员的任期经济责任；

（11）本部门、本单位主要负责人和上级主管部门交办的其他事项。

2．对本部门、本单位和所属单位的财务收支及有关经济活动中的重大事项组织或进行专项审计调查，并向本部门、本单位领导或上级主管部门报告审计调查结果。配合财务部门加强财务管理，对本单位资金收支的真实性、完整性、合法性以及财务处理的正确性进行严格监督，定期进行审计调查。根据工作需要，经所在部门、单位负责人批准，可委托社会中介机构对有关事项进行审计。

（五）教育审计机构权限

根据《教育系统内部审计工作规定》，教育审计机构在履行审计职责时，具有下列主要权限：

1．要求有关单位按时报送财务收支计划、预算执行情况、决算、会计报表和其他有关文件资料等。

2．对审计涉及的有关事项，向有关单位和个人进行调查并取得有关文件资料和证明材料。

3．审查会计凭证、账簿等，检查资金和财产，检查有关电子数据和资料，勘察现场实物。

4．参与制定有关的规章制度，起草内部审计制度。

5．参加本部门、本单位的有关会议，召开与审计事项有关的会议。

6．对正在进行的严重违法违纪，严重的损失浪费行为，做出临时的制止决定。

7．对可能转移、隐匿、篡改、毁弃的会计凭证、账簿、报表以及经济活动有关的资料，经本部门、本单位主要负责人批准，有权采取暂时封存的措施。

8．提出改进管理、提高经济效益的建议。对遵守和维护财经纪律成绩显著的单位和人员提出表彰的建议，对违法违规或造成损失浪费的行为提出纠正、处理的意见，对严重违法违规或造成严重损失浪费的单位和人员提出移交纪检、监察和司法部门处理的建议。

9．教育审计可以利用国家审计机关、上级内部审计机构和社会中介机构的

审计结果,内部审计的审计结果经本部门、本单位主要负责人批准同意后,可提供给有关部门。

(六)教育审计的工作程序

一般分为审计准备阶段、审计实施阶段、审计报告阶段、审计终结阶段、审计流程的延续阶段等五个阶段。

1. 审计准备阶段

是指教育内部审计机构或人员在实施审计前进行必要准备工作的阶段。该阶段包括审计项目立项、成立审计组、审前调查、制定项目审计计划、制订审计方案、发送审计通知书、发送审计承诺书等。

2. 审计实施阶段

是指审计人员根据审计工作计划所确定的范围、重点,对审计事项进行检查、取证、分析和评价的工作过程。该阶段包括召开审计座谈会、内部控制评价、实质性测试、审计取证、编制审计实施工作底稿等环节。

3. 审计报告阶段

是对审计事项进行综合评价,向内部审计机构提交审计报告的阶段。该阶段主要包括编写审计报告初稿、复核审计报告、征求被审计单位(人)意见、审定审计报告等环节。

4. 审计终结阶段

是内部审计机构对有关事项提出审计意见和作出处理决定的阶段。该阶段主要包括提出审计意见,作出审计决定,落实审计意见和决定等环节。

5. 审计流程的延续阶段

是内部审计机构在审计终结阶段完成以后,对一些有关事宜的处理阶段。主要包括审计回访检查和审计归档。

(七)教育审计有关方面的法律责任

根据《教育系统内部审计工作规定》:

1. 违反内部审计工作规定,有下列行为之一的单位和个人,内部审计机构根据情节轻重,可以提出警告、通报批评、经济处理或移送纪检监察机关处理等建议,报本单位主要负责人,本单位主要负责人应及时予以处理。

(1)拒绝或拖延提供与审计事项有关的文件、会计资料和证明材料的;

(2)转移、隐匿、篡改、毁弃有关文件和会计资料的;

(3)转移、隐匿违法所得财产的;

(4)弄虚作假,隐瞒事实真相的;

（5）阻挠审计人员行使职权，抗拒、破坏监督检查的；

（6）拒不执行审计决定的；

（7）报复陷害审计人员或举报人员的。

以上行为构成犯罪的，应当移交司法机关处理。

2．违反有关规定，有下列行为之一的内部审计机构和审计人员，由其所在部门、单位根据有关规定给予批评教育或行政处分。

（1）利用职权，谋取私利的；

（2）弄虚作假，徇私舞弊的；

（3）玩忽职守，给国家和单位造成重大损失的；

（4）泄露国家秘密和被审计单位秘密的。

以上行为构成犯罪的，应当移交司法机关处理。

（八）教育审计报告

教育审计报告，是指教育审计人员根据审计计划对被审计单位实施必要的审计程序后，就被审计单位经济活动和内部控制的适当性、合法性和有效性出具的书面文件。

内部审计人员应在审计实施结束后，以经过核实的审计证据为依据，形成审计结论与建议，出具审计报告。

审计报告的基本要素是：标题、收件人、正文、附件、签章、报告日期。

审计报告应当客观、完整、清晰、及时，具有建设性，并体现重要性原则。

审计报告的具体要求：

1．审计报告的编制应实事求是、不偏不倚地反映审计事项；

2．应按照规定的格式及内容编制，做到内容要素齐全，格式规范，不遗漏审计中发现的重大事项；

3．应突出重点，简明扼要，易于理解；

4．应及时编制，以便适时采取有效纠正措施；

5．应针对审计单位的经济活动和内部控制的缺陷提出可行的改进建议，促进组织目标的实现；

6．审计报告形成的审计结论与建议，应当充分考虑审计项目的重要性与风险水平。

内部审计机构应当建立健全审计报告分级复核制度，明确规定各级复核的要求与责任。

审计报告的正文应当包括以下主要内容：

1．审计概况：说明审计立项依据、审计目的和范围、审计的重点和审计标准等内容。

2．审计依据：应声明内部审计是按照内部审计准则的规定实施。若存在未按该准则的情形，应对其做出解释和说明。

3．整改情况：关于上一次同类审计报告提出的存在问题的整改情况，按正确方法予以整改的，在报告中写明已整改。按不正确方法予以整改的，按法律法规指明错误之处，要求重新整改。对没有整改或部分没有整改的，写明原因。

4．审计结论：根据已查明的事实，对被审计单位经济活动和内部控制做出评价。

5．审计决定：针对审计中发现的主要问题，提出处理意见。

6．审计建议：针对审计中发现的主要问题，提出改善经济活动和内部控制的建议。

审计报告的附件应包括对审计过程与审计中发现问题的具体说明和被审计单位的反馈意见。

审计项目负责人应在实施必要的审计程序后编制审计报告，并向被审计单位征求反馈意见。被审计单位对审计报告持有异议的，审计项目负责人及相关人员应进行研究、核实，必要时应修改审计报告。审计报告修改后，应连同被审计单位的反馈意见及时报送内部审计机构负责人复核，然后送主管审计的领导审批。批准后的审计报告送达被审计单位，并要求被审计单位在规定的期限内落实整改，内部审计机构应及时将审计报告归入审计档案，妥善保存。

（九）何时出具无保留意见的审计报告

根据有关规定，注册会计师在下列几种情况下应出具无保留意见类型的审计报告：

1．会计报表的编制，符合国家会计工作准则及其他有关财务会计法规的规定，即具有合法性。

2．会计报表在所有重大方面公允地反映了被审计单位的财务状况、经营成果和经营活动的现金流量，即具有公允性。

3．会计处理方法的选用符合一贯性原则，即具有一贯性。

4．注册会计师已按照独立审计准则的要求，实施了必要的审计程序，在审计过程中未受阻碍和限制。

5．不存在应调整而审计单位未予调整的重要事项。

如果会计师事务所出具的是无保留意见的审计报告，表示通过了注册会计师审计，对该单位的会计报表等会计资料在所有重大方面予以认可，则被审计单位就没有必要对其会计报表的编制作出特别的说明。

这种无保留意见的审计报告，说明被审计单位的财务报表等资料在所有重大方面均符合有关要求，因而是最理想的一种情况。

当出具无保留意见的审计报告时，注册会计师会在审计意见段中使用"在所有重大方面公允反映了单位财务状况、经营成果和现金流量"等专业术语。

（十）何时出具保留意见的审计报告

经过注册会计师审计后，认为被审计单位会计报表就其整体而言所反映的情况是公允的，但存在下述情况之一时，应出具保留意见的审计报告：

1．个别重要财务会计事项的处理或个别重要会计报表项目的编制不符合会计准则及国家有关财务会计法规的规定，且被审计单位拒绝进行调整。

2．因审计范围受到局部限制，无法按照独立审计准则的要求取得应有的审计证据。

3．个别重要会计处理方法的选用不符合一贯性原则。

当出具保留意见的审计报告时，注册会计师在审计意见段中会使用"除……影响外"等专业术语。如果因审计范围受到限制，还会在注册会计师的责任段中提及这一情况。

（十一）何时出具否定意见的审计报告

注册会计师经过审计后，认为被审计单位报表存在下述情况之一时，应出具否定意见的审计报告：

1．会计处理方法的选用严重违反相关会计准则及国家有关财务会计法规的规定，且被审计单位拒绝进行调整。

2．会计报表严重歪曲了被审计单位的财务状况、经营成果和资金变动情况，且被审计单位拒绝进行调整。

当出具否定意见的审计报告时，注册会计师在审计意见段中会使用"由于上述问题造成的重大影响"、"由于受到前段所述事项的重大影响"等专业术语。

（十二）何时出具拒绝表示意见的审计报告

注册会计师在审计过程中，由于审计范围受到委托人、被审计单位或客观环境的严重限制，不能获取必要的审计证据，以致无法对会计报表整体反映发表审计意见时，应当出具拒绝表示意见的审计报告。

拒绝表示意见的审计报告，是指审计人员对会计报表拒绝表示意见时所出具的审计报告。所谓拒绝表示意见，是指审计人员说明其对被审计单位的会计

· 55 ·

报表不能发表意见。也就是说，审计人员对被审计单位会计报表，既不发表肯定的审计意见，也不发表保留或否定的审计意见。

对此，必须明确下列两点：

1．拒绝表示意见不同于拒绝接受委托。拒绝表示意见是审计人员在接受委托并实施审计程序后提出的一种审计意见。

2．拒绝表示意见不是不愿表示意见。如果审计人员明知应当出具保留意见或否定意见的审计报告，不得以拒绝表示意见的审计报告代替。

当出具拒绝表示意见的审计报告时，在审计意见段中有"由于审计范围受到限制可能产生的影响非常重大和广泛"、"我们无法对上述财务报表发表意见"等专业术语。

二、会计舞弊

学校财务管理和会计核算中可能出现错误甚至舞弊的情况，校长应该予以注意。

（一）会计错误与会计舞弊

1．会计错误

是会计人员或有关当事人，在计算、记录、整理、制订及编表等会计工作中，由于客观原因所造成的行为过失。造成会计错误的客观原因有以下几种：

（1）不熟悉会计原理造成会计错误；

（2）因工作疏忽造成会计错误；

（3）不了解会计制度、财经法规而造成会计错误；

（4）由于制度不健全，会计财务处理程序混乱而造成的会计错误。

2．会计舞弊

是指会计人员或有关当事人，为窃取资财而采用非法手段进行会计处理的不法行为。

会计舞弊与会计错误有本质的不同。会计错误的当事人无不良动机和企图，而会计舞弊的当事人却是抱着恶意的、不良的企图，并采用了伪装、涂改、销毁等违法手段造成不良后果。

通常会计舞弊有以下几种情形：

（1）某个或几个会计人员合谋，为达到不良目的而进行非法的会计处理；

（2）部门负责人指使会计主管人员为个人或部门私利而进行非法的会计处理；

（3）单位职工或其他有关人员利用会计内部控制制度不健全而进行非法的会计处理。

（二）会计舞弊的种类

1．会计凭证的舞弊

（1）会计凭证的数字书写舞弊

对于会计凭证中的数字，应按规定进行规范性书写。在填写会计凭证时字迹必须清晰、工整，不得潦草，阿拉伯数字不得连写。

会计舞弊当事人为达到舞弊的目的，通常采取以下做法：

① 阿拉伯数字书写潦草，难以辨认；

② 在大写金额前后留空，以添加数字；

③ 涂改有关数字。

（2）会计凭证名称舞弊

会计凭证分为原始凭证和记账凭证，每一类凭证都应有对应名称，并且该凭证名称应确切反映该凭证所记载的内容。

会计舞弊当事人为达到舞弊之目的，通常采取下列手法：

① 使用不规范、无名称的原始凭证；

② 凭证有名称，但名称与所反映的经济活动不符（这种现象有普遍性，这与票据管理的规范性有关）。

（3）会计凭证编号舞弊

任何一种会计凭证都应按一定的标准和顺序编号。

通常会计舞弊当事人利用以下手段来达到舞弊目的：

① 利用无编号会计凭证；

② 会计凭证编号不连续；

③ 会计凭证虽连续但不符合实际经济业务。

有的会计人员或相关当事人，正是利用以上手段销毁、隐匿原始凭证来达到舞弊的目的。因此，无论经济业务量大小，都应使用编号连续的凭证，以免给舞弊者可乘之机。

2．会计账簿的舞弊

（1）会计账簿启用的舞弊

会计账簿启用应着重写明以下内容：记账人员姓名、主管人员姓名、签章，并附加标明账簿记载的账户名称与页次等内容的目录。

通常会计舞弊人员会使用下列手段：

① 账簿目录记明的账户与账簿内容不符；
② 启用时不注明记账人员和会计主管的姓名、签章。

由于不少单位内部会计控制制度不健全或不严密，舞弊当事人便有意采取上述手段，不按要求启用账簿，以达到浑水摸鱼的目的。

(2) 会计账簿登记的舞弊

会计舞弊人员在舞弊时会在账簿中采取如下非法行为：
① 账簿摘要不真实、不清楚；
② 不及时登账；
③ 故意隔页、跳行、留出间距；
④ 未结出账户余额。

3. 会计报表舞弊

会计报表是对单位一个经营周期内经营成果和期末财务状况的集中体现。因此，会计报表本身难免有形式复杂、数字繁多的缺陷，也就容易让一些会计人员或相关当事人有机可乘。会计报表舞弊常有以下几种情况：

(1) 数字虚假、错误，如人为篡改，合计错误等；
(2) 内容不完整；
(3) 计算不准确，即对报表中的会计科目故意核算不准确；
(4) 注释不清楚，每张报表一般都有相应的注释，用以反映重要的会计事项、方法、政策等，有些舞弊人员对此不予说明，或虽说明但不具体。

(三) 查错防弊的纵向思路

会计人员的舞弊行为都是发生在会计信息产生的各个环节上，因此校长有必要了解这些环节，以便于理清查找会计舞弊问题的思路。

1. 填制原始凭证阶段

原始凭证是会计信息产生的最初来源。当学校发生一项经济业务时，会计人员或相关的记录人员应该把这项经济业务的数量、单价、金额等内容逐一反映清楚。但由于原始凭证是最原始的会计资料，因而具有数量多、内容琐碎、金额大小不一的特点，因此，有些人会在这繁杂的原始凭证中进行作弊。

2. 交接凭证阶段

学校经济业务发生后，业务人员与会计人员交接凭证，这同样是一个容易舞弊的环节。

3. 填写记账凭证环节

在依据原始凭证填写记账凭证时，舞弊人员会故意修改摘要、变换科目等，造成舞弊事实。

4．登账环节

登账是根据记账凭证登记账簿，舞弊问题会出在舞弊人员对真实账项的篡改、销毁与藏匿上。

5．编制报表环节

编制报表是加工产生会计信息的最后一个环节。会计报表复杂的结构、繁多的数据为舞弊者提供了可乘之机。鉴于报表本身的重要性，会计报表舞弊具有极大危害性，它不仅掩盖了舞弊事实本身，更影响了学校的管理决策与发展。

（四）查错防弊的横向思路

明确假账产生的环节，既要从纵向来挖掘和查找舞弊的思路，也要用横向思维分析会计舞弊问题，也就是分析会计信息的若干构成要件：异常数据、异常内容和异常科目，即对相同内容的数据进行前后时间的比较，若有异常，则要查明原因。

1．异常数据

一般来说，学校任何一项经济业务支出都有一个大致范围，各项支出一般在这个范围内上下波动。如果某一笔款项在某一期突然增加，就应该引起足够的重视。

2．异常内容

学校在开展经济业务时，在被许可的范围内会有比较稳定的往来客户，会计信息所反映的内容也就有了一定的范围和特征。当发现有异常的客户、异常的地点、异常的业务时，校长就要对这些异常内容加以重视。

3．异常科目

学校记账时要遵循科目对应的原则，如果发现了不对应的会计科目，就应该查找这种错误产生的原因，分析是失误还是舞弊。

（五）会计舞弊查证的一般方法

在查证会计舞弊的一般方法时，常常以纵向思路为依据。会计信息产生的过程为：原始凭证—记账凭证—会计账簿—会计报表，不难看出，证证之间、账证之间、账账之间、账表之间等业务内容存在着密切的内在联系。因此，通过证证、账证、账账、账实、账表与表表之间的核对，可以发现其中某些内容不相符的问题，以此为线索或疑点，可追踪查证会计舞弊的具体形态及其形成过程。

1．证证核对法

在会计工作中，经常使用的会计凭证有原始凭证和记账凭证，为了便利工作，不少单位还设置了科目汇总表。

科目汇总表或汇总记账凭证、记账凭证和原始凭证之间存在着密切的联系。所以，通过它们之间的核对，可以检查它们在金额、业务内容方面与所用会计科目、日期、原始凭证所标明的张数和实际张数方面内容是否相符，从而捕捉会计舞弊的线索。

2. 账证核对法

会计账簿是根据会计凭证登记的，所以，两者在金额、业务内容、所用科目等方面都应相符。被查单位在账簿中如有多记、少记、重记、漏记和错记等会计错误，通过账证核对便可发现其疑点。例如，检查办公开支是否存在严重浪费问题以及私费公报问题时，我们可把账簿中的金额同记账凭证进行核对，观察其多记、重记、错记的情况，便可发现疑点。

3. 账账核对法

各有关账簿之间存在着必然的联系。如总账与所属明细账在金额、余额等方面应一致，通过核对各个账簿中对应的账户，便可发现有关内容是否相符的问题。

4. 账表核对法

在会计处理程序中，我们用各会计账簿汇总的金额来编制会计报表，因此，账簿与报表之间存在着密切的联系。

5. 账实核对法

除了以上四种与会计处理程序相关的方法，运用账实核对法查证舞弊在有些情况下是相当奏效的。

（六）会计舞弊查证的具体措施

在会计舞弊的查证过程中，也可以运用一些具体而简单的办法来检查会计账目的内容是否存在问题，而这是遵循着会计舞弊查证的横向思路来考虑的。

1. 数字书写舞弊

对此类舞弊查证的思路和方法是：审阅或有重点抽查一部分会计凭证，看其在数字书写上是否符合规定，如有不符合规范之处，应对其进一步查证。若是一般性会计错误，通过有关当事人调查询问便可查证。若是会计弊端，还应通过账证、证证、账实等方面的核对，对有关问题进行鉴定、分析来查证问题。如对于在数字前后添加数字进行舞弊的问题，就需要对所发现的有添加数字的痕迹进行技术鉴定，从而查证问题。

2．凭证名称舞弊

对于此类舞弊，可通过审阅、核对会计凭证发现疑点，查证问题。如属会计错误，只需通过审阅会计凭证的名称便可发现问题。如属会计弊端，则需在审阅凭证名称发现疑点后，进行名称与所反映经济业务内容的分析、比较，进行原始凭证与记账凭证或原始凭证之间的核对，从而查证问题。

3．凭证编号舞弊

如果会计凭证不编号，则会计舞弊的机会和可能性会加大，查证这种舞弊实属不易。如果会计凭证有编号，则查证的切入点就是会计凭证编号的连续性，若凭证号码不连续，则应由此深入调查。

4．会计账簿舞弊

（1）账簿启用问题

对于账簿启用的问题，只要审阅被检查的每个账簿中扉页记录内容和账簿中所有账页的页数编写情况，便可查证问题或发现疑点。

（2）账簿登记问题

对于会计账簿登记中的错弊，可按照下列方法查证：

① 查阅会计账簿的登记内容，检查是否按规定登记。如登记账簿时使用的笔墨是否正确，登记账簿有无跳行、隔页的情况。

② 检查制账人在账簿上留下的记账标志和相关签章，明确会计责任，查找遗留问题。

③ 核对账证记录，检查账簿是否根据审核无误的会计凭证登记，是否存在账证不符的问题。

5．会计报表舞弊

对于会计报表编制的舞弊，可以按下列方法进行查证：

（1）核对会计报表与会计账簿中的对应数字，检查数据的真实性。

（2）对报表中的各项指标进行复核性计算，以评价其准确性。

（3）审阅报表附注，分析会计报表内容是否完整。

【案例十二】

在对某校督导，根据学校提供的会计报表统计相关数据时，感觉有些疑惑，因为所有督导指标都恰到好处地达到标准，这在当时是不多见的。在与学校财务人员访谈时了解到，这份报表是重新编制的，理由是第一次接受督导时根据督学指导这样操作，这次也采用了相同方法。

【分析】

这种情况已属"会计报表舞弊"。产生的原因有:

一是督学自身专业素质不够,误导了学校财务人员;

二是学校财务人员专业水平不够,盲目地听从不规范的指导;

三是校长对相关的会计政策、会计基础知识了解不够,最后导致会计信息失真。

【建议】

上述案例说明,规避会计(督导)风险要关注以下几个方面:

1. 负责财务相关指标的督学不仅要有扎实的会计专业素养,还要了解相关政策,懂得教育管理;

2. 学校校长要对相关的会计知识、会计政策、法律法规有所了解;

3. 学校财务人员既要有良好的会计专业能力,又要敢于坚持原则,敢于拒绝违法、违规的要求。

(七) 报表查账

报表是核算的结果和最终表现形式,是单位经济信息系统输出的主要渠道,是外界了解单位的主要窗口,是单位经营管理状态及其财务状况和经营成果的综合反映。

单位一般并存着三种类型的核算:会计核算、统计核算和业务核算。所以,也就存在相应的三种核算报表:会计报表、统计报表和业务报表。这三种报表互相联系、相辅相成,在单位经营管理业务中发挥着极其重要的作用。与三种报表相对应,报表查账也可分为:会计报表查账、统计报表查账和业务报表查账。

会计报表检查的重点是实现报表检查的目标,有针对性地确定检查的重点及其主要内容。对会计报表的检查重点主要有两个方面,首先,是会计报表的内在质量的检查,侧重其合法性和真实性;其次,是分析和评价性检查,侧重其财务状况和经营成果的评价。

对会计报表的内在质量检查,主要是通过以下三个方面的检查实现的:

1. 对会计报表进行常规性审查

主要包括报表编制是否符合规定的手续和程序;各种报表如主表、附表、附注以及财务情况说明书的编制是否齐全;报表的截止日期是否适当;资料来源是否可靠;报表内容是否完整;各项目数据,如年初数、期末数及小计、合计、总计是否正确。对主要报表应逐一核对,其他报表一般可先核对总数,发现差错和可疑问题再进行具体核对,对发现的差错和不平衡现象必须查明原因,找出源头。

2．对报表勾稽关系的审查

报表之间存在着一定的勾稽关系,包括主表与附表、主表与主表、前期财务报表与本期财务报表,财务报表与账簿之间等。对报表勾稽关系的审查,可以进一步验证报表的正确性,研究学校资金运动的联系和趋势。报表之间的勾稽关系主要表现为:

(1) 前期报表与本期报表的关系,即本期报表中有关项目的累计数是上期报表的累计数加本期发生数。

(2) 本期报表内部各项目之间的勾稽关系,例如:资产 = 负债 + 所有者权益,为资产负债表的平衡关系式。

(3) 主表与附表之间的关系,一般附表是用以说明主表中某些特定项目,主表中某些项目是附表的计算结果,例如"资产负债表"中"事业支出"科目是"事业支出明细表"的合计数。

(4) 各类报表之间的勾稽关系,如资产负债表与收入支出表之间的表际项目的勾稽关系等。

3．对报表中有关内容的检查

对报表有关内容的检查是报表检查的核心,即对报表中有关数据进行审查分析,既验证报表中的数据是否真实正确地反映了学校的财务状况和现金流动等,也进一步观察学校经营管理活动的合规性、合法性和有效性。

(八) 报表查账的常见方法

报表查账的常见方法有:

1．审阅法

是报表查账中最常采用的方法。它是指对报表进行仔细阅读和审视性检查,看其是否存在问题,如各项目是否齐全,其内容是否充分反映,各种勾稽关系是否存在,各项目数据是否正常,文字说明是否准确等。如发现异常或可疑之处,则应进一步审查有关资料。

2．复核法

是对报表中所列的有关计算结果进行重新计算检验,看其是否存在错、漏、重问题。对报表中有关指标值进行复核,特别是对报表中的小计、合计与总计进行复核,对其应有平衡关系进行复核等等。如发现错误,判断其产生的原因和性质，要求及时纠正和调整。

3．核对性

是确定有关数据是否相符的常用方法。如报表与账簿之间的有关数据，报表之间的有关数据等。若经核对不符，说明存在问题，应进一步查明原因。

4．比较法

是将某些相同或相似的具有可比性的资料数据进行比较，旨在验证有关资料数据是否合理。如本期与上期比较，财产物资库存的增减、应收应付款项的增减变动等是否正常。若发现异常且不能说明理由，就有可能出现问题，应进一步查明原因。

5．分析法

对报表有关资料数据进行整理和归纳，判断各种可能存在的问题及其原因，并确定下一步审查的重点和范围。分析是综合的前提，是对总体进行分类、解剖的重要手段。分析的结果如何，很大程度上取决于以上各种方法审查的结果，以及检查人员的经验、水平和技能。

第四章 健全内部控制制度

《会计法》第二十七条明确规定,各单位应当建立健全本单位内部会计监督制度,财政部也发布了《行政事业单位内部控制规范(试行)》。依据国家的法律法规,对照中小学校内部会计控制的现状,进一步建立、健全内部会计控制制度非常必要。

一、内部控制和内部控制制度的含义

(一)内部控制的含义

内部控制是指单位为实现控制目标,通过制定制度、实施措施和执行程序,对经济活动的风险进行防范和管控。具体地说,它是指一个组织为了提高经营效率和充分地获取和使用各种资源,达到既定的管理目标,而在内部正式实施的各种制约和调节的组织、计划、方法和程序。它是有效执行组织策略的必要工具,是包括中小学校在内的现代企事业单位以及其他有关的组织重要的任务及管理方式与手段,是实现高效化、专业化、规范化和自动化的最基本条件。

这个含义反映了一些基本概念:第一,内部控制是一个过程。它是实现目的的手段,而不是目的本身。第二,内部控制由人员来实施。它并不仅仅是政策手册和表格,还涉及组织中各个层级的人员。第三,只能期望内部控制为主体的管理层提供合理保证,而不是绝对保证。第四,内部控制被用来实现一个或多个彼此独立又相互交叉的类别的目标。

无论怎样对内部控制定义,它都必须满足两个前提:一是要满足不同团体的需求,二是要提出评估和改善的标准。同时,内部控制还要为单位运营的效果及效率、财务报告的可靠性和相关法令的遵循提供合理的保证。之所以要设置内部控制,其主要目标是:合理保证单位经济活动合法合规、资产安全和使用有效、财务信息真实完整,有效防范舞弊和预防腐败,提高公共服务的效率和效果。即:一是促成包括中小学校在内的企事业单位以及其他有关的组织完成工作目标,并把意外损失减到最小程度;二是单位管理层有能力适应快速改变的竞争环境,满足服务对象的需求,调整适应需求的优先顺序,并为未来的

发展留出空间;三是有利于提高效率,减少资产损失的风险,保证财务报告的可靠性和合法性。

(二) 内部控制制度的含义

内部控制制度,是指单位为了保护资产的安全、完整,提高会计信息质量,确保有关法律、法规、规章制度和单位管理方针政策的贯彻执行,避免或降低风险,提高管理效率,实现单位管理目标而制定和实施的一系列控制方法、措施和程序。简而言之,将内部控制的内容和方法以文字或流程图形式作出具体规定,并付诸实施,使其连续执行并制度化,即是内部控制制度。

如果分析内部控制制度的发展演变历史,可以得出如下结论:① 内部控制制度是社会化大生产的必然产物,是强化单位管理制度,促进单位发展的客观需要,并随着单位运行环境复杂程度的提高而不断丰富其内容,其本身是一个随经济环境的日益复杂化而涉及面越来越广、受影响和制约的因素越来越多的动态概念;② 其核心目的是保证资产安全完整和会计信息真实可靠;③ 其基本职能是行为引导和权力制衡;④ 其未来发展方向是风险导向内部控制。

综上所述,要给出内部控制制度的一个权威性的解释并非易事,但我们可以透过内部控制制度的产生和发展历程,得出内部控制制度的最基本解释,即内部控制制度是由管理者所设立的,由单位决策层、管理层和全体员工共同实施的,约定单位内部各职能部门、各有关工作人员之间,在处理经济业务过程中相互联系、相互制约的一种管理制度,是对经济业务的处理过程实施控制的方法、程序和手续的总称。所谓联系,是指经济业务发生时有关经办人员之间如何互相沟通、协调,使经济活动得以顺利进行;所谓制约,是指经办人员之间如何互相牵制、互相监督,以防止权力膨胀、决策失误、营私舞弊和技术错误,保证经济活动的合法性、合理性和效率性。这种相互联系和相互制约的关系是否明确、有效,是内部控制制度是否严密完善的标志。

二、内部控制要素

(一) 与管理相关的内部控制五要素

1. 控制环境

控制环境是其他内部控制组成要素的基础,是所有控制方式与方法赖以存在与运行的环境。它对于塑造学校文化、提供纪律约束机制和影响员工控制意识有重要作用。影响控制环境的因素有四个方面:教师的师德、价值观及能力;校长及领导层的管理哲学与风格;校长的授权方式及组织人事管理制度;学校领导层对学校管理关注的焦点及指引的方向,如他们对内部控制是否持肯定和支持态度等。

2. 风险评估

每个学校均应评估来自内部和外部的不同风险。评估风险的先决条件是制定目标,各不同层级的目标必须保持一致性。风险评估系指辨认并分析影响目标达成的各种不确定因素。风险评估是决定风险应如何管理的基础。

3. 控制活动

控制活动是指确保学校领导层指令实现的各种政策和程序。它是指针对影响学校目标实现的各种制约措施和手段。学校各种管理与职能均渗透有不同的控制活动,如核准、授权、调节、保障资产安全以及职务分工等等。由于学校规模、组织方式等不同,其控制活动也有所不同。

4. 资讯与沟通

每个学校必须按照一定的方式和时间规定,辨识和取得适应的信息,并加以沟通,以便于教师更好地履行职责。资讯系统不仅处理学校内部所产生的资讯,同时也处理与外界事项、活动及环境等有关的资讯,这些资讯同样是学校制订决策及对外交流所必不可少的。有效沟通的含义,既包括学校内部上下沟通及横向沟通,也包括与外界沟通,学校所有教师必须自校长开始,清楚获取须谨慎承担控制责任的各种信息。必须了解自己在内部控制制度中所扮演的角色,以及每个人的活动对他人工作的影响。学校必须有向上沟通重要资讯的方法,也应有向家长、学生、教育行政部门等进行沟通的方式。

5. 监督与评估

监督是一种评估内部控制制度执行质量的过程。监督的方式有持续监督、个别评估及综合监督等。持续监督是指在运行过程中的监督,包括例行管理和监督活动,以及教师为履行职务所采取的行动。个别评估的范围及频率,应根据评估风险的大小及持续监督程序的有效性而定。持续监督和个别评估一起进行,称之为综合监督。各种监督中发现的内部控制的缺失必须向上级呈报。

上述五个要素相互关联与配合,形成一个整合系统。这个系统可对改变中的环境作出动态反应。

(二)从报表审计角度考虑的内部控制三要素

从财务报表审计考虑,内部控制结构主要包括以下三个方面要素。

1. 控制环境

美国在1979年就提出了内部会计控制环境的概念,认为对单位或组织内

部会计控制程序和技术的选择及其有效性有重要影响的各种因素即为内部会计控制环境。在1981年又提出了控制环境的标准,认为企业、事业单位或其他组织有两种控制,即外部环境及内部环境。外部环境固然重要,但不能把它作为内部控制系统组成部分,因为它超出了单位的控制能力。并认为内部控制环境,一是要对管理者及广大员工重复强调内部控制的性质及重要性,二是避免单位内部任何可能超越控制措施或既定控制政策的行为。内部控制环境主要包括以下七个方面内容:

(1) 管理哲学与经营方式

单位管理者是支持还是反对内部控制,这是影响控制有效性的关键因素。要想使学校内部控制充分发挥作用,首先,校长对控制必须持有肯定的态度,给予强有力的支持,并且这种支持贯彻到整个组织。其次,校长在管理方式上提倡适当的道德行为也会有助于控制效果的增强。此外,校长在整个学校范围内建立计划、预算和工作报告体系,并且支持这种体系贯彻实施,同样也有利于控制的加强。

(2) 组织机构

通过明确权限,使各种管理活动的受托责任清晰明了,更有利于控制作用的发挥。学校可通过工会设立内审机构。

(3) 审计委员会

独立于管理部门的审计委员会,在调整控制结构和调整管理当局与独立审计人员之间的争议方面能够发挥更佳的沟通效果。学校可通过工会设立由3至5人组成的审计委员会。

(4) 人事政策和程序

校长通过给恰当的工作人员分配恰当的工作,更有利于提高控制的有效性。人事控制的主要内容是完整而清晰的岗位说明、有效的计划和对内、对外交流的规定等。

(5) 授权和分配责任的方法

要使学校发展目标得以实现,各种控制政策和程序得到贯彻执行,校长及领导层必须使整个学校了解授权和责任划分的方法。

(6) 内部审计部门

现代内部审计旨在检查和评价各种活动的效率、效果及组织内在所有单位执行政策的符合性。内部审计人员可以帮助有关部门采取适当的纠正措施,促进对单位制定的政策和程序的遵循,促进目标的实现。

(7) 外部影响

外部因素是与组织有关的一些问题，既可以有利于内部控制的加强，也可能会导致内部控制功能的削弱。例如，国家审计机关对企业财务进行审计，无疑会加强企业内部的财务控制；关联者之间交易存在是可能削弱现存控制的因素。

2. 会计系统

为确认、汇总、分析、分类、记录和报告学校财务运作，并保持对相关资产和负债的受托责任而建立的方法和记录，即为会计系统或会计制度，它是整个控制的重要组成部分。有效的会计系统可以确保所有交易的完成，保证会计信息的可靠性和资产的安全性，从而加强控制。会计系统主要包括以下内容：

(1) 会计科目表、会计手册和标准会计分录

为了保证各种交易和事项能进行恰当的记录和在会计报表中正确地反映，一是要编制总账和明细账中所有的账户一览表，即会计科目表，说明每个账户的名称和编号；二是对影响每一个账户的各种交易进行描述，即编制会计手册，特别要重点说明非常规交易的记录处理；三是对常规的月末交易和事项建立一套标准会计分类，以便于对调整事项的正确处理，避免在月报、季报中遗漏，月末事项调整主要包括资产折旧、坏账处理、应计税金、产品担保和利息、生产费用和销售收入结转等。

(2) 业务凭证制度

合理的业务凭证制度是形成明确的"审计轨迹"的起点。审计轨迹可以为各种事项的确认、检查和记录提供证据。业务凭证制度，可能避免业务记录的疏漏（漏报错误）及对虚假交易的记录（虚报错误）。业务凭证制度，要求对各种凭证预先编号，尽可能少使用不常用的凭证，并且定期检查常用凭证编号顺序。

(3) 业务检查

会计系统对业务循环过程的每一步骤进行检查和审核，也就是说，对各种业务应有事前、事中和事后检查。例如，对业务凭证检查和审核时，应注意：请购单是否有求购商品和服务的人员签字，并经主管人员批准认可；购货订单是否有进货员签字；验收单是否有对进货进行检查和计量的人员签字；是否将购货发票、购货订单和验收单相互比较印证；是否有进行该项工作的人员签字；支票签署人是否检查所有凭证的完整性和准确性。结合业务凭证制度，进行恰当的业务检查有助于防止非授权业务的发生。

(4) 交易处理方法

获取和记录各种交易和事项的数据处理方法对控制作用也会产生重要影响，因此要根据不同处理方法存在的缺陷，采取必要的弥补措施。例如，一个联机实时系统并不能提供人工和批准处理系统所产生的典型的、明确的会计轨迹，因此，给计算机数据库设置密码以及对输入电子数据处理（EDP）系统的交易事项进行审核就有了必要。

3．控制程序

除了控制环境和会计系统外，为了合理保证业务目标的实现而建立的其他政策和程序，即为控制程序。控制程序主要包括以下几个方面内容：

(1) 人员的胜任能力

人们均要依赖数据处理系统的自动化水平来履行控制职责，如检查交易、确定会计科目、编制凭证、记录交易等。有效的控制应有相应的程序，保证履行这些职责的人员，拥有必要的能力并有效地开展工作如有明确的岗位职责，合理的用人政策及有效的培训计划等，帮助人们履行职责。特别要求内部审计人员善于营运分析，提供审计结果，找出弱点，帮助经营单位提高效率。

(2) 政策和程序手册

精心制定政策和程序并让整个组织了解与贯彻是实现控制目标的有效措施。利用政策和程序手册通知组织上下，有利于政策和程序的贯彻执行。

(3) 计划、预算和业绩报告

建立长期目标的关键是制定战略计划。例如，在学校内通过长远计划，由多维预算系统把长远目标分成各个中期目标计划，用标准成本和变异分析系统反映对收入和费用的短期控制，建立对工作报告和预算实际执行情况进行比较的系统，以及对预算有较大出入之处预先制定相应对策的纠正措施。

(4) 分权制管理

在实行分权制管理的组织中建立相应的控制程序，以使项目负责人对他们的举措负责，以促进各司其职。

(5) 资产保护

资产保护包括：限制接近贵重和可移动的资产，限制接近授权使用和处分资产的文件，明确监管资产及相关文件的责任，以及对员工在其信誉、保险范围、环境管理方面所作的背景调查以及所签订的契约等。资产保护的特定方法，主要包括限制接近控制和会计责任控制。

三、内部控制制度的作用

严格地讲,内部控制制度不是一项独立的制度,其精神和要求贯穿于各项管理制度之中,对各项制度的健全完善和有效执行起保护性作用。具体地讲,内部控制制度的作用表现在以下几个方面:

(一)保护会计制度的贯彻执行

内部控制制度在会计制度体系中,不像会计科目、会计凭证、会计报表等,不是作为独立的部分,而是贯穿于会计制度的各个方面,对整个会计制度的实施起保护作用。从某种意义上讲,会计制度能否顺利执行,实施效果是否理想,关键取决于内部控制制度是否严密完善。如果只有会计制度条文,而缺乏严格的保护性措施,会计工作同样不能规范运行。

(二)纠错防弊,保护学校财产安全完整

内部控制制度的基本要求是将经济业务的办理工作进行合理的分工,明确规定每一个业务经办人员的职权和责任,设计周密的业务处理程序和手续。可见,内部控制制度强调办理经济业务的多层次性,以保证业务处理过程的透明度和处理结果的客观性,否定经办人员和经办手续的单一性,以防止业务处理过程的隐蔽性和处理结果的主观性。它可以将每一位经办人员的职责、行为置于他人的监督之下,使每位经办人员只享有办理业务的部分权利,保证任何经济业务的发生和完成都有若干人参与或知晓。同时,还可以避免或减少会计工作中的失误和技术性错误,保证会计工作质量。所以说,严密完善的内部控制制度,既能形成一种威慑力量,制止一切伪造、篡改会计记录的营私舞弊行为,又能产生预防效应,防止工作上的失误,确保学校财产的安全完整。

【案例十三】

某校将部分校舍临时提供给某社会力量办学机构,但并未收取任何费用。校长认为,因为没有收取任何费用(包括水电费),所以学校就没有任何责任。

【分析】

现行政策规定,任何公办学校不得将校舍租借给社会力量办学机构,不得以各种形式办班。学校因临时提供而没有收取举办单位任何费用,反而为其支付了水电费,而水电费的来源为在校学生的生均公用经费,校舍也因为功能不同的使用会受到影响,因此,一定程度上损害了学校的利益和国有资产的保值、增值。

【建议】

各学校应严格执行相关现行规定，不得擅自对外提供办班场所，无论是有偿还是无偿提供校舍。若经上级主管部门批准对外提供办学场地，应严格按规定处理好相互的经济关系。

（三）保证会计信息的真实、正确、完整和及时，提高其使用价值

会计信息虽然最终由财会部门提供，但由于信息来源渠道复杂，各种资料经过的环节较多，业务办理人员素质参差不齐，这就为保证会计信息的质量造成了困难。要想解决这一问题，必须在设计会计制度时根据内部控制制度的要求，规定各项业务的标准处理程序，包括业务的发生地点、经过环节、经办人员的职责划分、业务处理时间、审批稽核手续以及使用的凭证账簿等。这样，通过会计制度的实施，就可以保证会计信息的质量。可见，缜密完善的内部控制制度，为提供真实、正确、及时的会计信息奠定了基础，而真实、正确、完整和及时的会计信息在经营管理中才具有使用价值。

（四）加强岗位责任制，提高会计工作效率

健全完善的内部控制制度，能够使业务经办人员按专业分工，明确自己的岗位职责，并在专业分工的基础上，建立有机的协作关系。这样，既体现了工作的专业化，又增强了工作的协调性，不仅为各有关人员熟练地掌握自己的工作内容、工作方法、工作要求和专业知识创造了条件，有利于发挥专业优势，提高会计工作效率，避免因头绪过多而顾此失彼，而且有利于加强岗位责任制，促使业务经办人员尽职尽责。

（五）防范和化解经营风险，提高单位经营效率

内部控制制度通过机构分设、岗位分工、制定标准化业务处理流程和规范业务经办手续，可以有效地防止权力膨胀，预防个体性决策行为的发生，从而起到防范和化解经营风险，提高经营效率的作用。

【案例十四】

在某校督导时，发现学校没有相关的财务制度，包括一些基本的财务制度，其他管理制度也相当少，处理一些财务事项时的手续、方法也较为随意。校长认为，学校虽然没有一些文本的制度，但工作还是按照相关要求进行的，而且也没有出现过差错。

【分析】

如果一个学校没有与之相适应的内部控制制度或内部控制失当，则可能造

成管理的混乱和财务风险，阻碍学校的发展。如果没有制度，一旦出现差错将无法追究责任人的责任；如果没有制度，很多事情会产生部门间的推诿；如果没有制度，容易使员工在工作时产生困惑等等。

【建议】

制度是要求大家共同遵守的办事规程或行动准则，是实现某种功能和特定目标的社会组织乃至整个社会的一系列规范体系。汉语中"制"有节制、限制的意思，"度"有尺度、标准的意思。这两个字结合起来，表明制度是节制人们行为的尺度。

俗话说"没有规矩，不成方圆"，现代学校制度建设中在关注制度建设的同时，更关注制度的执行力。因此，学校无论大小，均应根据相关的法律法规，根据学校的实际情况，建立相应的内部控制制度，并重视对制度执行过程的监控。

任何行之有效的制度，都要靠人来贯彻执行。如何充分发挥制度主体的内部潜力，使执行者与制度本身的结合最佳化，是提高办学质量的重点，也是校长和管理人员应思考的问题。因此，把握好人与制度的最佳结合，无疑是提高管理质量，防范和化解风险最直接、最有效的途径。

四、内部控制制度的设计原则

为了充分发挥内部控制制度的作用，实现内部控制的目的，设计内部控制制度时，应当遵循以下基本原则：

1．合法性原则。内部控制制度应当符合法律、行政法规的规定和政府监管部门的监管要求。

2．全面性原则。内部控制制度在层次上应当涵盖学校管理层和全体教职工，在对象上应当覆盖学校各项业务和管理活动，在流程上应当渗透到决策、执行、监督和反馈等各个环节，避免内部控制出现空白和漏洞。

3．重要性原则。内部控制制度应当在兼顾全面的基础上突出重点，针对重要业务与事项，高风险领域与环节采取更为严格的控制措施，确保不存在重大缺陷。

4．有效性原则。内部控制制度应当能够为内部控制目标的实现提供合理保证。学校全体员工应当自觉维护内部控制制度的有效执行，内部控制制度建立和实施过程中存在的问题应当能够得到及时的纠正和处理。

5．制衡性原则。学校的机构、岗位设置和权责分配应当科学合理，确保不同部门、岗位之间权责分明，有利于相互制约、相互监督，履行内部控制制度

监督检查职责的部门应当具有良好的独立性,任何人不得凌驾于内部控制制度之上。

6．适应性原则。内部控制制度应当合理体现学校规模、工作特点以及所处具体环境等方面的要求,并随着学校外部环境的变化以及管理要求的提高,不断改进和完善。

7．成本效益原则。内部控制制度应当在保证内部控制有效性的前提下,合理权衡成本与效益的关系,争取以合理的成本实现更为有效的控制。

8．相对稳定性原则。内部控制制度是一项受单位或组织内外部经营环境影响较大的综合性管理制度,无论当时设计如何科学、合理,随着单位或组织经营环境的不断变化,总会表现出局限性。因此,学校应在保持原有内部控制制度相对稳定的基础上,结合现实环境对其不断修订和完善。

简单而言,内部控制制度应当符合国家有关法律法规,以及单位的实际情况。应当约束单位内部涉及会计工作的所有人员都不得超越内部控制制度。应当涵盖单位内部及会计工作的各项经济业务,落实到决策、执行、监督、反馈等各个环节。应当保证单位内部涉及会计工作的机构、岗位的合理设置及其职责权限的合理划分,坚持不相容职务相互分离,确保不同机构和岗位之间权责分明、相互制约、相互监督。应当遵循成本效益原则,以合理的控制成本收到最佳的控制效果。应当随着外部经济环境的变化,单位业务职能的调整和管理要求的提高,不断修订和完善。

五、内部会计控制的内容

内部控制制度的内容主要包括:货币资金、实物资产、对外投资、工程项目、采购与付款、筹资、销售与收款、成本费用、担保等经济业务的会计控制。对于中小学校内部控制制度而言,主要有以下几项内容:

（一）货币资金的控制

货币资金是学校流动性最强的资产,为保证其安全,应当对货币资金收支和保管建立严格的授权批准制度,办理货币资金业务的不相容岗位应当分离,相关机构和人员应当相互制约。

（二）实物资产的控制

实物资产是除现金以外具有实物形态的资产。为防止各种实物资产被盗、毁损和流失,应当建立实物资产管理的岗位责任制度,对实物资产的验收入库、领用、发出、盘点、保管及处置等关键环节进行控制。如建立严格的库存材料收发制度、定期盘点制度，指定专人负责库存材料的登记及保管等。

（三）工程项目的控制

工程项目从立项到建设完成需要一系列工作环节。为保证工程项目的顺利实施，学校应当建立规范的工程项目决策程序，明确相关机构和人员的职责权限，建立工程项目投资决策的责任制度，加强工程项目的预算、招投标、质量管理等环节的会计控制，防范决策失误及工程发包、承包、施工、验收等过程中的舞弊行为。

（四）采购与付款的控制

采购与付款业务是学校经常发生的，若疏于管理就很容易出问题。为堵塞采购环节的漏洞，减少采购风险，学校应当合理设置采购与付款业务的机构和岗位，建立和完善采购与付款的控制程序，加强请购、审批、合同订立、采购、验收、付款等环节的会计控制。

（五）成本费用的控制

成本费用的高低，直接影响单位的发展水平。为提高学校的经济效益，应当建立成本费用控制系统，做好成本费用管理的各项基础工作，制定成本费用标准，分解成本费用指标，控制成本费用差异，考核成本费用指标的完成情况，落实奖罚措施，降低成本费用。例如，一校多址的学校，应在学校总体核算下细分各校园的办学费用核算，既能节约办学经费，又能进行绩效考核。

（六）担保业务的控制

担保业务的发生往往会给单位带来一定的风险和损失。为防范风险，避免或减少可能发生的损失，单位应当加强对担保业务的控制，严格控制担保行为，建立担保决策程序和责任制度，明确担保原则、担保标准和条件、担保责任等相关内容，加强对担保合同订立的管理，及时了解和掌握被担保人的经营和财务状况。

六、内部控制和内部会计控制的基本方法

（一）内部控制的基本方法

各个学校的性质（公办或民办）和特点有差异，在建立内部控制制度时须根据实际情况把各种控制方式、方法有机地组合起来，形成一个系统的控制以实现控制的目标。内部控制的方式、方法多种多样，其基本的控制方式有目标控制、组织控制、人员控制、职务分离控制、授权批准控制、业务程序控制、措施控制与检查控制。

1. 目标控制

目标控制是指学校内部管理工作应该遵循其创建的目标,分期对收入、支出、预算、决算、核算等方面制定切实可行的计划,并对计划执行情况进行控制。目标控制是一种事前控制方式,其主要过程包括确定目标、执行控制、测查执行成果并与目标比较、进行测查结论反馈。

2. 组织控制

组织控制是指对组织内部的组织机构设置的合理性和有效性所进行的控制。组织控制也是一种事前控制方式,其主要手段包括采用合理的组织方案、合理的组织结构和建立组织系统图等。

3. 人员控制

人员控制是指采用一定的方法和手段对职工的思想品德、业务技能和工作能力进行控制,以保证他们有与所负责的工作相适应的素质,从而保证任务的完成。工作质量、人员素质控制应做到:根据各级人员政治与业务素质委派工作,使各级人员能胜任自己的工作;进行上岗前业务考核并建立相应的考核制度;建立管理人员业绩考核制度,调离不胜任本职工作的管理人员;建立职业道德和业务技术轮训制度;建立奖励、奖惩制度;建立职务轮换制度等。

4. 职务分离控制

职务分离控制是指对于组织内部的不相容职务必须进行分工,不能由一个人同时兼任,以减少差错和舞弊的发生。任何单位应做到授权批准与执行分离,执行与审查、稽核分离,执行与记录分离,保管与记录分离,保管与清查分离,总账记录与明细账或日记账记录分离等。出纳人员不得兼任稽核、会计档案保管和收入、支出、费用、债权、债务账目的登记工作。

5. 授权批准控制

授权批准控制是指学校内部各级工作人员必须经过授权和批准才能对有关的经济业务进行处理,未经授权和批准,这些人员不允许接触和处理这些业务。这一控制方式使经济业务在发生时就得到了有效的控制。授权方式可分为一般授权和特殊授权。

6. 业务程序控制

业务程序控制是指采用规范化、标准化的手段对重复发生的业务处理过程进行控制,因此也叫做标准化控制。程序控制也是一种事前控制,主要规定凭证传递程序、记账程序及主要经济业务处理程序等。程序控制还包括了将业务处理过程的程序、要求、注意事项等编制成书面文件,以便于有关人员执行。

7. 措施控制

措施控制是指以特定的控制目标为其控制对象的控制措施,如方针政策控制、信息质量控制和财产安全控制等。

方针政策控制实质上是一种记录控制,主要以单位的方针、政策、计划、预算、定额等作为控制的手段,以保证单位合法、合规的经营。

信息质量控制,即采取一系列的措施和方法,以保证会计信息的真实、及时、可靠和准确,保证会计信息能够满足组织内部和外部使用人的需要。信息质量控制的手段主要包括凭证审核、凭证连续编号、复核、核对、签章、传递与分析等。

财产安全控制是指为了确保财产物资的安全完整而采取的各项措施和方法。直接与财产安全有关的控制措施和方法有及时登记、限制接近、永续盘存制、财产清查制、出库入库手续、职务轮换等。

8. 检查控制

检查控制是指对内部控制制度的贯彻、执行情况进行监督检查,以保证控制功能的充分发挥。检查控制又可分为专业检查和群众检查两种。内部审计是一种专业检查,是通过建立内部审计部门对组织的各项业务进行审计检查的一种监督手段。

(二)内部会计控制的方法

内部会计控制的方法主要包括:不相容职务相互分离控制、授权批准控制、会计系统控制、预算控制、财产保全控制、风险控制、内部报告控制、电子信息技术控制等。

1. 不相容职务相互分离控制

不相容职务主要包括:授权批准、业务经办、会计记录、财产保管、稽核检查等职务。不相容职务相互分离控制要求单位按照不相容职务相互分离的原则,合理设置会计及相关工作岗位,明确职责权限,形成相互制衡机制。

2. 授权批准控制

授权批准控制要求单位明确规定涉及会计相关工作的授权批准的范围、权限、程序、责任等内容,单位内部的各级管理层必须在授权范围内行使职权和承担责任,经办人员也必须在授权范围内办理业务。授权批准按其形式分为一般授权和特殊授权。一般授权是指对办理常规业务时权力、条件和责任的规定,一般授权时效性较长。特殊授权是指对办理例外业务时的权力、条件和责任的规定，其时效性较短。不论采取哪种授权批准方式，都必须建立授权批准体系，其中包括授权批准的范围、层次、责任以及授权批准的程序等。

3．会计系统控制

会计系统是指单位为了汇总、分析、分类、报告经济业务，并保持对相关资产与负债的受托责任而建立的方法和记录。会计系统控制要求单位依据《会计法》和国家统一的会计制度，制定适合本单位的会计制度，明确会计凭证、会计账簿和财务会计报告的处理程序，建立和完善会计档案保管和会计工作交接办法，实行会计人员岗位责任制，充分发挥会计的监督职能。具体而言，会计系统控制主要包括：建立健全内部会计管理规范和监督制度，充分体现权责明确、相互制约以及及时进行内部审计的要求；统一会计政策；统一会计科目；明确会计凭证。

4．预算控制

预算控制要求单位加强预算编制、执行、分析、考核等环节的管理，明确预算项目，建立预算标准，规范预算的编制、审定、下达和执行程序，及时分析和控制预算差异，采取改进措施，确保预算的执行。预算内资金实行责任人限额审批，限额以上资金实行集体审批，严格控制无预算的资金支出。

5．财产保全控制

财产保全控制要求单位限制未经授权的人员对财产的直接接触，采取定期盘点、财产记录、账实核对、财产保险等措施，确保各种财产的安全完整。

6．风险控制

风险控制要求单位树立风险意识，针对各个风险控制点，建立有效的风险管理系统，通过风险预警、风险识别、风险评估、风险分析、风险报告等措施，对财务风险和经营风险进行全面防范和控制。

7．内部报告控制

内部报告控制要求单位建立和完善内部报告制度，全面反映经济活动情况，及时提供业务活动的重要信息，增强内部管理的时效性和针对性。

8．电子信息技术控制

电子信息技术控制要求单位运用电子信息技术手段建立内部会计控制系统，减少和消除人为操纵因素，确保内部会计控制的有效实施。同时要加强对财务会计电子信息系统的开发与维护、数据输入与输出、文件储存与保管、网络安全等方面的控制。

第五章　学校预算管理

一、概述

（一）国家预算

国家预算是经法定程序审核批准的国家年度集中性财政收支计划。它规定国家财政收入的来源和数量、财政支出的各项用途和数量，反映着整个国家政策以及政府活动的范围和方向。

（二）学校预算

学校预算是学校根据年度事业发展目标和计划以及预算编制的规定编制的学校收支计划，是学校筹集、分配、运用、控制资金的依据。学校预算由收入预算和支出预算组成。国家对中小学校实行核定收支、定额或者定项补助，超支不补，结转和结余按规定使用的预算管理办法。

二、学校预算编制的目的

编制学校经费预算是为了保证教育培养目标的顺利实现，保障学校能够提供优质的教育服务。编制学校经费预算的过程，实际上是落实学校战略发展规划的重要步骤，也是进一步优化学校资源配置的过程。学校应建立科学、民主的预算管理体制，使预算更趋于合理化、科学化。

三、学校预算编制的任务

（一）配备办学必需的教育设施

教育设施，包括校园、校舍、实验仪器、教学设备、图书资料、运动器械等，是办学必备的最基本的物质条件。要配齐必需的教育设施要有投入，这就要纳入预算，而从政府目前的财力看，不可能将设施一次性配置到位，只能分期分批地逐步解决，这就需要学校分轻重缓急纳入年度预算。

（二）保证教学任务的全面完成

教育设施的配备是为了让学生有学上，而全面完成教学任务则是让学生能够上好学，前者是为后者服务的，而后者则是学校教育的根本任务。所以，学

校预算就是要通过资金的筹集、分配以及调度,保证学校按教学大纲要求开齐开足课程,保证教学任务的全面完成。资金保障主要体现在两个方面,一是落实教师的经济待遇,二是保证教学的正常运转。

(三)保障学生身心的健康发展

现代教育十分注重环境育人。学校应营造良好的校园环境,为学生心理发展创造良好的条件,营造校园的精神环境和物质环境,都需要有经费投入。

(四)提供优先发展的必要条件

随着现代科学技术的发展,投影仪、实验室、多媒体等现代教学设备被广泛应用于教学,扩大了教学活动范围,提高了效率与质量。教学手段的进步,教师的定期"充电"学习和知识更新,都需经费投入。

编制预算时,如何将校长的办学理念、办学思想体现出来,贯彻下去,仅靠学校财会人员是无论如何完成不了的。因此,需要按照校内分工,如负责教务的熟悉教学领域,负责总务的熟悉后勤领域,各科教师熟悉各自的教学领域,学校的财会工作人员了解预算的程序,在编制预算时进行广泛的参与,这不仅是民主理财的需要,编制预算的需要,也是体现和贯彻办学理念、办学思想的需要。

四、学校预算编制的原则

学校预算实行"统一领导,分级管理,权责结合"的管理体制,根据学校事业发展规划和预算年度学校可能取得收入的情况,合理统筹安排支出。

1. 量入为出,统筹兼顾原则。学校应当自求平衡,不得编制赤字预算。

2. 保证重点及收支平衡原则。深化部门预算改革,提高部门预算资金综合效能。因为预算编制的全面性、综合性要求与财务工作的局限性,学校预算编制仅靠财务部门是不可能圆满完成的,所以学校在编制学校年度预算时,应在校长的统一领导下,由教务、总务、财务和教师代表共同参与,根据各部门的年度工作计划,参照上年度各部门的实际开支,考虑可能出现的变化因素,先做出部门预算,民主理财,确定预算草案,最后由财务部门汇总后形成学校年度预算草案。

3. 科学严谨,真实稳健原则。尽可能排除收入的不确定因素,不将上年度的非经常性收入作为预算年度的收入依据。

4. 强化管理,讲求绩效原则。加强预算编制管理,将预算编制与预算执行、结余结转资金管理等有机结合起来,进一步发挥预算编制在推进学校预算科学化、精细化管理中的作用。强化绩效预算理念，加强绩效评价结果应用。进一步探索以目标为导向，以项目成本为衡量，以业绩评估为核心的预算管理体制。

五、学校预算编制的内容

（一）收入预算

收入是指学校为开展教育教学及其他活动依法取得的非偿还性资金。收入预算，应该依据国家中小学校办学标准和相关经费标准，参考以前年度的预算执行情况和预算年度的收入增减因素测算编制。学校应当按收入来源，积极稳妥地逐项测算。

学校收入来源主要包括：财政拨款收入、事业收入、上级补助收入、附属单位上缴收入、经营收入和其他收入。

学校应严格按照国家有关政策规定依法组织收入，并将各项收入全部纳入单位预算，统一核算，统一管理。各项收费必须报经有关部门批准后执行，严格执行国家规定的收费范围、收费项目和收费标准，并使用符合国家规定的票据。对按照规定上缴国库或者财政专户的资金，学校应当按照国库集中收缴的有关规定及时足额上缴，不得隐瞒、滞留、截留、挪用和坐支，严禁以任何形式私设小金库，严禁账外设账，严禁公款私存。

衡量学校收入总预算及分项预算完成的程度为预算收入完成率，计算公式为：

预算收入完成率 = 年终执行数 ÷ （年初预算数 ± 年中预算调整数） × 100%。

注：年终执行数不含上年度结转和结余收入数

（二）支出预算

支出是指学校为开展教育教学及其他活动发生的各项资金耗费和损失。支出预算，根据学校开展教育教学等活动的需要和财力可能测算编制。支出预算的编制，应当在保障学校正常教育教学活动的前提下，结合实际情况，妥善安排各项支出。

学校支出内容主要包括：事业支出、经营支出、对附属单位补助支出、上缴上级支出和其他支出。

学校的支出应当严格执行国家有关财经规章制度规定的开支范围及开支标准。国家有关财经规章制度没有统一规定的，由学校结合本校情况制定规定，报主管部门和财政部门备案。学校规定违反国家法律和政策的，主管部门和财

政部门应当责令改正。

学校应当加强支出管理。基本支出与项目支出不得混用,公用支出不得用于教职工福利等人员支出,项目支出应当按照规定专款专用,不得挤占和挪用。

衡量学校事业支出总预算及分项预算完成的程度为预算支出完成率,计算公式为:

预算支出完成率 = 年终执行数 ÷(年初预算数 ± 年中预算调整数)× 100%

注:年终执行数不含上年度结转和结余支出数

衡量学校事业支出结构的比例,包括人员支出占事业支出的比率、公用支出占事业支出的比率,计算公式为:

人员支出比率 = 人员支出 ÷ 事业支出 × 100%

公用支出比率 = 公用支出 ÷ 事业支出 × 100%

衡量按照实际在编人数平均的基本支出水平为人均基本支出,计算公式为:

人均基本支出 =(基本支出 − 离退休人员支出)÷ 实际在编人数

六、学校预算编制的方法

编制学校预算的规定程序是"两上两下",这不仅是对学校预算编制的要求,而且是对所有预算单位编制预算的要求。这说明,国家财政对使用纳税人的钱,是十分慎重的。钱并不是容易取得的,取得的钱必须要有使用效益。

学校预算是学校根据年度事业发展目标和计划以及预算编制的规定编制的,其编制的规定程序是"两上两下",每次的上和下,所包涵的内容是不同的,并不是一件简单、重复性的工作。

"一上":预算建议数。简单地说,就是要全面反映学校下一财政年度的经费需求,以及发生这些需求的基本数据和政策依据,要注意全面性和完整性。这就要求编制预算时必须广泛地收集信息,编制的每一项建议数,都要有详细、真实、可靠的依据作为支撑。

"一下":预算控制数,是财政部门的预算草案。政府部门很多,每个部门都有部门预算,汇集到一起,反映出本级各部门下一财政年度的总需求。而财力供给是有限的,各级财政部门只能根据财力供给情况,将反映出来的需求分轻重缓急,有保有压地予以调整安排,保持供需平衡,平衡预算。这种调整安排,按财政部的规定是"四要",要充分体现党和国家的方针政策,要与国民经济和社会发展计划相一致,要与部门履行行政职能及事业发展计划相协调,要与国家财力相适应。

"二上":预算草案。是学校下一财政年度准备执行的财务收支计划,要注意现实性和操作性。

"二下":预算批复。各级财政部门审核汇总各部门预算草案,经本级人民政府审查批准后,报本级人民代表大会审议。在本级人民代表大会通过后一个月内,向各级教育行政部门正式批复年度预算,各级教育行政部门再向各学校批复年度预算。

经过本级人民代表大会审议通过的预算方案即为地方性法案,必须严格地执行。执行预算是严肃的,未纳入预算就不能支出。

通过对"两上两下"的分析,我们不难看出,学校的预算编制正朝着科学化、规范化和透明化迈进。而且通过反复的上下流动,可以产生许多的信息流动,使财政部门更加了解教育、了解学校,更加理解教育、理解学校,进而支持教育、支持学校,也可以使我们的教育部门和学校了解财政,理解财政部门,支持财政部门。应该说,这种互动的结果有利于教育事业和学校的发展。

如何科学地编制好预算,学校应从以下几个方面进行。

(一) 准备工作

1. 成立由校长任组长的预算工作小组,成员包括教务、总务、财务等部门成员及教师代表。

2. 搜集和整理预算资料。包括政策依据和各类定额依据,盘点资源,摸清家底。

3. 核实基本数据。包括学生数、班级数、教师员工数、专用教室数、图书册书及设备设施情况等。

4. 分析影响预算因素。通过对收集到的各种依据进行分析,总结和分析上年度预算收支执行情况,掌握学校财务收支和业务活动的变化情况,找出影响本年度预算的各种因素,客观分析本年度事业发展计划对预算的要求,领会教育行政部门和财政部门对预算编制的要求,做好年度预算编制准备工作。

总之,预算编制的准备就是要将政策吃"透",依据要找"准",因素要寻"全"。

(二) 预算建议数的编制

1. 基本情况表

是编制预算的基础数据和重要依据,也是预算管理和预算监督的重要依据。在填列这些数据时,必须先读懂表中各项内容和填列要求,稍有不慎,就可能

导致重大失误。

2. 收入预算数

反映的是学校收入的总数,收入预算数是一个关键数,它必须与支出预算数一致。

学校收入主要包括财政补助收入、事业收入、勤工俭学收入、其他收入等。

编制收入预算时,要突出财政供给的主渠道地位,对事业收入、勤工俭学收入、其他收入的预算建议数,要遵循稳健性原则。对没有把握的收入不能列入预算,对预计发生的收入不能高估,防止收入不能实现时造成预算无法执行。

所谓稳健性原则,就是要做到确有把握,比如随着学校各项事业性收费的取消,事业收入肯定呈下降趋势。

3. 支出预算数

是编制学校预算的核心,由两个部分组成,即基本支出预算和项目支出预算。其栏目从专业的角度看,并不是很多,但都是必要的,按照预算管理的规定,经批准的预算。只能用于此项目支出的范围,不得随意调整使用。

编制支出预算数时,一是要注意全面反映需求,即不要漏掉任何需求因素。二是要处理好供需关系,即兼顾需要与可能。三是要深刻领会国家政策精神,凡有明文规定的开支,按其规定编列。凡没有规定的,要参照往年实际支出,恰当编列,在准备阶段之所以要收集往年决算报表,就是为了有个参照。凡尚未纳入开支范围的,标准可以适当降低,以后再逐步提高。总之,编制支出预算数,既要体现国家政策,逐年增长,又要根据财力实际,控制增长幅度。

(1) 基本支出预算

基本支出预算反映学校预算年度为满足基本办学条件所需开支的支出预算,包括人员支出预算和公用支出预算。其中,人员支出预算包括工资福利支出预算和对个人与家庭支出预算,应严格按照编制内实有人数测算编制。公用支出预算中的公用经费及办公设备配置等经费,按规定的定额标准测算编制。

工资福利支出预算。反映支付给在编教职员工的各类劳动报酬,包括基本工资、津贴补贴、奖金(义务教育绩效工资)、伙食补贴、社会保障费、缺编补贴和其他支出等。编制人员支出预算时,一定要把各种因素考虑周全,最大限度地保障教职工的合法权益,如中小学教师提高工资部分的10%部分和特教学校教师提高工资部分的15%部分等。

对个人和家庭补助支出预算。反映学校全年对个人和家庭的无偿性补助支出,包括离休费、退休费、退职费、抚恤和生活补助支出、助学金、住房补贴和其他补助支出。

工资福利支出、对个人和家庭补助支出的预算编制有许多相同之处，均属人员支出范畴，计算标准有依据，政策性较强。填报时应注意要与学校基本情况表的有关数据一致，即学校基本情况表中填报的人数，在工资福利支出或对个人和家庭补助支出中要反映出相应的支出。反之亦然。

商品与服务支出预算。就是通常所说的公用支出。根据学校基本数据表中的学生数和规定的生均定额标准进行测算，是反映学校为维持正常运转全年需开支的公用支出。主要包括：办公费、印刷费、咨询费、手续费、水电费、邮电费、取暖费（煤气费）、差旅费、出国费、维修（护）费、会议费、培训费、招待费、设备购置费、劳务费、物业管理费、车辆运行维护费、其他商品和服务支出维修（护）费等。公用支出的主要特点：

需要的经常性。只要学校教学活动在进行，就必然发生各类物资和资金消耗。教学活动的持续带来物资和资金的持续耗费，需要持续不断地进行补充。

支出的递增性。从学校物资消耗的品种来看，随着教学内容的增加，品种逐步增加。而从所消耗物品的价值看，也是年级越高，价值越高，如初中一年级到三年级的劳技教育课消耗的物品，由木工类到金工类到电工类。此外，随着教学手段的进步，耗费的需求也就越大。

公用支出在教育活动中的作用：

公用支出是完成教学计划的根本保障。公用支出是学校完成教学任务，保证教学质量，实现培养目标的根本保障。在使用时，要考虑不同年级、不同学科的分配比例，这样才能保证每个年级、每门学科都能全面完成教学计划。

公用支出是学校正常运转的必然需求。在编制公用支出预算时，要兼顾教学、教辅、后勤等各方面运转的需求，保证学校正常运转。

公用支出是学生健康成长的前提条件。中小学生绝大部分时间都在校园里学习、生活，在预算编制时，要充分考虑中小学生的生理、心理特点，促进学生身心健康发展。

公用支出是保障受教育者合法权益的物质基础。

不得纳入"公用支出"范围：

① 独立核算的食堂发生的水电等费用应由食堂列支，不得纳入学校"公用支出"范围。

② 独立核算的基建项目发生的水电等费用应由承建单位支付，不得纳入学校"公用支出"范围。

中小学校长财务管理实务
ZHONG XIAO XUE XIAO ZHANG CAI WU GUAN LI SHI WU

③ 独立核算的校办企业或开展单独核算的经营项目发生的水电、邮电、差旅、培训等费用，应由其列入成本核算，不得纳入学校"公用支出"范围。

④ 学校的出租项目，如门面、摊点等，发生的各类费用应由承租人自理，不得纳入学校"公用支出"范围。

(2) 项目支出预算

就是通常所说的专项支出，是具有指定用途的公用支出，包括一般项目支出和基建项目支出。一般项目支出要根据国民经济和社会发展规划等，结合部门机构职能和年度绩效目标，编制三年滚动计划。基建项目支出指根据事业发展需要和计划部门核定而安排的年度基本建设支出，包括基建偿债资金和项目投资资金。

如果说基本支出预算是保证学校运转的经费，则项目支出预算更多地带有学校发展的因素，项目支出预算一旦通过，将全部纳入"政府采购"的范畴。所以，预算的编制，需要掌握一些技巧和轻重缓急。

至此，将各支出预算数累计相加，即形成预算建议数。

(三) 预算的执行与调整

当学校收到教育行政部门年度预算下达通知后，应当严格执行批准的预算，及时制订预算执行计划，按期完成收支事项，保证预算执行进度。

在预算执行中，财政补助收入和财政专户管理资金的预算一般不予调整。若遇国家有关政策或事业计划有较大调整，对预算执行影响较大，学校应报主管部门审核后报财政部门调整预算。财政补助收入和财政专户管理资金以外部分的预算需要调增或者调减的，由学校自行调整并报主管部门和财政部门备案。当收入预算调整后，则应相应调增或者调减支出预算。

年度终了时，学校应根据预算执行结果进行决算，编制年度报告。

【案例十五】

在学校督导时，有时会在学校年度财务分析中看到，学校收入预算、支出预算均完成较好，但一些具体分项目标支出却仍与预算存在差异，而且有些是不应该发生的，比如，基本工资、津贴补贴、奖金等方面存在预算未完成现象。

【分析】

教师工资按时足额发放，是依法办学的重要内容。人员经费预算是按基本数据表中教职员工数和相关定额编制预算，一般不会发生预算未完成现象。为什么仍然会出现这种现象呢？经分析，并非未完成预算，而是当教师人员发生变化时，因未调整预算而导致此现象的出现。比如，当学校有女教师休产假时，由于产假期间工资无需学校发放，财务人员在调整预算时未作调整，就会出现人员经费预算完不成现象。

【建议】

目前学校预算都有调整的机会，一般安排在每年十月份。此时，正值新学期，学校的教职员工基本稳定。学校要重视预算调整工作，此项工作应在校长领导和各部门支持下开展。比如，学校人事部门应将当年度教职员工变化的情况，包括调出、调进、产假、病假等，与年初预算时的情况进行比较和统计，特别要关注10月份至12月份是否有需要休假（如产假）的人员。总务部门应检查年初预算时确定的政府采购项目执行情况，财务部门进行汇总并做预算调整，由校长审核后交主管部门审批。经批准后，年终学校按调整后的预算进行决算。这样，预算完成真实准确，完成率也较好。

七、学校预算编制的管理与绩效

《行政事业单位内部控制规范（试行）》规定：单位应当建立健全预算编制、审批、执行、决算与评价等预算内部管理制度。预算编制应当做到程序规范、方法科学、编制及时、内容完整、项目细化和数据准确。应当正确把握预算编制有关政策，确保预算编制相关人员及时全面地掌握相关规定。应当建立内部预算编制、预算执行、资产管理、基建管理、人事管理等部门或岗位的沟通协调机制，按照规定进行项目评审，确保预算编制部门及时取得和有效运用预算编制的相关信息，根据工作计划细化预算编制，提高预算编制的科学性。还应当根据内设部门的职责和分工，将按照法定程序批复的预算，在单位内部进行指标分解和审批下达，规范内部预算追加调整程序，发挥预算对经济活动的管控作用。

预算管理是学校内部管理控制的主要方法，预算绩效管理是学校绩效管理的重要组成部分。

预算编制工作要做到"三个"结合：一是加强预算编制与预算执行相结合。进一步细化预算编制，提高预算的准确性、真实性和完整性，为增强预算执行的时效性和均衡性奠定基础。二是加强预算编制与结余结转资金管理相结合。将上年度结余纳入预算统筹，提高资金使用效益。三是加强预算编制与资产管理相结合，实现资产配置管理和预算安排的有效衔接。要建立预算执行情况考核制度和奖惩制度，按照公开、公平、公正的原则对预算执行情况进行考核，认真落实奖惩措施。

预算监督检查的方法有：定期检查岗位分工和授权批准情况，检查预算编制、预算执行、预算调整和预算分析与考核等情况。

根据财政部《关于进一步推进地方国库集中支付制度改革的指导意见》以及国务院第四次廉政工作会议等精神，预算单位已全部纳入国库单一账户和公务卡制度改革。实施这项重大改革，是为了提高资金使用效率，也是加强资金监管，从制度上进行防范和治理。学校应当加强预算绩效管理，建立"预算编制有目标、预算执行有监控、预算完成有评价、评价结果有反馈、反馈结果有应用"的全过程预算绩效管理机制。

第六章 解读会计报表

一、会计报表及其设计的意义

会计报表是指单位对外提供的某一特定日期财务状况和某一会计期间经营成果以及现金流量的文件。编制会计报表是为了满足各利益相关者对财务信息的要求,为其进行经济决策提供依据。

(一)会计报表的意义

会计报表是依据日常会计账簿记录而编制的,用来总括反映学校或组织财务状况、经营成果和现金流量的一种书面文件。编制会计报表是会计核算工作的重要内容,是实现会计目标的最终载体。对于学校而言,编制会计报表的意义主要表现在:

1. 反映财务情况

会计报表提供的信息很丰富,通过这些信息可全面地反映学校的财务情况。例如,通过资产负债表可以了解一定期间学校资产配置、债务结构和权益类别等情况,通过现金流量表可以了解学校在一定期间现金收入和现金支出情况。会计报表对学校财务情况的反映,不同于会计凭证和会计账簿,其特点是全面、系统和集中,通过几张会计报表就能全面、系统地反映学校的财务情况。

2. 加强会计监督

根据学校会计报表提供的会计信息,对学校管理活动、理财活动等方面进行监督,以求满足各方会计报表使用者的需要。

第一,校长可根据会计报表反映的信息,总结管理的经验,检查各项指标是否完成了计划,达到了预期的目标。找出管理运作中存在的问题,及时采取相应措施加以解决,以便进一步加强管理。第二,学校行政主管部门通过会计报表提供的会计信息,监督其资金的使用情况,了解学校的管理成果和收支情况,分析学校的财务状况和风险程度。第三,财政主管部门根据学校会计报表提供的信息,加强对学校的财务监督,检查学校是否遵守各项财政、财务制度,有无违纪行为。

3. 有利于进行决策

会计报表提供的信息，为各方报表使用者进行经济决策提供了方便。

第一，政府的财政、教育行政主管和综合计划部门，可根据报表信息进行宏观的综合分析和决策，以调整学校的发展方向。第二，会计报表提供的信息，还能为与学校有业务往来的单位提供有关商品交易的信息，为这些单位制定未来的经营规划提供决策依据。第三，会计报表提供的信息，是规划学校未来发展方向和制定预算的重要依据。校长可根据会计报表反映的内容，总结以往的工作，评估学校的管理水平和财务状况，分析存在的问题，根据已有的经验和未来的客观条件，正确地规划未来的经营目标，并确定出较为准确的各项指标。

（二）会计报表设计的意义

会计工作的基本目的是对单位内外部信息使用者提供决策所需要的会计信息。通过设置科目、填制和审核会计凭证、开设并登记会计账簿等日常核算工作，所得到的是零星、分散的会计信息，参考价值甚微。因此，必须设计会计报表，对日常会计信息进一步进行整理、归纳和汇总，按照一定顺序对会计指标加以排列和组合，形成完整的会计报告体系。设计科学合理的会计报表，对于加强学校经营管理，满足与学校相关的各利益相关方的需要，充分发挥会计在学校发展中的作用，都具有十分重要的意义。

1. 为学校管理提供必要的信息资料

校长需要经常不断地分析本校的财务状况和经营管理情况，总结经验、查明存在的问题，改进管理工作，提高管理水平。所有这些工作能否顺利地进行，很大程度上取决于会计人员提供的会计信息质量，而会计报表是提供会计信息的主要方式。

2. 为教育行政部门决策提供必要的信息资料

教育行政主管部门是学校直接的投资者。它们需要了解学校的资金状况和经济活动情况，以便做出正确的资产管理决策。在学校运作过程中，需要了解学校的管理行为、资金使用状况以及现金支付能力等信息资料，会计报表是教育行政主管部门了解以上信息的重要渠道。

3. 为学校内部审计机构和教育行政主管审计部门检查、监督学校的管理活动提供必要的信息资料

审计工作一般是从会计报表审计开始的，会计报表不仅能够为审计工作提供详尽、全面的数据资料，而且可以为进一步审计会计凭证和会计账簿指明方向。

【案例十六】

近几年,政府加大了对学校生均公用经费的投入,学校办学经费充足,相应地也对公用经费使用有了较为具体的指导意见。笔者2012年督导时,对10所中小学校、10所幼儿园2009年至2011年学校教育经费使用情况统计来看不尽如人意,见下表:

达标年数\内容	财政生均公用经费足额使用学校数	%	中小学生均图书经费足额使用学校数	%	中小学生均体育维持费足额使用学校数	%	幼儿园管理费用于修购费足额使用学校数	%
3年	4	20	1	10	0	0	4	40
2年	7	35	3	30	1	10	3	30
1年	4	20	0	0	2	20	1	10
三年均未足额使用	5	25	6	60	7	70	2	20
合计	20	100	10	100	10	100	10	100

【分析】

1. 校长财务专业知识有限。没有关注教育经费预算的执行,对学校资金的来源和相关的政策了解不多,没有通过会计报表了解各项教育经费预算的执行情况,并指令全面预算执行。

2. 工作人员专业能力不强。在访谈图书馆工作人员时,大部分人对本校藏书情况不了解。某校图书馆有五位工作人员,竟无人能够说出准确的藏书情况。

3. 会计人员记账有误。体育维持经费是指为开展学校体育活动而添置的低值易耗用品费用,包括运动会的开支,但时常有会计人员对科目性质理解不够,致使记账科目有误。

4. 会计人员分析有误。学校事业支出明细表分为财政拨款、事业收入、其他收入使用情况分析表等明细,财务人员未能根据资金的来源与要求进行分析,致使相关指标未完成。

【建议】

校长可通过不定期地阅读会计报表,发现经费使用中存在的不足,及时了

解资金使用是否与相关政策吻合，了解会计人员的报表分析是否准确，并督促相关人员及时纠错。

二、会计报表基本内容的设计

会计报表由基本内容和主体内容两部分组成，其主体内容是指构成会计报表主体，体现会计报表特点的内容，一般指报表所提供的经济指标。会计报表的基本内容应包括以下几项：

1．编制单位名称：即编制会计报表的学校及主管部门的名称，表明会计报表所反映经济内容的空间范围。

2．会计报表的名称及编号：表明各会计报表的种类及其在报表体系中所处的位置和重要程度。

3．编制报表的日期：即编制会计报表的日期或会计报表所反映的会计期间，表明会计报表所反映经济内容的时间范围。

4．计量单位：即会计报表中所使用的货币量度（元、百元等）、劳动量度等单位。

5．经济指标：即会计报表中各个项目的数量和金额，除必须具备本期数外，还可包括本年累计数、本期计划数、上年度数和历史先进水平数等。

6．补充资料（如报表附注）：是为了帮助报表使用者阅读和使用报表指标而提供的一些参考资料。一般包括：不符合会计核算基本前提的说明，重要会计政策和会计估计及其变更的说明，或有事项和资产负债表日后事项的说明，关联方关系及其交易的披露，重要资产转让及其出售的说明，会计报表中重要项目的明细资料等。

三、会计报表编制的基本要求

编制会计报表是学校会计核算的最终环节，是提供会计信息的主要形式。为了保证会计报表的质量，充分发挥会计报表的作用，必须按照规定的要求编制会计报表。我国《企业财务会计报告条例》规定，企业应当按照国家统一的会计制度规定的会计报表格式和内容，根据登记完整、核对无误的会计账簿记录和其他有关资料编制会计报表，做到内容完整、数字真实、计算准确，不得漏报或任意取舍。具体而言，学校编制会计报表，应符合以下基本要求：

（一）内容完整

学校在编制会计报表时，必须按照会计制度统一规定的报表种类、格式和内容来填写。凡属会计报表上规定应填列的指标，不论是表内项目，还是补充资料及附注，都要填列齐全，不得漏编、漏报或者任意取舍。如果有的项目无数字填列，应在金额栏内用一横线划去，表示此项目无数字填报。对报表中某些需要说明的项目，可以在相关项目后用括号注明，或利用附表、附注及其他形式加以说明。

（二）数字真实

学校会计报表所列的数字必须是客观、真实的，如实反映学校各项活动的实际情况，不得带有任何个人偏见和主观色彩，不得受外界影响。为了确保会计报表反映真实、准确，提供的信息可靠而有用，在编制会计报表时要根据真实的交易或事项以及完整、准确的账簿记录资料，并按照国家统一的会计制度规定的编制基础、编制依据、编制原则和方法进行，不允许使用估计或推算数字代替实际数字，更不允许以各种方式弄虚作假，如隐瞒谎报、篡改数字，人为夸大或缩小经营成果等。

（三）计算准确

会计报表各项目的金额数字主要来自日常的账簿记录，但这并不意味着报表上的数字完全是账簿记录的简单转抄。会计报表中有些项目的金额需要将有关账户的期末余额进行分析、计算后才能填列，而且报表项目之间也存在着一定的数量勾稽关系。因此，编制会计报表时，对有关项目的金额，必须采用正确的计算方法来加以确定，从而保证会计报表数字的准确性。

（四）指标可比

会计报表提供的信息必须满足学校内部和外部不同使用者的相关需要，为使用者提供有用的信息资料，并且便于报表使用者在不同单位之间及同一单位之间进行比较。这些信息资料可以帮助使用者评价学校的过去，判断学校的现在，预测学校的未来，有助于使用者进行经济决策。因此，编制会计报表时，学校在不同时期的指标和同类型学校之间的报表指标在计算和填列方法上应尽可能口径一致，不得随意变动，如固定资产折旧的计提方法，材料的计价方法，费用的归集和分配方法等。如果由于客观情况变化而必须变动的，应当在报表附注中加以说明，既要说明变动的原因，也要说明变动后对指标的影响，以便将变动的信息传递给使用者。

（五）编报及时

会计报表提供的资料具有很强的时效性。只有及时编制和报送会计报表，才能为使用者提供决策所需的信息资料。所以，会计报表必须按规定的期限和程序及时编制、及时报送，以便报表使用者及时了解编制单位的财务状况和经营成果，也便于有关部门和地方财政部门及时进行汇总。要保证会计报表编报

及时,必须加强日常的核算工作,认真做好记账、算账、对账和财产清查、调整账面工作,同时加强会计人员的配合协作。

【案例十七】

笔者到某校督导,事先了解到该校上年度有一笔"教育内涵发展项目经费"10万元,已于当年3月拨款到账,按教育行政部门财务要求记入"拨入专款"科目,其支出对应科目应为"专款支出"。

访谈校长时,校长介绍该笔专款已全部按规定在当年度支出,但从该校提供的前11个月会计报表上并未反映出"专款支出"中有任何支出,而是体现在12月份的会计报表上。因此,督导人员要求查看相关的明细账册,从明细账册上则反映该支出记录在"其他应付款"的"借方",直至年终结算时才将其调整。带着疑惑,笔者询问了该校财务人员,财务人员解释:原因是年初发生支出时由于款项尚未到账,就将支出记入"其他应付款"的"借方",3月份款项到账后为了方便,未按规定及时调整,直到年终结账时才将其调整到"专款支出"。

【分析】

1. 由于财务人员未及时按款项的来源进行会计处理,该校当年3月至11月报表所反映"资产"增加10万元,"负债"则减少10万元,致使"净资产"虚增20万元。因此,该校当年3月份至11月份的会计报表无法为报表使用者(校长)提供真实的信息,违反了会计法"真实性"原则。

2. 校长在学校财务管理时,不重视报表的应用与作用。究其原因,一是对财务管理方法仍停留在传统的管理模式上;二是受会计专业的局限。

【建议】

1. 财务人员应在收到款项的当月,根据会计法"真实性"原则,将原来记在"其他应付款"的支出,调整到"专款支出"科目,并应将"其他应付款"明细账页作为调整账户的附件,以确保会计报表的准确性。

2. 校长应要求财务人员每月提供会计报表,并对相关重要内容进行表表核对。如本例,当看到"专款支出"无支出金额时,应立即询问财务人员,这样既确保会计报表的真实性,又督促财务人员规范记账。

四、会计报表编制的程序

为了及时、准确地对外提供会计报表,编制会计报表时应按以下程序进行。

(一)清查资产,核实债务

学校在编制会计报表前,应当清查资产,核实债务。通过规定的清查、核实,查明财产的实存数量与账面数量是否一致,查明各项结算款项的拖欠情况及原因,检查材料物资的实际储备情况,了解固定资产的使用情况及其完好程度等,以保证账实相符,为编制会计报表提供真实的资料。

(二)核对账面

编制会计报表前应认真核对相关账目,包括核对各会计账簿记录与会计凭证的内容和金额。核对记账方式是否正确,以保证账证相符。核对总账与其所属的明细账、日记账的记录是否相符。会计部门各种财产物资明细账与保管、使用部门的相关记录是否一致,以保证账账相符。

(三)检查记录

为了保证账簿资料的完整性,编制会计报表前应检查本期内所有的经济业务是否全部登记入账,检查按要求该调整的账项是否都进行了账项调整。为了保证会计报表编制的合法性和合理性,编制会计报表前还应检查相关的会计核算是否按照国家统一会计制度的规定进行。对于国家统一会计制度没有规定统一核算方法的交易或事项,检查其是否按照会计核算一般原则进行确认计量,以及相关账务处理是否合理,检查是否存在因会计差错、会计政策变更等原因需要调整前期或者本期相关项目。

(四)结账

按照规定的结账日进行结账,结出有关账簿的余额和发生额。结账后要再次核对账簿,做到账账相符,不要为赶制报表而提前结账。

(五)编制会计报表

在保证账证相符、账账相符、账实相符,记录资料真实、完整、合理、合法的条件下,根据结出有关账簿的余额和发生额,按照规定的要求和格式,编制正式的会计报表。

实行会计电算化的单位,会计报表可由电子计算机自动生成,其报表格式和生成方法可采用会计核算软件提供的式样,也可以根据本校的特点自行定义。定义会计报表时要依次定义会计报表的项目内容和数据生成方式,以便电子计算机据此编报会计报表。

五、会计报表的种类

会计报表的种类很多,可以按其不同标志进行分类。

(一)按经济内容分类

按会计报表所反映的经济内容的不同，分为财务状况报表和经营成果报表。

财务状况报表是反映单位在一定期间财务状况的报表，主要是单位的资产负债表和现金流量表，通过反映单位的资产、权益和经营资金来源与运用的情况，明确单位的财务状况，以供有关部门和人员进行分析和决策。

经营成果报表是反映单位在某一期间内收入实现、成本消耗和利润形成及分配情况的报表，主要有单位（企业）的利润表，通过该表可分析单位的获利能力，评价单位管理部门的经营业绩。

（二）按资金运动的状态分类

按会计报表反映的单位资金运动的状态不同，分为静态报表和动态报表。

静态报表是综合反映单位一定时点资金的存在，即资产和所有者权益情况的报表。这类报表的特点是反映某一特定时间的情况，一般是根据账簿余额填列的。

动态报表是综合反映单位一定时期内资金的循环与周转情况的报表，例如现金流量表等。这类报表的特点，是反映某一段期间内的资金变动情况，一般是根据账簿的发生额填列。

（三）按编表时间分类

按会计报表编表的时间不同，分为月报表、季报表、半年报表和年报表。

月报表是按月份编制的报表，学校每月底编制一次，反映本月份的财务情况。

季报表是按季度编制的报表，学校每个季度编制一次，反映一个季度的财务状况。季报表通常是将月报表的内容累计，综合反映一个季度的情况。

半年报表是每年年中编制的中期会计报告，内容包括资产负债表、利润表和现金流量表及其相关附表。

年报表亦称年度决算报表，是按年度编制的报表，学校可每年编制一次，反映全年的综合情况。

（四）按编表单位分类

按会计报表的编制单位不同，分为基层报表、汇总报表和合并报表。

基层报表是由独立核算的基层会计单位编制的报表，是对基层单位财务状况和经营成果的反映。基层报表是编制汇总报表和合并报表的基础。

汇总报表是由上级主管部门根据所属单位编制的基层报表加上本单位会计报表汇总编制而成的报表，它用来反映某一部门或地区综合性指标。

汇总报表通常按隶属关系，采用逐级汇总的方式编制。合并报表是一个单位对另外单位的投资超过一定比例后，将被投资单位的财务状况、经营成果与本单位的有关内容合并反映而编制的报表。合并报表编制时将被投资单位视为本单位的一个组成部分，编制时要剔除掉重复计算的项目。

（五）按报送对象分类

会计报表按报送对象不同，分为外送报表和内部报表。

外送报表是为满足单位外部有关各方的需要，根据财务通则和会计准则的要求，按照财政部统一会计制度编制的报表。其特点是，内容和形式通过会计制度进行规范。

内部报表是单位为了加强会计核算和管理，为满足单位管理部门对内部管理的需要而编制的报表。学校内部报表由学校的会计部门会同其他部门自行制定，其特点是与学校的内部管理相适应，内容和形式比较灵活。会计报表的分类如图所示：

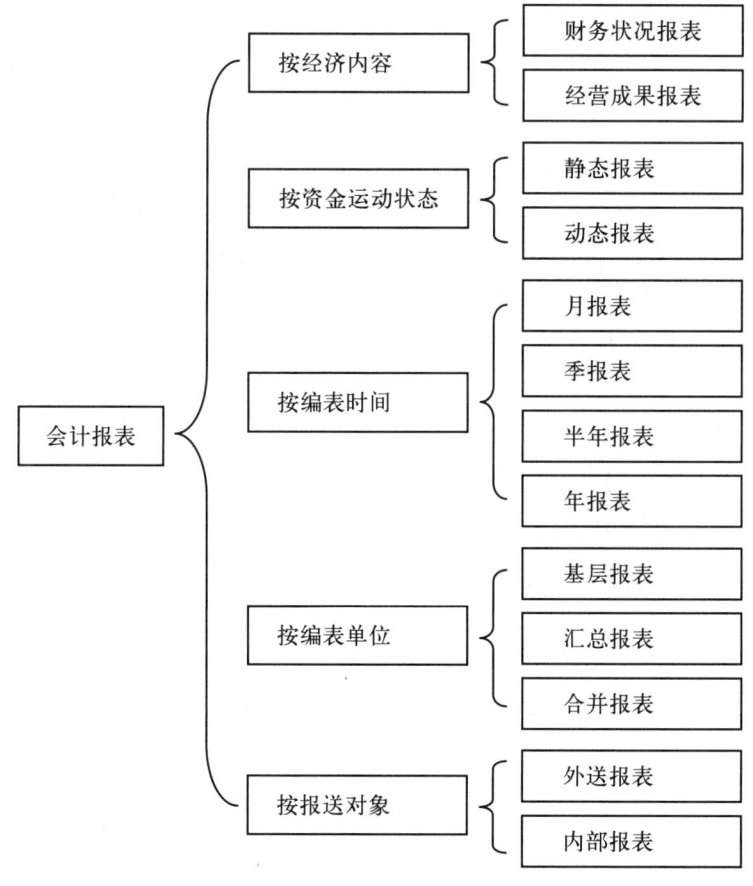

六、中小学校常用会计报表

财政部颁发的《事业单位会计制度》于 2013 年 1 月 1 日起执行,其会计报表有资产负债表、收入支出表、财政补贴收入支出表。由于事业单位包含医疗卫生、学校、科研等行业,各行业会计核算既有共性,也有其特殊性,因此在执行《事业单位会计制度》的同时,各行业均会有本行业的会计制度,学校也不例外。财政部已重新修订和颁发《中小学校会计制度》,并在 2014 年 1 月 1 日执行。中小学校会计报表除资产负债表、收入支出表外,还有事业支出明细表、学校基本情况表等附表。

(一)资产负债表

1. 资产负债表的概念

资产负债表是反映单位在某一时点财务状况的静态报表。它是根据资产、负债、净资产之间的相互关系,按一定分类和顺序,把本单位某一时点的资产、负债、净资产项目高度概括地反映出来,用以反映学校的经济资源、债务及偿还能力和净资产状况,是会计报表中的主要报表。

资产负债表以"资产 = 负债 + 所有者权益"这一基本会计等式为理论依据(中小学校基本会计等式为:资产 = 负债 + 净资产)。其编制原理是把单位特定日期(通常是期末)的资产、负债和所有者权益(净资产)项目按一定的分类标准和排列次序予以排列而形成的一定格式的报表。可见,资产负债表是一张财务静态状况报表,所反映的财务状况只是某一时点(编制日)上的状态,过了这一时点单位的财务状况就会变化。因此,该表对于编制日具有重要意义。另外,从经济内容上分析,资产负债表实际上是反映单位从哪里取得资金,这些资金投放在哪些方面去了。而收入和支出通常是学校财务活动的主要内容,所以资产负债表又称为财务状况表。

2. 资产负债表的作用

资产负债表是学校报表体系中的重要报表,其作用主要是向报表的使用者提供以下会计信息:

(1)学校经济资源及资源的分布结构

资产负债表按一定的顺序,反映学校所拥有的各项财产及其数额,报表的使用者可以据此了解学校的资产构成情况,并由此进一步分析学校的管理状况。

(2)学校的偿债能力

通过资产负债表中资产、负债的结构情况及其对比分析,报表使用者可据此分析学校的财务实力，了解学校的偿债能力以及近期和远期债务对学校的影响，以便于教育行政部门以及校长进行管理决策。与学校有业务关系的单位或个人可通过资产负债表了解学校的实际支付能力，选择合理的业务方式。

（3）学校的净资产情况

通过资产负债表中净资产的结构情况，报表使用者可据此了解学校各项净资产的来源和基本用途。

（4）学校财务状况变动情况

通过将不同时期的资产负债表进行比较分析，可以了解学校的资产、负债等情况，分析学校的发展变化趋势，了解学校的各项财务情况，以便于对学校的未来情况进行预测分析。

3．资产负债表的内容

作为一张反映学校在特定时日财务状况的会计报表，资产负债表的基本内容必须包括学校在特定时日所拥有或控制的所有资产、所承担的所有负债。为了便于使用者理解和使用，还必须对资产、负债按一定的标准进行进一步的分类。

（1）资产类项目

在资产负债表中，资产类项目一般按照资产流动性的大小或按资产变现能力的强弱分为流动资产和非流动资产两大类，并分项列示。

① 流动资产

资产满足下列条件之一的，应当归类为流动资产：

预计在一个正常周期中发现、出售或耗用；

主要为交易目的而持有；

预计在资产负债表日起一年内（含一年）变现；

自资产负债表日起一年内交换其他资产或清偿负债的能力不受限制的现金或现金等价物。

流动资产项目包括货币资金、应收及预付款项等。

② 非流动资产

流动资产以外的资产。包括长期投资、固定资产、在建工程、待处置资产损益等。

（2）负债类项目

在资产负债表中，学校负债类项目按照其承担经济义务期限的长短分为流动负债和非流动负债两大类，并分项列示。

① 流动负债

负债满足下列条件之一的，应当归类为流动负债：

预计在一个正常周期中清偿；

主要为交易目的而持有；

自资产负债表日起一年内到期应予以清偿；

学校无权自主地将清偿推迟至资产负债表日后一年以上。

流动负债项目包括短期借款、应付及预收款项、应付职工薪酬、预计负债等。

② 非流动负债

流动负债以外的负债应当归类为非流动负债，包括长期借款、长期应付款、应付债券等项目。

4．资产负债表的格式

资产负债表的格式是指资产负债表的主体格式，即资产、负债、所有者权益的分类和排列形式。目前，国际上通用的资产负债表格式主要有两种：账户式和报告式。

（1）账户式资产负债表

账户式资产负债表也称横式资产负债表，是直接根据"资产＝负债＋净资产"的会计等式，采用左右对称排列的结构列示财务信息，即将资产类项目排列在表的左方，负债类和净资产类项目排列在表的右方，左方的资产总额与右方的负债和净资产总额必须相等。其简化格式如下表所示。

资产负债表

编制单位：　　　　　　＿＿＿＿年＿＿月＿＿日　　　　　　货币单位：＿＿＿＿

资　产	负债和净资产
流动资产： ……	流动负债： …… 非流动负债： ……
非流动资产： ……	净资产：
资产总计	负债和净资产总计

（2）报告式资产负债表

报告式资产负债表也称垂直式资产负债表，是将资产、负债和净资产项目

采用垂直分列的形式排列于表格的上下两段,其排列方式有两种:

① 按"资产=负债+净资产"的等式纵向顺序排列,其简化格式如下表所示。

资产负债表

编制单位: ＿＿＿＿年＿月＿日　　　　　　　　　货币单位:＿＿＿＿

项　　目	金　　额
资产: ……	
资产总计	×××
负债: ……	
负债合计	×××
净资产: ……	
净资产合计	×××
负债和净资产总计	×××

② 按"资产－负债＝净资产"这一变形的等式纵向顺序排列,其简化格式如下表所示。

资产负债表

编制单位: ＿＿＿＿年＿月＿日　　　　　　　　　货币单位:＿＿＿＿

项　　目	金　　额
资产: ……	
资产总计	×××
负债: ……	
负债合计	×××
资产减负债: 净资产合计 ……	×××
负债和净资产总计	×××

附:《中小学校会计制度》会计报表

资产负债表

会中小学校 01 表

编制单位: _____年__月__日　　　　　单位: 元

资　产	期末余额	年初余额	负债和净资产	期末余额	年初余额
流动资产:			流动负债:		
货币资金			短期借款△		
短期投资△			应缴税费		
财政应返还额度			应缴国库款		
应收账款			应缴财政专户款		
其他应收款			应付职工薪酬		
存　货			应付账款		
流动资产合计			其他应付款		
非流动资产:			流动负债合计		
长期投资△			非流动负债:		
固定资产			长期借款△		
在建工程			长期应付款		
无形资产			代管款项		
待处置资产损溢			非流动负债合计		
非流动资产合计			负债合计		
			净资产:		
			事业基金		
			非流动资产基金		

续 表

资　产	期末余额	年初余额	负债和净资产	期末余额	年初余额
			专用基金		
			财政补助结转		
			财政补助结余		
			非财政补助结转		
			非财政补助结余		
			1. 事业结余		
			2. 经营结余△		
			净资产合计		
资产总计			负债和净资产总计		

说明：带有"△"上标的报表项目为中小学校非义务教育阶段填列的项目，义务教育阶段不得填列。兼有义务教育阶段和非义务教育阶段的中小学校可以填列标有"△"的项目，但仅能适用于本校非义务教育阶段的有关业务。

（二）收入支出表

1. 收入支出表的概念

收入支出表是反映某一时期收入和支出情况的动态报表。反映的是中小学校在某一会计期间内的各项收入、支出和结转结余情况，以及年末非财政补助结余的分配情况。

2. 收入支出表的作用

收入支出表可以综合地反映中小学校在一定期间内收入的来源、支出的用途以及结转结余的形成等多方面的信息，也是一个很重要的财务分析工具。通过收入支出表的编制，可以对学校在某一时期的收入和支出进行归纳和汇总，了解学校经济活动情况和业务成果，为进一步的财务现状分析与预算执行提供基础资料。可以得出财务报表的各种比率，比如结余比率等，从不同方面反映学校的财务状况及相关信息，来预测学校发展趋势。通过这些信息，结合学校的现状和需求,对于加强学校财务管理,制定科学合理的资金使用方案,都具有重要的作用。

3. 收入支出表的内容

收入支出表分为月报和年报两种。目前,根据新制度规定,已改变原来传统核算方法,实行月度结账,这样可以更加清晰地了解单位的财力情况。收入支出表主要从几个方面予以反映:收入支出表(月报)"本月数"栏反映各项的本月实际发生数;(月报)"累计数"栏反映各项目自年初起至报告期末止的累计实际发生数。收入支出表(年报)"本年数"栏反映各项目的本年实际发生数;(年报)"上年数"栏反映各项目上年度实际发生数。需要注意的是,在填列收入支出表(年报)时,"其中:食堂净收入"项目,是反映中小学校食堂本年收入与支出相抵后的净额。本项目应当根据"其他收入"科目下"食堂净收入"明细科目的本期发生额填列,其金额即中小学校食堂本年收入合计数减去本年支出合计数后的净额;如为负数,以"-"号填列。

4. 收入支出表的格式

"收入支出表"由"收入栏"、"支出栏"、"结转结余栏"三部分组成,分别反映中小学校财政补助收入与支出,非财政补助和事业收入与支出,经营收入与支出,以及财政补助和事业收入结转结余等情况。"

附:《中小学会计制度》会计报表

收入支出表(月报)

编制单位： ____年__月__日 会中小学校 02 表 单位：元

收入				支出				结转结余		
项目	本月数	本年累计		项目	本月数	本年累计		项目	本月数	本年累计
一、财政补助收入 （一）公共财政预算拨款 （二）政府性基金预算拨款				一、事业支出 （财政补助支出）				本期财政补助结转结余		
二、事业收入 三、上级补助收入 四、附属单位上缴收入 五、其他收入				二、事业支出 （非财政补助支出） 三、上缴上级支出 四、对附属单位补助支出△ 五、其他支出				本期事业结转结余		
小 计				小 计						
六、经营收入△				六、经营支出△				本期经营结余		
收入总计				支出总计				本期结转结余		

说明：带有"△"上标的报表项目为中小学校非义务教育阶段填列的项目，义务教育阶段不填列。兼有义务教育阶段和非义务教育阶段的中小学校可以填列标有"△"的项目，但仅能适用于本校非义务教育阶段的有关业务。

· 105 ·

收入支出表（年报）

编制单位：_____   _____年度   会中小学校02表   单位：元

收　入			支　出			结转结余		
项　目	本年数	上年数	项　目	本年数	上年数	项　目	本年数	上年数
一、财政补助收入			一、事业支出 （财政补助支出）			本年度财政补助结转结余 （一）本年财政补助结转 （二）本年财政补助结余		
（一）公共财政预算拨款								
（二）政府性基金预算拨款								
二、事业收入			二、事业支出 （非财政补助支出）			本年事业结转结余 （一）本年事业结转 （二）本年事业结余		
三、上级补助收入			三、上缴上级支出					
四、附属单位上缴收入			四、对附属单位补助支出△					
五、其他收入			五、其他支出					
其中：食堂净收入								
小　计			小　计			本年经营结余△		
六、经营收入△			六、经营支出△			以前年度经营亏损△ 弥补以前年度经营亏损后的经营结余△		

续　表

收入			支出			结转结余		
项目	本年数	上年数	项目	本年数	上年数	项目	本年数	上年数
收入总计			支出总计			本期结转结余 本年非财政补助结余 减：应缴企业所得税 减：提取专用基金 本年转入事业基金		

说明：带有"△"上标的报表项目为中小学校非义务教育阶段填列的项目，义务教育阶段不得填列。兼有义务教育阶段和非义务教育阶段的中小学校可以填列标有"△"的项目，但仅能适用于本校非义务教育阶段的有关业务。

(三)财政补助收入支出表

1. 财政补助收入支出表的概念

财政补助收入支出表是反映中小学校某一会计年度财政补助收入、支出、结转及结余情况的动态报表。

2. 财政补助收入支出表的作用

财政补助收入支出表主要是反映中小学校在一定期间内财政补助收入、支出以及结转结余等多方面的信息。目前,中小学校的办学资金是以财政补助为主,因此,编制财政补助收入支出表是财政部门和上级单位了解情况、调整政策、指导学校预算执行工作的重要资料,也是学校编制下年度财务收支计划的基础。

3. 财政补助收入支出表的内容

财政补助收入支出表是年度报表。其"上年数"栏内各项数字,应当根据上年度财政补助收入支出表中"本年数"栏内数字填列;"本年数"则应根据各项目所属明细科目的本年发生额分析填列。

4. 财政补助收入支出表的格式

"财政补助收入支出表"中,共有七个部分,每个部分分别反映中小学校"基本支出"和"项目支出",其中,在"基本支出"中又细分为"人员经费"和"日常公用经费",在"项目支出"中则需按项目明细填列,反映学校一个会计年度的财政补助收入、支出情况。

附:《中小学会计制度》会计报表

财政补助收入支出表

会中小学校 03 表

编制单位: _____年__月__日   单位:元

项　目	本年数	上年数
一、年初财政补助结转结余		
(一)基本支出结转		
1. 人员经费		
2. 日常公用经费		

续　表

项　　目	本年数	上年数
（二）项目支出结转		
××项目		
（三）项目支出结余		
二、调整年初财政补助结转结余		
（一）基本支出结转		
1．人员经费		
2．日常公用经费		
（二）项目支出结转		
××项目		
（三）项目支出结余		
三、本年归集调入财政补助结转结余		
（一）基本支出结转		
1．人员经费		
2．日常公用经费		
（二）项目支出结转		
××项目		
（三）项目支出结余		
四、本年上缴财政补助结转结余		
（一）基本支出结转		
1．人员经费		

续表

项　目	本年数	上年数
2．日常公用经费		
（二）项目支出结余		
××项目		
（三）项目支出结余		
五、本年财政补助收入		
（一）基本支出结转		
1．人员经费		
2．日常公用经费		
（二）项目支出结余		
××项目		
六、本年财政补助支出		
（一）基本支出结转		
1．人员经费		
2．日常公用经费		
（二）项目支出结余		
××项目		
七、年末财政补助结转结余		
（一）基本支出结转		
1．人员经费		
2．日常公用经费		

续 表

项　目	本年数	上年数
（二）项目支出结余		
××项目		
（三）项目支出结余		

（四）会计报表附注

根据《中小学校会计制度》的规定，中小学校的会计报表附注至少应当包含以下内容：

1．遵循《事业单位会计制度》、《中小学校会计制度》的声明。

2．学校整体财务状况、业务活动情况的说明。

3．会计报表中列示的重要项目的进一步说明，包括其主要构成、增减变动情况等。

学校学生、教职工、离退休人员及固定资产基本情况的披露格式参见中小学校基本数字表。事业支出基本情况的披露格式参见中小学校事业支出明细表。

4．重要资产处置情况的说明。

5．（非义务教育阶段中小学校）重大投资、借款及经营活动的说明。

6．以前年度结转结余调整情况的说明。

7．本校食堂单独核算的会计报表。

8．有助于理解和分析会计报表需要说明的其他事项。

附：《中小学校会计制度》会计报表

中小学校基本数字表是列示学校基本情况的会计报表。通过该表可以了解学校人员编制情况，学生在校情况，固定资产及办学设备设施等情况，是学校编制预算的重要依据。

中小学校基本数字表

编制单位：　　　　　　　　　　　　年度　　　　　　　　　　单位：元

项目	年初数	期末数
一、学生基本情况		
（一）班级数（个）		
（二）在校学生数（人）		
其中：1. 幼儿		
2. 小学学生		
3. 初中学生		
4. 高中学生		
5. 中职学生		
6. 特殊教育学生		
7. 其他		
（三）寄宿生（人）		
二、教职工基本情况（人）		
（一）编制教职工		
其中：转任教师		
（二）聘任制教职工		
其中：专任教师		
（三）兼任教师		
（四）其他		
三、离退休人员（人）		
（一）离休人员		

续 表

项目	年初数	期末数
（二）退休人员		
四、固定资产总值（千元）		
（一）房屋及构筑物		
（二）专用设备		
（三）通用设备		
（四）文物和陈列品		
（五）图书、档案		
其中：1. 一般图书（千元、册）		
2. 电子图书（千元、册）		
（六）家具、用具、装具及动植物		

补充资料	1. 校园占地面积	平方米		
	2. 车辆数	辆	其中：小汽车	辆
	3. 年末校舍面积	平方米	其中：危房面积	平方米
	4. 本年新建改扩建面积	平方米	金额	千元
	5. 本年购置学生课桌椅	单人套	金额	千元
	6. 本年购置教学仪器设备	台、件	金额	千元
	7. 本年购置图书资料	册	金额	千元
	其中：（1）一般图书	册	金额	千元
	（2）电子图书	册	金额	千元

附：《中小学校会计制度》会计报表

中小学校事业支出明细表是反映学校一定时期各项事业支出的具体支出项目实际发生数的报表。通过该表，可以了解和掌握学校各项支出的具体用途和支出结构是否合理，也可以了解预算执行情况。

中小学校事业支出明细表

编制单位： _____ 年度　　　　　　　　　　单位：元

项　目	财政补助支出			非财政补助支出			事业支出		
	小计	基本支出	项目支出	小计	基本支出	项目支出	合计	基本支出	项目支出
一、工资福利支出									
1．基本工资									
2．津贴补贴									
3．奖金									
4．社会保障缴费									
5．伙食补助费									
6．绩效工资									
7．其他工资福利支出									
二、商品和服务支出									
1．办公费									
2．印刷费									
3．咨询费									
4．手续费									
5．水费									
6．电费									
7．邮电费									

续 表

项　目	财政补助支出			非财政补助支出			事业支出		
	小计	基本支出	项目支出	小计	基本支出	项目支出	合计	基本支出	项目支出
8．取暖费									
9．学校安保费用									
10．校园保洁费用									
11．校园绿化费用									
12．其他物业费用									
13．差旅费									
14．出国考察费									
15．教师出国培训费用									
16．维修（护）费用									
17．租赁费									
18．会议费									
19．教师培训费用									
20．其他培训费用									
21．公务接待费									
22．实验耗材费用									
23．体育耗材费用									
24．其他材料费用									
25．劳务费									

续　表

项　目	财政补助支出			非财政补助支出			事业支出		
	小计	基本支出	项目支出	小计	基本支出	项目支出	合计	基本支出	项目支出
26．委托业务费									
27．工会经费									
28．福利费									
29．公务用车运行维护费									
30．其他交通费用									
31．学生活动费用									
32．学校财产、责任保险费用									
33．其他商品和服务支出									
三、对个人和家庭补助支出									
1．离休费									
2．退休费									
3．退职费									
4．抚恤金									
5．生活补助									
6．医疗费									
7．助学金费用									
8．学生营养餐补助费用									
9．奖励金									

续　表

项　目	财政补助支出			非财政补助支出			事业支出		
	小计	基本支出	项目支出	小计	基本支出	项目支出	合计	基本支出	项目支出
10．住房公积金									
11．提租补贴									
12．购房补贴									
13．其他对个人和家庭补助支出									
四、资本性支出									
1．房屋建筑物购建									
2．办公设备购置									
3．专用设备购置									
4．大型修缮									
5．信息网络及软件购置更新									
6其他资本性支出									
合　计									

（五）上海市中小学校会计报表附表

各省市为了帮助学校会计报表使用者了解会计报表本身无法或者难以充分表达的内容，还需要作适当的补充或详细解释。如，上海市根据中小学校的特点，在"中小学校基本数字表（月报附表）"中，其内容不仅补充了"随班就读特殊教育学生"的信息，还增加了"非本市户籍学生数"、"现有课桌椅""现有单价5万元以上设备"、"现有图书册数"等信息，使校长通过这些信息对学校基本情况一目了然。又如，在"中小学校事业支出明细表"中，

虽然区分了"财政补助支出"、"非财政补助支出"、"事业支出",但仅财政补助收入就包含"公共财政预算拨款"和"政府性基金预算拨款"两项内容,"公共财政预算拨款"中又包含"教育事业费拨款"、"其他经费拨款"及"教育费附加拨款";"政府性基金预算拨款"也包含"地方教育附加拨款"、"国有土地出让收入拨款"等,因此,"上海市中小学校事业支出明细表(月报、年报附表)",要求根据资金来源进行明细填列,即使校长了解资金的来龙去脉,也为财政部门和上级主管掌握第一手信息奠定基础。具体见附件:

注:上海市中小学会计报表附表,根据需求编制,如有调整,则按调整后报表附表执行。

第六章　解读会计报表

上海市中小学校会计报表
收入支出表（月报附表）

月报附表 1

编制单位：　　　　　　　___年___月___日　　　　　　　单位：元

收入			支出			结转结余		
项目	本月数	本年累计	项目	本月数	本年累计	项目	本月数	本年累计
一、财政补助收入			一事业支出(财政补助支出)			本期财政补助结转结余		
(一)公共财政预算拨款			(一)公共财政预算拨款支出			(一)公共财政预算拨款结转结余		
1.教育事业费拨款			1.教育事业费拨款支出			1.教育事业费拨款结转结余		
(1)一般预算			(1)一般预算支出			(1)一般预算结转结余		
基本支出			基本支出			基本支出		
项目支出			项目支出			项目支出		
(2)八项收入			(2)八项收入			(2)八项收入结转结余		
基本支出			基本支出			基本支出		
项目支出			项目支出			项目支出		
补充资料：中央专款								

续表

收入			支出			结转结余		
项目	本月数	本年累计	项目	本月数	本年累计	项目	本月数	本年累计
2. 其他经费拨款			2. 其他经费拨款支出			2. 其他经费拨款结转结余		
基本支出			基本支出			基本支出		
项目支出			项目支出			项目支出		
3. 教育费附加拨款			3. 教育费附加拨款支出			3. 教育费附加拨款结转结余		
(三) 政府性基金预算拨款			(三) 政府性基金预算拨款支出			(三) 政府性基金预算拨款结转结余		
1. 地方教育附加拨款			1. 地方教育附加拨款支出			1. 地方教育附加拨款结转结余		
2. 国有土地出让收入拨款			2. 国有土地出让收入拨款支出			2. 国有土地出让收入拨款结转结余		
3. 彩票公益金拨款			3. 彩票公益金拨款支出			3. 彩票公益金拨款结转结余		
4. 其他政府性基金预算拨款			4. 其他政府性基金预算拨款支出			4. 其他政府性基金预算拨款结转结余		
二、事业收入			二、事业支出（非财政补助支出）			本期事业结转结余		
1. 学费			(一) 非财政专项资金支出			(一) 非财政补助结转		

续 表

收入			支出			结转结余		
项 目	本月数	本年累计	项 目	本月数	本年累计	项 目	本月数	本年累计
2. 保育教育费			1. 非同级财政补助支出			1. 非同级财政补助收入结转		
3. 住宿费			2. 其他政府性项目拨款支出			2. 其他政府性项目拨款结转		
4. 其他			3. 其他非财政专项资金支出			3. 其他非财政专项资金结转		
			(三) 其他资金支出			4. 食堂资金结转		
			事业支出小计			(二) 事业结余		
三、上级补助收入			三、上缴上级支出					
四、附属单位上缴收入			四、对附属单位补助支出△					
五、其他收入			五、其他支出					
其中：1. 非同级财政补助收入			其中：1. 利息支出					
2. 其他政府性项目拨款			2. 捐赠支出					
3. 其他非财政专项资金								
4. 投资收益								

续表

收入			支出			结转结余		
项目	本月数	本年累计	项目	本月数	本年累计	项目	本月数	本年累计
5. 利息收入								
6. 捐赠收入								
7. 食堂净收入								
3. 其他								
小 计			小 计					
六、经营收入△			六、经营支出△			本期经营结余△		
收入总计			支出总计			本期结转结余		

说明：带有"△"上标的报表项目为中小学校非义务教育阶段填列的项目，义务教育阶段不填列。兼有义务教育阶段和非义务教育阶段的中小学校可以填列标有"△"的项目，但仅能适用于本校非义务教育阶段的有关业务。

单位负责人：　财务负责人：　复核人：　制表人：

上海市中小学校会计报表
收入支出表（年报附表）

年报附表1

编制单位：　　　　　　年度　　　　　　　　　　　　　　　　　　　　　　　　　单位：元

收入			支出			结转结余		
项目	本年数	上年数	项目	本年数	上年数	项目	本年数	上年数
一、财政补助收入			一、事业支出（财政补助支出）			本年财政补助结转结余		
（一）公共财政预算拨款			（一）公共财政预算拨款支出			（一）本年财政补助结余		
1. 教育事业费拨款			1. 教育事业费拨款支出			1. 公共财政预算拨款结余		
（1）一般预算			（1）一般预算支出			（1）教育事业费拨款结余		
基本支出			基本支出			一般预算结余		
项目支出			项目支出			八项收入结余		
（2）八项收入			（2）八项收入支出			（2）其他经费拨款结余		
基本支出			基本支出			（3）教育费附加拨款结余		
项目支出			项目支出			2. 政府性基金预算拨款结余		
补充资料：中央专款						（1）地方教育附加拨款结余		

续表

收入			支出			结转结余		
项目	本年数	上年数	项目	本年数	上年数	项目	本年数	上年数
2. 其他经费拨款			2. 其他经费拨款支出			(2) 国有土地出让收入拨款结余		
基本支出			基本支出			(3) 彩票公益金拨款结余		
项目支出			项目支出			(4) 其他政府性基金预算拨款结余		
3. 教育费附加拨款			3. 教育费附加拨款支出			2. 本年财政补助结转		
(二) 政府性基金预算拨款			(二) 政府性基金预算拨款支出			1. 公共财政预算拨款结转		
1. 地方教育附加拨款			1. 地方教育附加拨款支出			(1) 教育事业费拨款结转		
2. 国有土地出让收入拨款			2. 国有土地出让收入拨款支出			一般预算结转		
3. 彩票公益金拨款			3. 彩票公益金拨款支出			基本支出		
4. 其他政府性基金预算拨款			4. 其他政府性基金预算拨款支出			项目支出		
						八项收入结转		

续 表

收入			支出			结转结余		
项目	本年数	上年数	项目	本年数	上年数	项目	本年数	上年数
						基本支出		
						项目支出		
						(2) 其他经费拨款结转		
						基本支出		
						项目支出		
						(3) 教育费附加拨款结转		
						2. 政府性基金预算拨款结转		
						(1) 地方教育附加拨款结转		
						(2) 国有土地出让收入拨款结转		
						(3) 彩票公益金拨款结转		
						(4) 其他政府性基金预算拨款结转		

续表

收入			支出			结转结余		
项目	本年数	上年数	项目	本年数	上年数	项目	本年数	上年数
二、事业收入			二、事业支出(非财政补助支出)			本年事业结转结余		
1. 学费			(一)非财政专项资金支出			(一)本年事业结转		
2. 体育教育费			1. 非同级财政补助支出			1. 非财政补助结转		
3. 住宿费			2. 其他政府性项目拨款支出			(1)非同级财政补助收入结转		
4. 其他			3. 其他非财政专项资金支出			(2)其他政府性项目拨款结转		
			(二)其他资金支出			(3)其他非财政专项资金结转		
			事业支出小计			(4)食堂资金结转		
三、上级补助收入			三、上缴上级支出			(二)本年事业结余		
四、附属单位上缴收入			四、对附属单位补助支出					
五、其他收入			五、其他支出					

续表

收入			支出			结转结余		
项目	本年数	上年数	项目	本年数	上年数	项目	本年数	上年数
其中:1.非同级财政补助收入			其中:1.利息支出			本年经营结余△		
2.其他政府性项目拨款			2.捐赠支出			以前年度经营亏损(一)△		
3.其他非财政专项资金						弥补以前年度经营亏损后的经营结余△		
4.投资收益								
5.利息收入								
6.捐赠收入								
7.食堂净收入								
8.其他								
小计			小计					
六、经营收入△			六、经营支出△					

续 表

收 入			支 出			结转结余		
项 目	本年数	上年数	项 目	本年数	上年数	项 目	本年数	上年数
						本年结转结余		
						本年非财政补助结余		
						减：应缴企业所得税		
						减：提取专用基金		
收入总计			支出总计			本年转入事业基金		

说明：带有"△"上标的报表项目为中小学校非义务教育阶段填列的项目，义务教育阶段不填列。兼有义务教育阶段和非义务教育阶段的中小学校可以填列标有"△"的项目，但仅能适用于本校非义务教育阶段的有关业务。

单位负责人：　　　　财务负责人：　　　　复核人：　　　　制表人：

上海市中小学校会计报表
基本数字表 （月报附表）

月报附表4

编制单位： _____年_____月_____日　　　　　　　　单位：元

项　目	年初数	期末数
一、机构数（个）		
二、班级数（个）		
三、学生基本情况		
（一）学生总人数（人）		
1．其中：（1）幼儿园		
（2）小学		
（3）初中		
（4）高中		
（5）中职		
（6）特教		
（7）其他		
2．其中：随班就读特殊教育学生		
（1）幼儿园		
（2）小学		
（3）初中		
（4）高中		
（5）中职		

续 表

项 目	年初数	期末数
（6）其他		
（二）住宿生人数（人）		
其中事业费开支人数		
四、教职工基本情况		
（一）在编教职工数（人）		
1．其中：（1）教师数		
（2）职工数		
2．其中：（1）在基本工资目中开支的教职工人数		
（2）长休人员数		
（二）聘任制教职工数（人）		
其中：1．教师数		
2．职工数		
五、离退休人员情况（人）		
（一）本单位开支离休人数		
（二）本单位开支退休人数		
六、固定资产总值（千元）		
（一）房屋及构筑物		
（二）专用设备		
（三）通用设备		
（四）文物和陈列品		

续　表

项　目	年初数	期末数
（五）图书、档案		
其中：1. 一般图书		
2. 电子图书		
（六）家具、用具、装具及动植物		
补充资料1		
(仅完中、一贯制学校填列)		
（一）在基本工资目中开支的小学教职工人数		
（二）在基本工资目中开支的初中教职工人数		
（三）在基本工资目中开支的高中教职工人数		
补充资料2		
（一）非本市户籍学生数		
补充资料3		
（一）校园占地面积（平方米）		
（二）房屋、建筑物情况（平方米）		
（三）机动车船数（辆／艘）		
其中：轿车（辆）		
（四）机动车船金额（千元）		
其中：轿车（千元）		
（五）现有课桌椅（单人套）		
（六）现有课桌椅（千元）		

续 表

项 目	年初数	期末数
(七) 现有专用设备（台件）		
1. 其中：单价5万元以上设备（台）		
2. 其中：本年购置专用设备 （台）		
(八) 现有图书资料（册）		
1. 现有图书资料		
2. 现有电子图书		
(九) 现有电脑（台）		

单位负责人： 财务负责人： 复核人： 制表人：

上海市中小学校会计报表
基本数字表 （年报附表）

年报附表 4

编制单位： _____年度　　　　　　　　　　　　　　　　单位：元

项　目	年初数	期末数
一、机构数（个）		
二、班级数（个）		
三、学生基本情况		
（一）学生总人数（人）		
1．其中：（1）幼儿园		
（2）小学		
（3）初中		
（4）高中		
（5）中职		
（6）特教		
（7）其他		
2．其中：随班就读特殊教育学生		
（1）幼儿园		
（2）小学		
（3）初中		
（4）高中		
（5）中职		

续 表

项 目	年初数	期末数
（6）其他		
（二）住宿生人数（人）		
其中事业费开支人数		
四、教职工基本情况		
（一）在编教职工数（人）		
1．其中：（1）教师数		
（2）职工数		
2．其中：（1）在基本工资目中开支的教职工人数		
（2）长休人员数		
（二）聘任制教职工数（人）		
其中：1．教师数		
2．职工数		
五、离退休人员情况（人）		
（一）本单位开支离休人数		
（二）本单位开支退休人数		
六、固定资产总值（千元）		
（一）房屋及构筑物		
（二）专用设备		
（三）通用设备		
（四）文物和陈列品		

续 表

项 目	年初数	期末数
（五）图书、档案		
其中：1. 一般图书		
2. 电子图书		
（六）家具、用具、装具及动植物		
补充资料1		
（仅完中、一贯制学校填列）		
（一）在基本工资目中开支的小学教职工人数		
（二）在基本工资目中开支的初中教职工人数		
（三）在基本工资目中开支的高中教职工人数		
补充资料2		
（一）非本市户籍学生数		
补充资料3		
（一）校园占地面积（平方米）		
（二）房屋、建筑物情况（平方米）		
（三）机动车船数（辆／艘）		
其中：轿车（辆）		
（四）机动车船金额（千元）		
其中：轿车（千元）		
（五）现有课桌椅（单人套）		
（六）现有课桌椅（千元）		

续　表

项　目	年初数	期末数
（七）现有专用设备（台件）		
1．其中：单价5万元以上设备（台）		
2．其中：本年购置专用设备（台）		
（八）现有图书资料（册）		
1．现有图书资料		
2．现有电子图书		
（九）现有电脑（台）		

单位负责人：　　　　财务负责人：　　　　复核人：　　　　制表人：

上海市中小学校会计报表
经营支出明细表 （月报附表）

月报附表3

编制单位： _____年____月____日 单位：元

目	节		科目名称	本月数	累计执行数
			一、工资福利支出		
1			基本工资		
2			津贴补贴		
	1		各类津贴		
	2		价格补贴		
	3		上下班交通费补贴		
	4		其他补贴		
3			奖金		
4			社会保障缴费		
	1		养老保险费		
	2		失业保险费		
	3		医疗保险费		
	4		生育保险费		
	5		工伤保险费		
	6		残疾人就业保险		
	7		其他保险费		
5			伙食补助费		

续 表

目	节		科目名称	本月数	累计执行数
6			绩效工资		
99			其他工资福利支出		
	1		临时工资		
	2		长休费		
	3		其他		
			二、商品和服务支出		
1			办公费		
2			印刷费		
3			咨询费		
4			手续费		
5			水费		
6			电费		
7			邮电费		
	1		邮寄费		
	2		电话费		
	3		其他		
8			取暖费		
9			物业管理费		
	1		学校安保费用		
	2		校园保洁费用		

续 表

目	节	科目名称	本月数	累计执行数
	3	校园绿化费用		
	4	其他物业费用		
10		差旅费		
	1	市内差旅费		
	2	国内差旅费		
11		因公出国（境）费用		
	1	出国考察费用		
	2	教师出国培训费用		
12		维修（护）费		
	1	设备维修费		
	2	房屋及室外工程维修费		
	3	其他维修费		
13		租赁费		
14		会议费		
15		培训费		
	1	教师进修费		
	2	职工教育经费		
	3	其他培训费		
16		公务接待费		
	1	内宾接待费		

续 表

目	节	科目名称	本月数	累计执行数
	2	外宾接待费		
17		专用材料费		
	1	实验耗材费用		
	2	体育耗材费用		
	3	其他耗材费用		
18		劳务费		
19		委托业务费		
20		工会经费		
21		福利费		
22		公务用车运行维护费		
	1	燃料费		
	2	维修费		
	3	保险费		
	4	其他		
23		其他交通费用		
	1	燃料费		
	2	维修费		
	3	保险费		
	4	其他		
24		学生活动费用		

续　表

目	节	科目名称	本月数	累计执行数
25		学校财产、责任保险费用		
26		税金及附加费用		
99		其他商品和服务支出		
	1	体育维持费		
	2	外籍专家费		
	3	其他教学杂项费用		
	4	宣传活动费		
	5	其他行政杂项费用		
	6	离退休专项费用		
	7	其他燃料费		
		三、对个人和家庭的补助支出		
1		离休费		
	1	护理费		
	2	交通补贴		
	3	其他补贴		
2		退休费		
	1	社保统筹的退休费		
	2	自行承担的退休费		
3		退职（役）费		
4		抚恤金		

续 表

目	节	科目名称	本月数	累计执行数
5		生活补助		
6		医疗费		
	1	学生医疗费		
	2	其他医疗费		
7		助学金费用		
	1	助学金		
	2	奖学金		
	3	困难补助		
	4	减免学杂费		
	5	书簿费		
	6	义务教育营养改善计划补助费用		
	7	非义务教育学生营养餐补助费用		
8		住房公积金		
9		提租补贴		
10		购房补贴		
99		其他对个人和家庭的补助支出		
		四、基本建设支出		
1		房屋建筑物购建		
2		办公设备购置		
3		专用设备购置		

续　表

目	节	科目名称	本月数	累计执行数
4		基础设施建设		
5		大型修缮		
6		信息网络及软件购置更新		
7		公务用车购置		
8		其他交通工具购置		
9		其他基本建设支出		
		五、其他资本性支出		
1		房屋建筑物购建		
2		办公设备购置		
3		专用设备购置		
4		基础设施建设		
5		大型修缮		
6		信息网络及软件购置更新		
7		公务用车购置		
8		其他交通工具购置		
9		其他资本性支出		
	1	图书资料购置费		
	2	其他		

单位负责人：　　　　财务负责人：　　　　复核人：　　　　制表人：

中小学校长财务管理实务

上海市中小学校会计报表
经营支出明细表 （年报附表）

年报附表 3

编制单位： _____年度 单位：元

目	节	科目名称	本月数	累计执行数
		一、工资福利支出		
1		基本工资		
2		津贴补贴		
	1	各类津贴		
	2	价格补贴		
	3	上下班交通费补贴		
	4	其他补贴		
3		奖金		
4		社会保障缴费		
	1	养老保险费		
	2	失业保险费		
	3	医疗保险费		
	4	生育保险费		
	5	工伤保险费		
	6	残疾人就业保险		
	7	其他保险费		
5		伙食补助费		

续 表

目	节	科目名称	本月数	累计执行数
6		绩效工资		
99		其他工资福利支出		
	1	临时工资		
	2	长休费		
	3	其他		
		二、商品和服务支出		
1		办公费		
2		印刷费		
3		咨询费		
4		手续费		
5		水费		
6		电费		
7		邮电费		
	1	邮寄费		
	2	电话费		
	3	其他		
8		取暖费		
9		物业管理费		
	1	学校安保费用		
	2	校园保洁费用		

续　表

目	节	科目名称	本月数	累计执行数
	3	校园绿化费用		
	4	其他物业费用		
10		差旅费		
	1	市内差旅费		
	2	国内差旅费		
11		因公出国（境）费用		
	1	出国考察费用		
	2	教师出国培训费用		
12		维修（护）费		
	1	设备维修费		
	2	房屋及室外工程维修费		
	3	其他维修费		
13		租赁费		
14		会议费		
15		培训费		
	1	教师进修费		
	2	职工教育经费		
	3	其他培训费		
16		公务接待费		
	1	内宾接待费		

续　表

目	节	科目名称	本月数	累计执行数
	2	外宾接待费		
17		专用材料费		
	1	实验耗材费用		
	2	体育耗材费用		
	3	其他耗材费用		
18		劳务费		
19		委托业务费		
20		工会经费		
21		福利费		
22		公务用车运行维护费		
	1	燃料费		
	2	维修费		
	3	保险费		
	4	其他		
23		其他交通费用		
	1	燃料费		
	2	维修费		
	3	保险费		
	4	其他		
24		学生活动费用		

续 表

目	节	科目名称	本月数	累计执行数
25		学校财产、责任保险费用		
26		税金及附加费用		
99		其他商品和服务支出		
	1	体育维持费		
	2	外籍专家费		
	3	其他教学杂项费用		
	4	宣传活动费		
	5	其他行政杂项费用		
	6	离退休专项费用		
	7	其他燃料费		
		三、对个人和家庭的补助支出		
1		离休费		
	1	护理费		
	2	交通补贴		
	3	其他补贴		
2		退休费		
	1	社保统筹的退休费		
	2	自行承担的退休费		
3		退职（役）费		
4		抚恤金		

续 表

目	节	科目名称	本月数	累计执行数
5		生活补助		
6		医疗费		
	1	学生医疗费		
	2	其他医疗费		
7		助学金费用		
	1	助学金		
	2	奖学金		
	3	困难补助		
	4	减免学杂费		
	5	书簿费		
	6	义务教育营养改善计划补助费用		
	7	非义务教育学生营养餐补助费用		
8		住房公积金		
9		提租补贴		
10		购房补贴		
99		其他对个人和家庭的补助支出		
		四、基本建设支出		
1		房屋建筑物购建		
2		办公设备购置		
3		专用设备购置		

续 表

目	节	科目名称	本月数	累计执行数
4		基础设施建设		
5		大型修缮		
6		信息网络及软件购置更新		
7		公务用车购置		
8		其他交通工具购置		
9		其他基本建设支出		
		五、其他资本性支出		
1		房屋建筑物购建		
2		办公设备购置		
3		专用设备购置		
4		基础设施建设		
5		大型修缮		
6		信息网络及软件购置更新		
7		公务用车购置		
8		其他交通工具购置		
9		其他资本性支出		
	1	图书资料购置费		
	2	其他		

单位负责人：　　　财务负责人：　　　复核人：　　　制表人：

上海市中小学校会计报表
事业支出明细表—财政补助支出—公共财政预算拨款支出
—教育事业费拨款支出——一般预算支出（年报附表）

年报附表 2-4

编制单位： _____年度 单位：元

目	节	科目名称	1-12月份累计执行数		
			合计	基本支出	项目支出
		合　　计			
		一、工资福利支出			
1		基本工资			
2		津贴补贴			
	1	各类津贴			
	2	价格补贴			
	3	上下班交通费补贴			
	4	其他补贴			
3		奖金			
4		社会保障缴费			
	1	养老保险费			
	2	失业保险费			
	3	医疗保险费			
	4	生育保险费			
	5	工伤保险费			
	6	残疾人就业保险			

续 表

目	节	科目名称	1-12月份累计执行数		
			合计	基本支出	项目支出
	7	其他保险费			
5		伙食补助费			
6		绩效工资			
99		其他工资福利支出			
	1	临时工资			
	2	长休费			
	3	其他			
		二、商品和服务支出			
1		办公费			
2		印刷费			
3		咨询费			
4		手续费			
5		水费			
6		电费			
7		邮电费			
	1	邮寄费			
	2	电话费			
	3	其他			
8		取暖费			

续 表

目	节	科目名称	1-12月份累计执行数		
			合计	基本支出	项目支出
9		物业管理费			
	1	学校安保费用			
	2	校园保洁费用			
	3	校园绿化费用			
	4	其他物业费用			
10		差旅费			
	1	市内差旅费			
	2	国内差旅费			
11		因公出国（境）费用			
	1	出国考察费用			
	2	教师出国培训费用			
12		维修（护）费			
	1	设备维修费			
	2	房屋及室外工程维修费			
	3	其他维修费			
13		租赁费			
14		会议费			
15		培训费			
	1	教师进修费			

续 表

目	节	科目名称	1-12月份累计执行数		
			合计	基本支出	项目支出
	2	职工教育经费			
	3	其他培训费			
16		公务接待费			
	1	内宾接待费			
	2	外宾接待费			
17		专用材料费			
	1	实验耗材费用			
	2	体育耗材费用			
	3	其他耗材费用			
18		劳务费			
19		委托业务费			
20		工会经费			
21		福利费			
22		公务用车运行维护费			
	1	燃料费			
	2	维修费			
	3	保险费			
	4	其他			
23		其他交通费用			

续 表

目	节	科目名称	1-12月份累计执行数		
			合计	基本支出	项目支出
	1	燃料费			
	2	维修费			
	3	保险费			
	4	其他			
24		学生活动费用			
25		学校财产、责任保险费用			
26		税金及附加费用			
99		其他商品和服务支出			
	1	体育维持费			
	2	外籍专家费			
	3	其他教学杂项费用			
	4	宣传活动费			
	5	其他行政杂项费用			
	6	离退休专项费用			
	7	其他燃料费			
		三、对个人和家庭的补助支出			
1		离休费			
	1	护理费			
	2	交通补贴			

续　表

目	节	科目名称	1-12月份累计执行数		
			合计	基本支出	项目支出
	3	其他补贴			
2		退休费			
	1	社保统筹的退休费			
	2	自行承担的退休费			
3		退职（役）费			
4		抚恤金			
5		生活补助			
6		医疗费			
	1	学生医疗费			
	2	其他医疗费			
7		助学金费用			
	1	助学金			
	2	奖学金			
	3	困难补助			
	4	减免学杂费			
	5	书簿费			
	6	义务教育营养改善计划补助费用			
	7	非义务教育学生营养餐补助费用			
8		住房公积金			

续　表

目	节	科目名称	1-12月份累计执行数		
			合计	基本支出	项目支出
9		提租补贴			
10		购房补贴			
99		其他对个人和家庭的补助支出			
		四、基本建设支出			
1		房屋建筑物购建			
2		办公设备购置			
3		专用设备购置			
4		基础设施建设			
5		大型修缮			
6		信息网络及软件购置更新			
7		公务用车购置			
8		其他交通工具购置			
9		其他基本建设支出			
		五、其他资本性支出			
1		房屋建筑物购建			
2		办公设备购置			
3		专用设备购置			
4		基础设施建设			
5		大型修缮			

续 表

目	节	科目名称	1-12月份累计执行数		
			合计	基本支出	项目支出
6		信息网络及软件购置更新			
7		公务用车购置			
8		其他交通工具购置			
9		其他资本性支出			
	1	图书资料购置费			
	2	其他			

注：上海市中小学校会计报表——事业支出明细表（月报、年报附表）为根据资金来源编制，但表式及内容相同，因篇幅原因，在此仅列举"事业支出明细表——财政补助支出——公共财政预算拨款支出——教育事业费拨款支出——一般预算支出（年报附表）"，其余不在列举。

上海市中小学校会计报表

专项收支明细表（年报附表）

年报附表6

编制单位：　　　　　　　　　　　　　年度　　　　　　　　　　　　　　　单位：元

科目名称	上年余额			调整年初财政补助结转结余			本年归集调入财政补助结转结余			本年上缴结转结余			本年收入	本年支出	年末余额		
	结转	结余	小计	结转	结余	小计	结转	结余	小计	结转	结余	小计			结转	结余	小计
一、财政补助收入																	
（一）公共财政预算拨款																	
1. 教育事业费拨款																	
（1）一般预算人																	
（2）八项收入																	
2. 其他经费拨款																	
3. 教育费附加拨款																	
（二）政府性基金预算拨款																	
1. 地方教育附加拨款																	

续　表

科目名称	上年余额			调整年初财政补助结转结余			本年归集调入财政补助结转结余			本年上缴结转结余			本年收入	本年支出	年末余额		
	结转	结余	小计	结转	结余	小计	结转	结余	小计	结转	结余	小计			结转	结余	小计
2.国有土地出让收入拨款																	
3.彩票公益金拨款																	
4.其他政府性基金预算拨款																	
二、事业收入																	
三、上级补助收入																	
四、附属单位上缴收入																	
五、其他收入																	
(一)非同级财政补助收入																	
1.市拨教育费附加																	
2.市拨土地出让金																	
3.其他非同级财政补助收入																	

续 表

科目名称	上年余额			调整年初财政补助结转结余			本年归集调入财政补助结转结余			本年上缴结转结余			本年收入	本年支出	年末余额		
	结转	结余	小计	结转	结余	小计	结转	结余	小计	结转	结余	小计			结转	结余	小计
(二)其他政府性项目拨款																	
(三)其他非财政专项资金																	
(四)食堂净收入																	
(五)其他																	
总 计																	

单位负责人：　　　　　　财务负责人：　　　　　　复核人：　　　　　　制表人：

注：专项收支明细表是反映学校在一定时期内项目支出明细情况的会计报表，是对事业支出所列项目支出的细化补充。通过编制项目收支明细表，财政部门和上级主管部门可以了解学校项目支出预算执行情况，也可以为财政部门和上级主管部门对项目支出进行追踪问责提供参考依据。

上海市中小学校会计报表
专用基金收支表（年报附表）

年报附表 5

编制单位： _____年度 单位：元

科目项目	年初贷方余额	本年贷方发生额	本年借方发生额	年末贷方余额
1. 修购基金				
2. 职工福利基金				
3. 奖助学基金				
4. 其他专用基金				
(1) 医疗基金				
(2) 住房基金				
(3) 福利费				
(4) 离退休人员活动费				
(5) 其他基金				
合　计				

单位负责人： 财务负责人： 复核人： 制表人：

· 162 ·

注：专用基金是按规定计提具有专门用途的基金。其计提标准和支出范围财政部门均有相关规定，一般不得相互挤占和挪用。专用基金收支表是对其收支及结余情况的具体反映。

（六）中小学校食堂会计报表

《中小学校会计制度》要求"会计报表附注中应当披露本校食堂单独核算的会计报表。"因财政部及上海市相关主管部门未印发学校食堂格式化报表，笔者结合学校食堂的实际情况，根据事业单位会计准则和中小学校会计制度的相关规定，提供学校食堂会计报表附表格式，作参考。

中小学校食堂资产负债表

编制单位： _____年___月___日   单位：元

资　产	期末余额	年初余额	负债及所有者权益	期末余额	年初余额
流动资产			流动负债		
货币资金			应交税费		
应收账款			应付职工薪酬		
预付账款			应付账款		
其他应收款			预收账款		
存货			其他应付款		
其他流动资产			其他流动负债		
流动资产合计			流动负债合计		
非流动资产			非流动负债		
固定资产			长期应付款		
待处置资产损益			非流动负债合计		
非流动资产合计			负债合计		
			净资产		
			损益		

续 表

资　产	期末余额	年初余额	负债及所有者权益	期末余额	年初余额
			净资产合计		
资产总计			负债和净资产总计		

单位负责人：_____食堂负责人：_____制表人：_____

中小学校食堂收支明细表

编制单位：　　　　　　_____年___月___日　　　　　　单位：元

项　目	本月数	本年累计
一、收入		
其中：学生伙食费收入		
教师伙食费收入		
其他收入		
收入合计		
二、支出		
成本支出		
其中：粮食支出		
调味品支出		
副食品支出		
蔬菜类支出		
肉类支出		

第六章 解读会计报表

续 表

项　　目	本月数	本年累计
费用支出		
其中：人员工资		
物料用品		
其他支出		
支出总计		
三、结余		

单位负责人：_____　食堂负责人：_____　制表人：_____

【案例十八】

到某校督导，在查看学校三年财务资料时，发现第三年学校资产、净资产、流动负债同时有较大幅度的增长。通过询问财务人员和访谈校长，了解到学校根据教育局安排，与另一所学校合并，但并未编制会计报表附注，问及原因，财务人员解释为要规避风险。

【分析】

会计报表附注是为了帮助报表阅读者者了解会计报表本身无法或难以用数据充分表达的内容，而主要以文字的形式对其所作的补充说明和详细解释。学校合并是一项特殊事项，应该在合并的当月编制会计报表附注，进行阐述，财务人员的解释显然为不专业的表现。

【建议】

此事之所以要编制会计报表附注，首先，是因为它拓展了学校财务信息的内容，打破了常规会计报表内容必须符合会计要素的定义，又必须同时满足相关性和可靠性的限制。其次，它突破了揭示项目必须用货币加以计量的局限性。再次，它充分满足了会计报表是为其使用者提供有助于经济决策的信息的要求，增进了会计信息的可理解性。同时，它还能提高会计信息的可比性，如果在合并中发现相关财务信息存在潜在风险，则更要进行详细分析和阐述，并及时汇报学校及上级领导，而不是进行回避，以免带来更大的风险。

(七) 收支情况说明书

收支情况说明书是事业单位在对一定期间，通常为一个会计年度内收入和支出情况进行分析和总结的基础上所作的数字和文字说明。它是事业单位会计报表的一个有机组成部分。

学校收支情况说明书的内容一般包括：

1. 预算和财务收支计划的完成情况，以及预算或财务收支计划执行过程中存在的问题。
2. 收支增减变化的情况和原因。
3. 在改善业务活动的管理，增收节支方面所作的努力和取得的成绩。
4. 在收入和支出管理方面存在的问题以及今后改进工作的计划和建议。
5. 结余及其分配情况。

由于收支情况说明书能够以文字和数字的形式明确而具体地揭示出学校财务收支活动的过程以及所取得的成绩和存在的问题，从而能够比较全面地揭示出学校业务活动的全过程以及目前所处的状况，因此，它是使用者了解和评价学校财务收支情况，并在此基础上作出相关决策的重要参考资料。

【案例十九】

一般来讲财务收支情况说明书是以会计报表、预算为依据的，但到学校督导时，时常会遇到财务分析中的数据在会计报表、预算中找不到，校长也认为财务收支情况说明书中的有些数据看不明白。究其原因，是会计人员在撰写财务收支情况说明书时，根据需要对预算、报表的数据进行了拆分或重组，但又未作说明。有的虽作注明，但语句过于口语化或者标示不清。

【分析】

学校财务收支情况说明书的阅读者大部分是非财务专业的管理人员，因此，对数据的来源要让人一目了然，语言的简单、扼要、明了也是关键。

【建议】

财务收支情况说明书要以会计报表、预算为依据，若需对部分数据作拆分，则需在醒目地方作附注。如根据预算需将独生子女补贴从"对个人与家庭补贴支出"调整至"工资福利支出"时，方法一：调整预算，将其从"工资福利支出"预算中减去，加至"对个人与家庭补贴支出"中；方法二：在备注中表明，并在科目旁边标注＊号，以引起注意，同时，附注语言要简单、扼要，能让阅读者一目了然。

第七章　财务分析

一、财务分析相关知识

财务分析，是以单位财务报告反映的财务指标为依据（如会计报表），对单位的财务状况和经营成果等进行评价和剖析。其目的是帮助单位负责人查找经营过程中的利弊得失，进而将重要的财务信息应用在单位财务管理工作和经营决策过程中。

财务分析，是单位取长补短、挖掘潜力、改进工作的重要手段。通过财务分析，单位负责人可以了解各项财务指标的优劣程度，从而找出经营管理中的薄弱环节，重点改进。同时对于经营管理中的优势进行总结归纳，便于继续保持，以促进单位各方面朝着良性循环的方向发展。

财务分析，是评价学校财务状况和衡量学校办学质量的重要依据。通过学校财务分析，中小学校长就能较为准确地掌握学校各项财务信息，从而对学校各项经济活动做出较为客观的评价和决策。因此，学校会计报表分析是做好学校财务分析的前提和基础。

二、中小学校会计报表分析常用的指标

（一）2013年1月1日起执行的《中小学财务制度》规定的财务分析指标

1. 预算收入和支出完成率，衡量中小学校预算收入和支出总预算及分项预算完成的程度。计算公式为：

（1）预算收入完成率＝年终收入执行数÷（年初收入预算数±年中收入预算调整数）×100%

年终收入执行数不含上年结转和结余收入数。

（2）支出预算完成率＝年终支出执行数÷（年初支出预算数±年中支出预算调整数）×100%

年终支出执行数不含上年结转和结余支出数。

2. 人员支出、公用支出占事业支出的比率，衡量中小学校事业支出结构。计算公式为：

（1）人员支出比率＝人员支出÷事业支出×100%

（2）公用支出比率＝公用支出÷事业支出×100%

3.生均事业支出、生均公用支出，衡量中小学校按照实际在校平均人数的事业支出、公用支出水平。计算公式为：

（1）生均事业支出＝事业支出÷实际在校人数

（数据来源：事业支出明细表基本支出总数÷学生人数）

（2）生均公用支出＝公用支出÷实际在校人数

（数据来源：事业支出明细表（基本支出）栏中，（商品与服务支出合计数＋其他资本性支出合计数）÷学生人数）

4.资产负债率，衡量中小学利用债权人提供资金开展业务活动的能力，以及反映债权人提供资金的安全保障程度。计算公式为：

资产负债率＝负债总额÷资产总额×100%

（二）上海市中小学校其他应分析的指标

1.教师人均收入＝（基本工资＋津贴补贴＋奖金＋绩效工资）/教职工人数。

2.生均图书经费，衡量中小学校是否根据规定足额使用。计算公式为：

生均图书经费＝图书经费基本支出数/学生人数

（数据来源：事业支出明细表/财政补助支出（基本支出）栏中，[其他资本性支出（图书资料购置费）]÷学生人数）

3.生均体育维持经费，衡量中小学校是否根据规定足额使用。计算公式为：

生均体育维持费＝（体育材料费＋体育维持费）/学生人数

（数据来源：事业支出明细表/财政补助支出（基本支出）栏中，商品和服务支出/[专用材料费（体育耗材费用）＋其他商品与服务支出（体育维持费）]÷学生人数）

4.财政拨款公用经费支出完成情况，衡量财政拨款是否足额使用。计算公式为：

财政拨款生均公用经费完成率＝实际支出/公用经费预算数

（数据来源：事业支出明细表/财政补助支出（基本支出）栏中，（商品和服务支出合计数＋其他资本性支出合计数）÷公用经费预算数）

5.生均素质教育活动经费支出；

（数据来源：事业支出明细表/财政补助支出（基本支出）栏中/学生活动费÷学生人数）

6.生均图书标准册数：小学30册（件），初中40册（件），完全中学45册（件），高级中学50册（件）。

① 7. 阅览室刊物种类标准：小学 60 种，初中 80 种，完全中学与高级中学 120 种。

三、中小学校会计报表分析的方法

财务报表分析的方法日益增加，特别是随着金融学、行为学、心理学等学科内容与财务学的融合，一些金融工程的分析方法、行为学的分析方法和心理学的分析方法在财务报表分析中也被许多分析师加以利用。我们主要还是采用比较经典的报表分析方法，阐述报表使用人如何进行报表分析。经典的报表分析方法主要可以分为两类：比较分析法和因素分析法。

（一）比较分析法

各校的报表都是按照统一的公认会计准则编制的，因而各单位的报表也就具有了共性，为报表的比较分析提供了基础。不同的报表使用人报表分析的目的不同，比较的内容和方法也不尽相同。比较分析法按比较的对象可以分为趋势分析、同业分析和目标分析。

1. 趋势分析

趋势分析是对特定单位财务报表全部项目或部分项目连续分析若干期，从中看出发展趋势，借以对未来做出判断。报表分析师经常采用的趋势分析的具体做法有三种：

（1）把连续若干期各项目的金额进行比较，计算出增减的差额，得出变动的总量趋势。

（2）以各期数额作为分子，把前期的绝对金额作为分母，计算出变化趋势（百分比）。根据分母的不同可以分成两种情况：第一，以某期（一般采用第一期）的固定数额作分母，将分析期内每一期数额与之比较，计算出定基动态比。第二，以每一期的前期数额作分母，将分析期内每一期数额与之比较，计算出环比动态比。

（3）根据连续数期变化的统计数字（既可以是绝对数也可以是相对数），可以绘出一个统计图表，更形象地显示变化趋势。

趋势分析是一种动态的比较分析，通过分析连续数期的财务报表项目的情况，能够反映出单位财务状况的变动方向，发现这种变动趋势的性质如何，评价单位财务管理水平并及时发现问题，查找原因，改进工作。

2. 同业分析

为了全面评价学校管理业绩，还需要把该学校的主要财务指标与同业水平

---

① 6、7 所引数字均摘自中小学图书馆（室）规程（修订），2003 年 5 月 1 日起施行。

进行比较。通过与行业平均指标的对比，可以分析、判断该学校在同行业中所处的位置。与行业先进指标对比，实际上是与先进的管理方法，先进的科学管理水平的比较，帮助单位找出其与先进水平的差距，有利于吸收先进经验，克服自身的缺点。

3．目标分析

如果把分析期的实际数额与目标杠杆值比较，那么杠杆值就是比较的标准，实际数额与杠杆值比较，可以反映分析意义。比如采用预算做标杆反映预算的完成程度，采用单位历史最好数据做标杆，反映单位能否在本期突破自身管理水平等。财务报表分析人员根据分析的目的选择一个恰当的标准，才能得出有意义的判断。

比较分析法的主要作用在于揭示被分析对象客观存在的某一方面的差距或优势，以及形成这种差距或优势的原因，帮助报表分析人员发现问题，有利于报表分析人员做出正确的判断。比较分析法是各种分析方法的基础，不仅在报表中的绝对数要通过比较才能说明问题，即使是相对值指标也要与有关资料进行对比才有意义。

（二）因素分析法

一个经济指标的质量往往是由多种因素造成的，只有将这些指标分解成各种各样的过程因素，才能发现指标的驱动因素，才有利于我们做出各种决策。因素分析法也是财务报表分析常用的一种方法，它包括比率因素分析法和差异因素分析法。

1．比率因素分析法

比率因素分析法，是把一个比较核心的财务比率分解成若干个影响因素，通过将两个相关的会计项目数据相除，从而得到各种财务比率，以揭示同一张会计报表中不同项目之间或不同会计报表的有关项目之间所存在的内在联系的一种分析方法。著名的杜邦分析体系就是采用比率因素分析法的典型代表，在该体系中就将资产报酬率分解为资产周转率和销售利润率的乘积，表明资产报酬率受资产周转率和销售利润率的影响。

2．差异因素分析法

为了比较实际数额与目标标杆值之间差额产生的原因，可以采用差异因素分析法。根据计算差异方式的区别，差异因素分析法又可以区分为定基替代法和连环替代法。

（1）定基替代法

按照这种方法,以目标标杆值为基础,然后分别用实际数额代替标杆值,来确定在实际工作中各因素对指标的影响。

值得注意的是,这种分析方法只能得到财务因素的影响,但单位经济指标除了受这些因素影响之外,还有其他因素比如内外部环境的影响,这些因素是非财务的,该方法不能得到相关信息。

(2) 连环替代法

以目标标杆值为基础,然后依照特定顺序分别用实际数额代替标杆值,来逐一确定在实际工作中各因素对指标的影响。

假设某一经济指标可以写出表达式:$Y=aXbXc$,单位根据情况制定的目标标杆值则可以表达为:$Y_0=a_0Xb_0Xc_0$,单位的实际指标状况可以表达为:$Y_1=a_1Xb_1Xc_1$,则差异额:$\triangle Y=Y_1-Y_0$。

我们来分析差异产生的原因:

a 因素的影响 $= a_1Xb_0Xc_0 - a_0Xb_0Xc_0$

b 因素的影响 $= a_1Xb_1Xc_0 - a_1Xb_0Xc_0$

c 因素的影响 $= a_1Xb_1Xc_1 - a_1Xb_1Xc_0$

在连环替代法的使用过程中需要关注:第一,构成因素具有相关性,对指标具有解释作用,否则单纯的定量分析就失去了经济意义;第二,因素替代的顺序要恰当,并依次进行;第三,计算分析程序的连环性,在计算分析每一个因素的影响时,都是在前一个因素变动的基础上进行的,连环替代,逐一确定各个因素的影响力。

在实际经济生活中比较分析法和因素分析法往往结合使用,在比较中分析寻找差异产生的原因,在因素分析的过程中比较结果的不同,分析师的分析工作是很多个比较分析和因素分析过程所构筑的。

四、学校财务分析的局限性

(一) 财务分析的局限性

正如一切事物都有其局限性一样,财务分析当然不是万能的。一个单位的财务状况是相当复杂的,不可能仅仅依靠一些分析指标准确地反映出来。财务分析的局限性在于:

1. 从财务分析的基础来看,会计报表本身存在不足之处。会计报表是会计信息系统的产物,会计有特定的核算前提:会计主体、持续经营、会计分期、货币计量。这些前提是否正确及适用所有单位,尚不确定。因此,只能说明使

用会计报表数据的意义,不能认为会计报表已揭示了单位的全部实际情况。

2. 从财务分析的真实性来看,只有根据真实的会计报表,才有可能得出正确的分析结果。一份会计报表究竟是否真实,财务分析不能断定,需要靠审计来验证。

(二)校长应该如何看待学校财务分析的局限性

虽然财务分析有其局限性,但在实践中也不能过分地夸大其不足的方面。过去常常有这种情况,有的校长因为不相信财务分析得出的结果,认为那是专家学者弄出来的东西,所以从来不做财务分析。事实恰恰相反,财务分析的理论是无数的财务工作者在实际工作中不断总结出来的,是人们实践的结果,是智慧的结晶。虽然目前相关理论还不尽完善,分析本身也存在一定的约束性和局限性,但财务分析的理论经过不断地实践,不断总结前人的经验,也在不断地自我完善。

财务分析是财务管理的基本内容,在财务分析的基础上,校长可以进一步做出各项经济决策。

【案例二十】

财务分析是学校财务管理中一项重要的工作,直接反映学校各项资金的使用效益。但在督导时发现,学校财务分析大部分只是将数据"搬家",有的数据拆分后也没有附注说明,分析表述口语化,致使阅读分析者无法与报表核对,难以从中获取有用信息。询问校长,大部分校长也表示因为太复杂和太专业,从不仔细阅读。

【分析】

1. 会计人员不够了解学校管理情况,对影响学校收入的一些重要因素缺乏必要的分析,大多只停留在今年收入多少,预算完成多少等方面,只进行"量"的分析,而忽视对"质"的关注,这种重"量"不重"质"的方法必然影响财务分析的质量。

2. 只注重现象分析,忽视本质分析。学校财务分析只停留在月、季、年报表上的分析,以及预算完成程度和预算执行效果的考核方面,而对一些实质性问题的分析流于形式。

3. 忽视了对学校办学成本的分析。

4. 会计人员缺乏写作功底。在错综复杂的资金活动中,不能熟练地运用专业知识对复杂的财务活动及其成果进行分类解剖分析。

因此,出具的分析报告不严谨,或前后矛盾,或不能自圆其说。另外,财务分析报告是根据分析产生的结果,经过综合整理写成的文字报告。好的分析报告，应当是结构紧凑，层次分明，还要点中要害，说理充分，通俗易懂。而不是纷繁复杂，或者只简单排列几组数字，缺少实际价值。

【建议】

学校会计人员在未来的财务管理中一定要适应时代发展的特点，打破传统会计观念的束缚和传统会计模式的思维定势，借鉴企业财务分析的经验，进行财务管理创新，建立全新的学校财务分析体系，全面地对学校财务管理和财务分析工作进行评价。

1. 要提高对财务分析重要性的认识。会计人员要努力做好财务分析，不断提高分析质量，为改善学校管理，提高办学效益，提供科学、可靠的依据。

2. 建立科学的财务分析制度。明确财务分析的目的、任务，以及对分析工作质量的要求。不论是方法的选择，还是指标的确定，应有科学和统一的规范。

3. 加强事前预测分析，提高资金使用效果。会计人员要从事后反映和监督的旧框框中解脱出来，开展事前预测和决策。决策是管理的核心，决策的制定来源于科学的预测。会计人员要用准确的资料，科学的方法作好会计预测，当好校长的参谋。

4. 提升会计人员综合素质。会计人员既要有基本的财务分析能力，还要具备对财务分析数据来源合理修正的能力，以及综合分析能力，才能写好财务分析，充分发挥财务分析在学校管理中的作用。

五、阅读财务分析，校长应注意的事项

1. 财务分析主要是财务比率因素分析，计算财务比率所采用的会计报表上的数据都属于历史数据，对于学校财务变动的预测具有一定的参考价值，在学校财务分析中较多采用。财务比率分析法一般有纵向比较、横向比较、标准比率的比较三种方式。

2. 计算财务比率所使用的会计报表数据不一定反映学校财务状况的真实情况。这是因为学校会计报表是按会计准则编制的，所以，学校会计报表上的数据符合会计准则的要求，但不一定完全反映学校财务状况的客观实际。

3. 不同学校可能选择不同的会计处理方法，使它们之间的财务比率失去可比性。虽然在学校会计报表的附注说明文字中，对学校的主要会计政策有一定的说明，但会计报表的分析者不一定能完成各学校财务比率分析可比性的调整工作。

由于以上几方面的原因，校长只能在有限的范围内使用财务比率法，不能将其绝对化。

第八章 民办学校财务管理

民办学校，是指国家机构以外的社会组织或者个人，利用非国家财政性经费，面向社会举办学校及其他教育机构的活动。从培养人才的层次上，可分为小学、中学、高等学校；从培养职业技能来看，可分为普通学校和职业学校；从组织形式来看，可以分为学校和其他教育机构。民办学校的管理与公办学校基本一致，财务管理、相关会计基础知识也基本相同。但由于举办者的主体不同，所以民办学校财务管理与公办学校财务管理相比存在着一定的特殊性。

一、民办学校与公办学校的不同之处

（一）学校管理体制不同

公办学校校长是学校法定代表人，实行校长负责制的管理体制，因此，校长在财务管理上有着绝对的管理权限。民办学校法定代表人大部分由举办者担任，校长一般为学校董事会成员，虽然学校管理体制为董事会领导下的校长负责制，但学校财务管理一般由举办者直接负责，校长在财务管理上的权限有限。

（二）相关会计政策不同

无论公办学校还是民办学校均应执行会计法等相关的法律法规，但由于管理体制的不同，执行的相关会计政策仍有所不同。

公办学校执行的会计政策为：《事业单位财务规则》、《事业单位会计制度》、《事业单位会计准则》、《中小学财务制度》、《中小学会计制度》。

民办学校则根据是否营利而执行相关会计政策。

若为非营利民办学校，并同时具备以下特征：① 该组织不以营利为宗旨和目的；② 资源提供者向该组织投入资源不得取得经济回报；③ 资源提供者不享有该组织的所有权。应执行《民间非营利组织会计制度》、《上海市民办中小学校财务会计管理办法＜试行＞》和《上海市民办中小学校会计核算办法＜试行＞》。

若为营利学校，即出资人根据民办学校章程的规定要求取得合理回报的，可以在每个年度终了时,从民办学校的办学结余中按一定比例取得回报,则应根据规模相应执行《小企业会计准则》或《企业会计准则》。

(三)经费收支管理不同

公办学校办学经费以财政拨款为主,民办学校主要是通过收取学费来维持学校运营。支出管理时,公办学校办学成本以总费用形式核算,并将其分为工资福利支出、商品与服务支出、对个人与家庭补助支出、其他资本性支出。民办学校办学成本根据管理范围核算办学成本,如涉及教育教学活动的成本在业务活动成本中核算,涉及学校管理的成本,包括管理人员工资、董事会费用等,通过管理费用进行核算。

(四)会计科目不同

公办学校会计科目有五大类 56 个会计科目,民办学校会计科目则为五大类 51 个科目,其科目是在《民间非营利组织会计制度》基础上进行增减以及变更一些科目进行明细核算。

- 资产类:增 1801 长期待摊费用
- 负债类:增 2205 应付出资人回报
- 净资产类:增 3103 本年结余
  　　　　　增 3102 结余分配
- 收入费用类:增 5401 所得税
  　　　　　　减 4201 会费收入
  　　　　　　减 4501 商品销售收入

(五)会计等式不同

公办学校会计等式为:资产－负债＝净资产＋收入－支出

民办学校会计等式为:

① 资产－负债＝净资产

↓

非限定净资产＋限定性净资产

↓

(若为要求取得合理回报的学校,限定性金资产不得参加分配)

② 收入－费用＝净资产变动额

↓

非限定性净资产变动额＋限定性净资产变动额

二、民办学校财务管理现状

我国的民办学校虽然已经走过了初创阶段,正在向成熟期发展。但在财务管理上却仍处于初创阶段,与整个民办教育的发展不相适应,主要体现在以下几个方面:

(一) 财务管理目标模糊

财务管理工作仅限于记账、算账、报账的会计核算功能,以"报账型"为主的财会工作模式滞后于民办教育发展,与市场经济发展的要求不相适应。比如,有的学校没有理顺财务管理体制,家族式管理模式还较为普遍,导致民办学校缺乏制约机制,财务管理混乱。

(二) 财务管理手段粗放

有些民办学校的举办者和管理者既不懂财务,也不重视财务管理,财务部门形同虚设。也有一些举办者不将学校的收入真正地用于办学,提高教学质量,而是挪作他用。比如,将学费收取后划转到举办方账户,作为自己企业的流动资金,致使办学经费不足,影响教学质量。又比如,对财务预算管理的重要性认识不够,有的学校没有制定预算管理制度,存在没有编制预算或预算编制不完整的现象,有的学校虽然编制了预算,但预算的执行力、控制力不够,形成预算编制和执行"两张皮",影响办学效益。

(三) 内部控制制度不健全

主要表现在:① 对内部控制重视不够,没有形成科学的内部控制程序和方法;② 内部控制内容不全面;③ 内部控制执行力不严。有些学校虽然有较为完善的内部控制制度,但没有严格执行,形同虚设,乱收费仍然存在,一些举办者把办学作为一种营利的工具。比如,代办学生服务性项目管理不规范,没有严格执行国家和市教委等七部门有关代办学生服务性项目管理的相关规定,没有按照规定进行备案、征询、清算等。特别是学生午餐管理,有搭伙、委托餐饮公司以及自办食堂的,但均未做到师生分食立账,也未按教育部门有关食堂管理办法进行监管。还有些举办者设立了为学生服务的营利性公司,如涉足物业、教材、餐饮等服务性项目,其与学校属关联关系,将代办学生服务性项目作为自己营利的渠道。

(四) 缺乏财务风险意识

我国的民办学校主要是依赖教育收费维持办学,一些举办者和管理者只顾眼前利益,不顾长远利益,缺乏长远的财务规划。甚至有些举办者不管学校以后的生存与发展,为了自己企业的发展,以学校名义向银行贷款,一旦生源萎缩,将导致较高的财务风险。

(五)资产管理不够科学

民办学校固定资产来源多元化,有自购的,有政府拨入的,有捐赠的,但管理不够规范,大部分学校未根据规范的标准进行记账、折旧、盘点。

(六)会计核算制度执行不严

民办学校财会人员有自聘的,有委托财务公司,也有纳入举办方集团公司集中管理,虽均为专业人员,但由于对相关政策和学校管理不够了解,也存在部分财务人员责任心不强等因素,致使会计核算存在较多的不规范现象。比如,会计基础工作较差(会计科目设置不规范,未区分限定性和非限定性);一些学校账目混乱,无法真实、完整反映学校财务情况;会计档案管理不规范。再如,自办食堂伙食费核算不规范,未将月末库存纳入会计核算范围,无法真正体现盈亏,没有做到师生分食立账等等。

上述问题的存在,违背了《会计法》、《民办教育促进法》、《民间非营利组织会计制度》等法律法规的规定,影响了民办学校的办学效益和竞争力,不利于民办学校的正常运行和健康快速发展。

【案例二十一】

到民办学校督导时,发现有部分学校存在票据使用不规范现象:收取学费时,均能够开具税务部门的规范票据,但在代办学生服务性项目收费时,却极少开具规范票据,有直接支付供应商的(如校服等),有自行印制的,也有商店里购买的,也有不开任何收据的,给出的理由大部分竟然是为了"避税"。

【分析】

民办学校专职的财务人员如此理解"避税",确实不应该,主要是专业知识面较窄所导致。民办学校的财务人员较多由兼职人员担任,也有部分学校由公办学校财务人员兼任,甚至是由会计中心人员担任,虽然近几年有关部门对民办学校财务管理加大了培训和指导,但是由于对于民办学校的特点了解不够,又没有很好地学习和理解与民办学校相关的法律、法规,最后导致类似现象的发生,给学校带来不必要的风险。

【建议】

是否缴纳税收不是学校财务人员可以确定的,也不是以不开具规范票据就

可以达到"避税"的目的,"避税"只能在合法的前提下,否则会带来更大的损失。相关法律法规均对票据的印制和使用均有明确的规定,如"上海市教委等关于做好义务教育阶段学校代办服务性收费管理工作有关事宜的通知"第四条的规定:"民办义务教育阶段学校的代办服务性收费必须坚持学生自愿与非营利原则,使用税务部门提供的票据。"又如,《税收票证管理办法》第五十七条规定:"非法印制、转借、倒卖、变造或者伪造税收票证的,依照《中华人民共和国税收征收管理实施细则》的规定进行处理。"另外,《中华人民共和国税收征收管理法实施细则》第七章第九十一条规定:"非法印制、转借、倒卖、变造或者伪造完税凭证的,由税务机关责令改正,处 2000 元以上 1 万元以下的罚款;情节严重的,处 1 万元以上 5 万元以下的罚款;构成犯罪的,依法追究刑事责任。"因此,民办学校要重视相关政策和口径的学习,加强财务人员的培训,规范财务管理。

三、加强民办学校财务会计管理的建议

民办学校发展将是中国未来教育发展新的增长点,公办学校以建立特色学校作为突破口,民办学校可以通过新型灵活的办学机制,充分运用市场机制,形成自己的办学特色。加强民办学校财务管理刻不容缓。

(一)建立和完善民办学校的财务管理体制

1. 建立科学的民办学校内部财务管理决策机制

内容主要包含:① 加强预算管理,有效控制收支;② 提高财务分析能力,为重大决策提供依据;③ 强化民办学校成本效益观念。

2. 建立规范的财务管理机构

民办学校要高度重视财务管理工作,按照《会计法》、《民办教育促进法》等法律法规的规定,建立财务机构,配备专业的财会人员,财会人员应持证上岗,以保证财务管理工作的正常运行,提高民办学校的财务管理水平。

3. 建立各项财务管理制度

民办学校要制定各项财务管理规章制度,做到有章可循,奖惩有依有据。

(1)建立与完善内部控制制度。强化内部管理,建立健全监督体系。民办学校涉及的管理部门有民政、教育和税务部门,这些部门要经常开展财务监督工作。其次要加强内部审计和社会审计,确保会计信息的真实。

(2)建立与完善会计制度建设。完善会计制度,使各项会计工作有法可依、有章可循,并结合学校发展的实际情况,适时修改,不断地完善,以保证各项

法规自身的科学和严谨。同时注意健全各项制度的实施细则,尤其注意与相关法律的衔接,使会计制度更具有实用性、可操作性,确保会计信息的真实、可靠、完整。

(二)加强民办学校日常的财务管理

1. 规范民办学校会计核算工作

会计核算是财务管理的基础,财务管理所需的绝大部分资料来源于日常的会计核算数据。根据当今信息化时代的需要,民办学校应积极推行会计电算化,一方面提高会计核算的效率,以便及时准确地提供财务管理所需的资料;另一方面由于日常的会计核算工作主要由计算机来完成,财务人员有更多的时间来加强财务管理工作。如固定资产核算,就应根据购买、接受捐赠、政府下拨等不同来源进行核算。制度规定具体为:

(1) 收入核算

学校应当根据收入的来源设置一级科目,然后 再根据收入是否存在限制,在一级科目下设置"限定性收入"、"非限定性收入"二级明细科目。

对于接受附条件的政府补助,如果学校存在需要偿还全部或部分政府补助资产,或者相应金额的现时义务时(比如,因无法满足政府补助所附条件而必须退还部分政府补助时),按照需要偿还的金额进行记账。

会计分录:

借:管理费用—限定性

　　贷:其他应付款—(明细科目)

如果限定性政府补助收入的限制在确认收入的当期得以解除,应当将其转为非限定性收入。

会计分录:

借:财政补助收入—限定性收入

　　贷:财政补助收入—非限定性收入

(2) 费用核算

费用是指为学校开展业务活动所发生的、导致本期净资产减少的经济利益或者服务潜力的流出。费用应当按照其功能分为业务活动成本、管理费用、筹资费用和其他费用。

(3) 净资产核算

净资产是指资产减去负债后的余额。净资产应当按照其是否受到限制,分为限定性净资产和限定性净资产。

非限定性净资产核算：

① 非限定性净资产——办学出资，核算学校获得的办学出资，本科目可以根据资金的来源设置三级明细科目。

② 非限定性净资产——分配后结余，核算学校历年积存的结余。

③ 非限定性净资产——专用资金，核算学校依法提取的发展基金，以及由学校理事会（董事会或者类似权力机构）批准提取的维修基金、风险保证金等专用资金，本科目应当按专用资金的类别设置三级明细科目。

- 学校获得办学出资

借：现金／银行存款等
　　贷：非限定性净资产——办学出资

- 学校计提各类专用资金

借：结余分配——发展基金／维修基金／风险保证金
　　贷：非限定性净资产——专用基金——发展基金／维修基金／风险保证金

- 学校非限定性收支形成的年度净收益，提取各类专用资金后（出资人要求合理回报的，学校提取了出资人回报后）仍有余额时，将分配后的结余转入非限定性净资产。

借：结余分配——分配后结余
　　贷：非限定性净资产——分配后结余

- 学校非限定性收支形成的年度净亏损时

借：非限定性净资产——分配后结余
　　贷：本年结余——非限定性结余（明细核算）

注：如果因调整以前期间收入、费用项目而涉及调整非限定性净资产的，应当就需要调整的金额，借记或贷记有关科目，贷记或借记本科目。

限定性净资产核算：

如果资产或者资产的经济利益（如资产的投资收益和利息等）的使用和处置受到资源提供者或者国家有关法律、行政法规所设置的时间限制或（和）用途限制，则由此形成的净资产即为限定性净资产。

① 期末，将当期政府补助限定性收支和捐赠限定性收支分别转为限定性净资产。

如限定性收支为净收益：

借：本年结余——限定性结余（明细科目）
　　贷：限定性净资产——政府补助结余
　　　　限定性净资产——捐赠结余

如限定性收支为净亏损：借：限定性净资产——政府补助结余

限定性净资产——捐赠结余

贷：本年结余—限定性结余（明细科目）

② 如果因调整以前期间收入、费用项目而涉及调整限定性净资产的，应当就需要调整的金额，借记或贷记有关科目，贷记或借记本科目。

(4) 固定资产核算

民办学校固定资产是指单位价值在标准以上（单位价值2000元以上），使用期限在一年以上，并在使用过程中基本保持原有物质形态的资产。具体分为六大类：

- 房屋和建筑物
- 文物和陈列品
- 专用设备
- 图书
- 一般设备
- 其他固定资产

收到固定资产，根据不同来源：

借：固定资产—明细科目（自购）

借：固定资产—明细科目（捐赠）

借：固定资产—明细科目（财政下拨）

　贷：银行存款

　贷：捐赠收入—限定性收入—受赠固定资产

　贷：政府补贴收入—限定性收入—财政拨入固定资产

计提折旧：

根据规定，一般应当按月提取折旧。当月增加的固定资产，当月不提折旧，从下月起计提折旧；当月减少的固定资产，当月照提折旧，从下月起不提折旧。其折旧年限见下表：

固定资产分类	折旧年限
一、房屋、建筑物	
1. 钢筋混泥土框架结构	40－50
2. 混合结构	35－45
3. 砖木结构	20－25
4. 简易房	8－10

续 表

固定资产分类	折旧年限
二、专用设备	
5. 文体设备	8
6. 医疗设备	8
7. 机器、机械设备	8
8. 交通运输工具	8
三、一般设备	
9. 电教设备	5
10. 印刷设备	5
11. 办公设备	5
12. 家具	5
13. 实验器材	5
14. 电子计算机	3
15. 电子配件	3
四、文物及陈列品	——
五、图书	3
六、其他固定资产	10

固定资产的后续支出与处理：

① 固定资产的中小修理，如对机器设备进行局部维修、更换零部件、排除故障或清理设备，对房屋进行局部修缮等。处理原则：一般不予资本化，而是按固定资产的用途计入当期成本、费用。

② 固定资产的大修理，如对机器设备进行整体检修，更换主要部件或对房屋进行整体翻新。处理原则：不予资本化，发生的大修理支出在两次大修理之

间平均分摊，计入有关成本、费用。

③ 固定资产改良。与固定资产有关的后续支出，如果使可能流入学校的经济利益或者服务潜力超过了原先的估计，如延长了固定资产的使用寿命，或者是服务质量实质性提高，则应当记入固定资产账面价值，但其增计后的金额不应当超过该固定资产的可回收金额。处理原则：资本化。

固定资产处置程序：

① 固定资产转入清理　　　　② 核算固定资产处置收入
③ 发生清理费用　　　　　　④ 处理保险赔偿等事宜
⑤ 计算缴纳税费　　　　　　⑥ 确认固定资产清理净损益

固定资产盘盈盘亏：

学校对固定资产应当定期或者每年至少实地盘点一次，对盘盈、盘亏的固定资产，应当及时查明原因，并根据管理权限，经报批准后，在期末结帐前处理完毕。

若固定资产盘盈，按照其公允价值，借：固定资产
　　　　　　　　　　　　　　　　　贷：其他收入（非限定性）

如固定资产盘亏，按账面价值－可回收赔偿，
　　　　借：管理费用／资产盘亏（非限定性）
　　　　　　现金／存款／其他应收款（保险赔偿或过失人赔偿）
　　　　　　累计折旧（已提折旧）
　　　　　　　贷：固定资产

2．加强预算管理

预算是学校总目标的具体量化指标，如生源计划、学费收入计划、费用开支计划、基建计划、结余资金计划等。也是民办学校财务管理的首要环节，即事前财务管理。民办学校的财务人员应会同学校领导及相关人员，于每年初根据历史资料，结合以后的发展趋势，运用科学的财务预测方法和财务决策方法，制定出整个学校的预算方案，并细化分解到各部门以及责任人，做到部门、个人都有预算，以充分调动各部门及责任人的积极性，确保预算总目标的顺利实现。

3．加强财务控制

财务控制就是在财务管理过程中运用有关信息和一定的控制手段，对民办学校的财务活动进行有效的监督检查和控制，使之按照既定的财务目标运行，最终完成或超额完成预算的过程，即事中财务管理，是财务管理的主要环节，财务人员日常大量的工作就是进行财务控制。

· 183 ·

财务控制主要有以下两方面：一方面是监督检查民办学校财务管理制度的执行情况。通过日常的监督检查，发现管理中存在的漏洞，以及可能出现的营私舞弊行为，及时提请学校领导处理。另一个方面就是控制预算的实施情况。财务人员根据学校下达给各部门、责任人的预算，运用管理会计中责任会计的方法，即划分责任单位，明确责任目标，进行责任核算，实施责任奖惩，将学校的各部门、责任人划分为责任单位，分别建账核算，定期编制预算完成情况表，反映各责任部门、责任人的工作业绩，供学校领导实施考核，全年统算，以便兑现。在财务控制过程中如发现实际偏离计划过大等情况，应及时查明原因，提请学校领导及时采取补救措施加以调整，确保财务目标的顺利完成。

4. 加强财务分析

财务分析就是财会人员运用专门的财务分析方法（定性的或定量的分析方法），定期或不定期地对学校的财务状况进行分析研究，找出存在的问题，提出解决方案，为学校领导提供决策依据，为下一步的财务管理工作打下基础。如分析学生人均教育成本，可通过与本校历年或与其他学校的人均教育成本比较，也可通过人均教育成本的结构变化与国家的相关政策等因素来进行分析，从中找出是否节约，以及节约的程度等，为以后的财务管理提供依据。财务分析虽然为事后财务管理，但它具有承前启后的作用，因此不可忽视，必须加强。

5. 重视提升财会人员综合素养

综合素养既包括职业道德素养，又包括专业素质。知识化、信息化的时代，对每一个经营者和财会人员都是机遇，同时也是挑战。要加强对会计人员职业道德和财经法纪教育，使其树立正确的人生观、价值观。只有会计人员综合素养的提高，会计核算质量才能得到保证，会计信息才不能失真。

四、民办学校常用会计报表

根据《中华人民共和国会计法》的规定，任何单位，包括民办学校都必须定期编制会计报表，并要求会计报表必须真实、完整。

【案例二十二】

在对某民办学校调研过程中，发现学校报表有些异常现象：学校开办注册资金1000万元，净资产高达仅3000万元，其中盈利近2000万元，但负债也与此接近，资金链非常紧张。在与举办者访谈，问他是否了解学校财务管理情况时，他仍然认为，学校自开办以来一直处于亏损状态，教职工的工资也需每月从自己的企业划款支付。事实真是如此吗？在察看了相关的财务资料后，发现事实也确如报表所反映，但并不存在举办者所陈述的现象，而是因为该校财务管理中存在着不规范、会计信息失真的现象，导致资金金链紧张。

首先，该校每学期收取学费后即将款项转至举办者公司账户，学校记"应收账款"科目，每月再根据用款需求从其公司划拨资金回学校，再记"提供服务收入，"导致学校资金紧张；

其次，该校校舍近5万平方，属举办者自建，但并未支付租金，致使每年净资产结余较大原因之一；

再次，学校"应收账款"账面余额与账面净资产几乎一致，注册资金已名存实亡。

【分析】

本案例看似为举办者对报表的不了解，其实还反映了该校财务管理不规范、会计信息质量不高的问题，会计信息失真，是指会计信息不能真实地反映各会计主体的经济活动情况。一般包含三层含义：一是"经济业务失真"，是指会计单位的不合理、不合法的经济活动按正常活动的规定进行会计处理，这种会计信息失真从理论上讲，是一种假失真，造成这种失真的主要责任是单位的业务经办人员，会计人员不知情，只承担一定的监督责任；二是"会计信息处理失真"，即各单位对发生的经济活动进行违反规定的会计处理，在这种情况下，会计主体的经济活动可能是合理合法的，也可能是不合理而合法，造成这种信息失真的主要责任人是单位某些领导和会计人员；三是"财务会计制度失真"，是指财务规章制度和会计法规在某些方面还不够完善和不尽合理所造成的会计信息失真。

上述案例应为第二种情况，即将合理合法的经济活动进行违反规定的会计处理。会计信息失真的原因：

1. 追求不当利益

该校举办者不顾国家的法律、法规的规定，授权财会人员，将学校办学经费转制其企业，以增加企业现金流，谋取利益最大化。

2. 会计人员专业素养有待提高

一是有违背会计从业人员职业道德，不能坚持原则，屈从于来自领导的压力，致使会计信息失真；二是业务素质不高，不能按相关的法律法规熟练掌握会计准则和制度，造成会计核算不规范。

3. 外部监督不利

由于民办学校体制的原因，财务管理外部监控较弱，造成客观的外部监督不利。

4. 约束机制不健全

近年来，我国虽然制定了不少财务会计法规，但从现实需要来看，还不够完善和健全，有些条文操作性较差。同时，在会计信息失真的执法过程中也存在着许多不严之处，有法不依，这往往比无法可依造成的危害更大。

【建议】

原国务院总理朱镕基在《整顿会计工作秩序的约法三章》中强调指出："企业事业单位必须依法建账，而且保证会计工作的秩序和会计信息的质量"由此可见，认真分析会计信息失真的原因及危害，进而采取相应的对策，具有十分重要的意义。

1. 完善会计制度建设

完善会计制度，使各项会计工作有法可依、有章可循，并结合学校发展的实际情况，适时修改、不断地完善，以保证各项法规自身的科学性和严谨，同时注意健全各项制度的实施细则，尤其注意与有关法律的衔接，使会计制度更具有实用性、可操作性，堵住会计失真的法律漏洞。

2. 加强会计人员管理

现行民办学校的会计人员大部分由举办者聘任，会计人员没有相对独立的地位，由于利益驱动，会计人员的利益倾向于举办者，不利于充分发挥会计的监督职能。针对这一点，教育（或民政）部门应加强管理，通过政策和制度，约束学校举办者，使会计人员具有相对独立的地位，排除会计人员的后顾之忧。会计人员即可真实地履行财务监督职能，从而保证会计信息真实可靠。

3. 建立健全监督体系

民办学校涉及的管理部门有：民政部门、教育部门、税务部门，这些部门要开展经常性的财务监督工作，其次要加强内部审计和社会审计，只有这样才能保证会计信息的真实。

4. 提高会计人员综合素养

会计人员的综合素养是指全面素养，既包括职业道德素养，又包括专业素质。知识化、信息化的时代，对每一个经营者和会计人员都是机遇，同时也是挑战。要加强对会计人员职业道德和财经法纪教育，使其树立正确的人生观、价值观。只有会计人员综合素养的提高，会计核算质量才能得到保证，会计信息才不能失真。

总之，会计信息失真涉及方方面面，加强会计信息失真管理是一个系统庞大的工程。因此应以法律手段为主,辅之经济和行政手段,进一步完善相关措施,才能确保会计信息的真实性,可靠性。

民办学校编制会计报表的目的,是向会计报表的使用者提供反映学校财务状况和运营情况的信息资料。因此,编制会计报表在遵循合法性的前提下,要满足便于理解、真实可靠、相关可比、全面完整和编报及时等基本编制要求。

(一) 非营利民办学校会计报表

根据《民间非营利组织会计制度》、《上海市民办中小学校财务会计管理办法(试行)》和《上海市民办中小学校会计核算办法(试行)》等规定,非营利民办学校会计报表有资产负债表、业务活动表和现金流量表。

1. 资产负债表

非营利民办学校资产负债表采用账户式结构,报表分为左右两方,左方列示资产各项目,反映过去的交易、事项形式并由非营利民办学校所控制的资源,资产应当按照其流动性分类分项列示,包括流动资产、长期投资、固定资产、无形资产和受托代理资产。右方列示负债和净资产各项目,负责反映过去的交易、事项形成的现时义务,负债应当按照其流动性分类分项列示,包括流动负债、长期负债和受托代理负债等,净资产按照相关资产是否受到限制分为非限定性资产和限定性资产。资产负债表左右双方平衡,编制依据是:资产 = 负债 + 净资产。

非营利性民办学校资产负债表格式如下:

资产负债表

会民办中小 01 表

编制单位:＿＿＿＿＿＿　　　年＿＿月＿＿日　　　　　　　　单位:元

资 产	行次	年初数	期末数	负债和净资产	行次	年初数	期末数
流动资产:	1			流动负债:	61		
货币资金	2			短期借款	62		
短期投资	3			应付款项	63		
应收款项	4			应付工资	64		
预付账款	5			应付出资人回报	65		

续 表

资　产	行次	年初数	期末数	负债和净资产	行次	年初数	期末数
存货	8			应交税金	70		
待摊费用	9			预收账款	71		
一年内到期的长期债权投资	13			预提费用	74		
其他流动资产	19			预计负债	77		
流动资产合计	20			一年内到期的长期负债	78		
				其他流动负债	79		
长期投资：	21			流动负债合计	80		
长期债权投资	22						
长期股权投资	26			长期负债：	81		
长期投资合计	30			长期借款	82		
				长期应付款	85		
固定资产：	31			其他长期负债	89		
固定资产原价	32			长期负债合计	90		
减：累计折旧	33						
固定资产净值	34			受托代理负债：	91		
在建工程	35			受托代理负债	92		
文物文化资产	38						
固定资产清理	39			负债合计	100		
固定资产合计	40						

续 表

资　产	行次	年初数	期末数	负债和净资产	行次	年初数	期末数
无形资产：	41			净资产：	101		
无形资产	42			非限定性净资产	102		
				其中：办学出资	103		
受托代理资产：	49			专用资金	104		
受托代理资产	50			分配后结余	110		
				限定性净资产	111		
长期待摊费用：	55			其中：政府补助结余	112		
长期待摊费用	56			捐赠结余	113		
				净资产合计	116		
资产总计	60			负债和净资产总计	120		

单位负责人：_____　会计主管：_____　复核：_____　制表：_____

2．业务活动表

业务活动表是反映非营利民办学校在某一会计期间内开展业务活动实际情况的报表，反映了学校在某一会计期间的运营绩效。

业务活动表是按照民间非营利组织的各项收入、费用及其构成分项编制而成的。与企业不同，非营利民办学校不存在核算利润的问题，因此业务活动表将某一会计期间的收入和同一期间的费用进行配比，来计算出非营利民办学校在一定时期的资产变动额和具体构成。

业务活动表

会民办中小 02 表

编制单位： _____ 年 ___ 月 ___ 日　　　　　　　　　　单位：元

项目	行次	本月数				本年累计数			
		非限定性	限定性		合计	非限定性	限定性		合计
			政府补助	社会捐赠			政府补助	社会捐赠	
一、收入	1								
其中：提供服务收入	2								
政府补助收入	3								
捐赠收入	4								
投资收益	5								
其他收入	8								
收入合计	9								
二、费用	10								
（一）业务活动成本	11								
其中：基本工资	12								
津贴	13								
奖金	14								
住房公积金	15								
社会保险缴费	16								
福利费	17								
兼职教师薪酬	18								
劳务费	19								

续 表

项　目	行次	本月数				本年累计数			
		非限定性	限定性		合计	非限定性	限定性		合计
			政府补助	社会捐赠			政府补助	社会捐赠	
工会经费	20								
折旧	21								
材料费	22								
资料购置费	23								
办公费	24								
印刷费	25								
水电费	26								
邮电费	27								
取暖费	28								
交通费	29								
差旅费	30								
会议费	31								
培训费	32								
招待费	33								
租赁费	34								
物业管理费	35								
维修费	36								
医疗费	37								
助学金	38								

续 表

项 目	行次	本月数				本年累计数			
		非限定性	限定性		合计	非限定性	限定性		合计
			政府补助	社会捐赠			政府补助	社会捐赠	
绿化费	39								
宣传活动费	40								
税费支出	41								
其他	50								
(二)管理费用									
其中：基本工资	52								
津贴	53								
奖金	54								
住房公积金	55								
社会保障费	56								
福利费	57								
工会经费	58								
公务费	59								
劳务费	60								
物业使用费	61								
维修费	62								
开办费摊销	63								
无形资产摊销	64								
资产盘亏损失	65								

续 表

项 目	行次	本月数			本年累计数		
		非限定性	限定性		合计	非限定性	限定性		合计
			政府补助	社会捐赠			政府补助	社会捐赠	
坏账损失	66								
资产减值损失	67								
中介评审费	68								
其他	75								
（三）筹资费用	76								
（四）其他费用	81								
费用合计	82								
三、结余总额（亏损总额以"-"号填列）	83								
加：期初未弥补亏损（亏损总额以"-"号填列）	84								
减：所得税	85								
四、净资产变动额（若为净资产减少额，则以"-"号填列）	86								
限定性政府补助转为非限定性政府补助的结余影响（若为减少额，以"-"号填列）	87								
限定性社会捐赠转为非限定社会捐赠的结余影响（若为减少额，以"-"号填列）	88								

续 表

项 目	行次	本月数				本年累计数			
		非限定性	限定性		合计	非限定性	限定性		合计
			政府补助	社会捐赠			政府补助	社会捐赠	
五、可分配结余(净亏损以"-"填列)	89								
减:提取发展基金	90								
提取风险保证金	91								
六、办学结余(净亏损以"-"号填列)	98								
减:提取出资人回报	99								
七、分配后结余(净亏损以"-"号填列)	100								

单位负责人:_____ 会计主管:_____ 复核:_____ 制表:_____

3. 现金流量表

非营利民办学校现金流量表是反映非营利民办学校在一定会计期间内有关现金和现金等价物的流入和流出的报表。根据《民间非营利组织会计制度》的规定,我国非营利民办学校的现金流量表属于年度报表,提供非营利民办学校一定会计期间现金流量的信息。

本表所指的现金,是指非营利民办学校的库存现金以及可以随时用于支付的存款和其他货币资金。现金等价物,是指非营利民办学校持有的期限短、流动性强、易于转换为已知金额现金、价值变动风险很小的投资(除特别指明外,以下所指的现金均包含现金等价物)。

非营利民办学校应当根据实际情况确定现金等价物的范围,并且一贯性地保持其划分标准,如果改变划分标准,应当视为会计政策变更。非营利民办学校确定现金等价物的原则及其变更,应当在会计报表附注中披露。

现金流量表应当按照"业务活动产生的现金流量"、"投资活动产生的现金流量"和"筹资活动产生的现金流量"分别反映。本表所指的现金流量,是指现金的流入和流出。

非营利民办学校应当采用直接法编制"业务活动产生的现金流量"。编制时，有关现金流量的信息可以从会计记录中直接获得，也可以在业务活动表的收入和费用数据基础上，通过调整存货和与业务活动有关的应收应付款项的变动、投资以及固定资产折旧、无形资产摊销等项目后获得。

现金流量表

会民办中小 03 表

编制单位：　　　　　　　　　　年　　月　　日　　　　　　　　单位：元

项　目	行　次	金　额
一、业务活动产生的现金流量：	1	
提供服务收到的现金	2	
政府补助收到的现金	3	
接受捐赠收到的现金	5	
收到的其他与业务活动有关的现金	9	
现金流入小计	10	
购买存货、接受服务支付的现金	12	
支付给员工以及为员工支付的现金	13	
提供捐赠或者资助支付的现金	16	
支付的各项税费	17	
支付的其他与业务活动有关的现金	21	
现金流出小计	22	
业务活动产生的现金流量净额	24	
二、投资活动产生的现金流量：	27	
收回投资所收到的现金	28	

续 表

项 目	行 次	金 额
取得投资收益所收到的现金	29	
处置固定资产和无形资产所收回的现金	30	
收到的其他与投资活动有关的现金	33	
现金流入小计	34	
购建固定资产和无形资产所支付的现金	36	
对外投资所支付的现金	37	
支付的其他与投资活动有关的现金	40	
现金流出小计	41	
投资活动产生的现金流量净额	43	
三、筹资活动产生的现金流量：	46	
获得办学出资收到的现金	47	
借款所收到的现金	48	
收到的其他与筹资活动有关的现金	51	
现金流入小计	52	
支付出资人回报的现金	54	
偿还借款所支付的现金	55	
偿付利息所支付的现金	56	
支付的其他与筹资活动有关的现金	59	
现金流出小计	60	
筹资活动产生的现金流量净额	62	
四、汇率变动对现金的影响额	66	

续表

项　目	行　次	金　额
五、现金及现金等价物净增加额	70	
加：期初现金及现金等价物	75	
六、期末现金及现金等价物	80	

单位负责人：_____　会计主管：_____　复核：_____　制表：_____

【案例二十三】

目前，大多数民办学校均为非营利机构，因此适用民办非企业会计制度。但在督导中发现，大多数学校表面上按民办非企业会计制度实行，但在具体实施、核算上存在着较多的不规范现象。例如，对"限定性"与"非限定性"理解不够，有些学校将财政补贴记入"非限定性资产——政府补贴收入"；对"业务活动成本"与"管理费用"理解混淆，有些学校甚至将费用不作区分，全部记入"管理费用"或"业务活动成本"；对民办学校应适用于"权责发生制"记账原则不清晰，占一定比例的学校仍按事业单位收付实现制进行记账，致使收入、费用不匹配；未按规定提取"风险基金"和"发展基金"；固定资产管理不规范，捐赠等固定资产未纳入管理，致使账实不符等。

【分析】

出现上述现象主要原因有：一是财务人员不熟悉民办非企业会计制度，特别是从事过事业单位财务工作的人员，往往会按事业单位会计制度进行会计核算；二是财务人员主观上不重视，由于民办学校财务人员多为兼职，因此，往往会走捷径操作，不按规定设置会计科目；三是民办中小学校长均由举办者聘任，大部分举办者仍将财务管理的权限掌握在自己手里，所聘用的财务人员多为亲属，虽然与公办学校一样实行校长负责制，但大部分校长实际上都以教学为中心，致使财务管理上出现空隙。

【建议】

首先，加大对举办者、校长的法律法规的宣传，并加强对学校财务管理的培训。其次，从专业管理上加强对财务人员的培训。再次，年度终了时，应按规定提取"风险基金"，若当年有结余，还应从当年度净收益中，按不低于

年度净资产增加额或者净收益的 25% 比例提取发展基金，用于学校的建设、维护和教学设备的添置、更新等。

（二）营利性民办学校会计报表

根据《民间非营利组织会计制度》等规定，营利性民办学校出资人可以按学校章程取得合理回报，即在年度终了时，从民办学校的办学结余中按一定比例取得回报。并根据规模相应执行《小企业会计准则》或《企业会计准则》，规模较小的民办学校，适用《小企业会计准则》。会计报表有资产负债表、利润表、现金流量表和附注。

财务报表种类和格式：

编　号	报表名称	编报期
会小企 01 表	资产负债表	月报、年报
会小企 02 表	利润表	月报、年报
会小企 03 表	现金流量表	月报、年报

小企业资产负债表格式：

资产负债表

会小企 01 表

编制单位： _____ 年 ___ 月 ___ 日　　　　　　　　　　　　　单位：元

资　产	行次	期末余额	年初余额	负债和所有者权益	行次	期末余额	年初余额
流动资产：				流动负债：			
货币资金	1			短期借款	31		
短期投资	2			应付票据	32		
应收票据	3			应付账款	33		
应收账款	4			预收账款	34		
预付账款	5			应付职工薪酬	35		
应收股利	6			应交税费	36		
应收利息	7			应付利息	37		
其他应收款	8			应付利润	38		
存货	9			其他应付款	39		
其中：原材料	10			其他流动负债	40		
在产品	11			流动负债合计	41		
库存商品	12			非流动负债：			
周转材料	13			长期借款	42		
其他流动资产	14			长期应付款	43		
流动资产合计	15			递延收益	44		
非流动资产：				其他非流动负债	45		
长期债券投资	16			非流动负债合计	46		
长期股权投资	17			负债合计	47		

续 表

资　产	行次	期末余额	年初余额	负债和所有者权益	行次	期末余额	年初余额
固定资产原价	18						
减：累计折旧	19						
固定资产账面价值	20						
在建工程	21						
工程物资	22						
固定资产清理	23						
生产性生物资产	24			所有者权益（或股东权益）：			
无形资产	25			实收资本（或股本）	48		
开发支出	26			资本公积	49		
长期待摊费用	27			盈余公积	50		
其他非流动资产	28			未分配利润	51		
非流动资产合计	29			所有者权益（或股东权益）合计	52		
资产总计	30			负债和所有者权益（或股东权益）总计	53		

小企业（中外合作经营）根据合同规定在合作期间归还投资者的投资，应在"实收资本（或股本）"项目下增加"减：已归还投资"项目单独列示。

编制说明：

1. 本表反映小企业某一特定日期全部资产、负债和所有者权益的情况。

2. 本表"年初余额"栏内各项数字，应根据上年末资产负债表"期末余额"栏内所列数字填列。

3. 本表"期末余额"各项目的内容和填列方法：

(1)"货币资金"项目，反映小企业库存现金、银行存款、其他货币资金的合计数。本项目应根据"库存现金"、"银行存款"和"其他货币资金"科目的期末余额合计填列。

(2)"短期投资"项目,反映小企业购入的能随时变现并且持有时间不准备超过1年的股票、债券和基金投资的余额。本项目应根据"短期投资"科目的期末余额填列。

(3)"应收票据"项目,反映小企业收到的未到期收款也未向银行贴现的应收票据(银行承兑汇票和商业承兑汇票)。本项目应根据"应收票据"科目的期末余额填列。

(4)"应收账款"项目,反映小企业因销售商品、提供劳务等日常生产经营活动应收取的款项。本项目应根据"应收账款"的期末余额分析填列。如"应收账款"科目期末为贷方余额,应当在"预收账款"项目列示。

(5)"预付账款"项目,反映小企业按照合同规定预付的款项,包括:根据合同规定预付的购货款、租金、工程款等。本项目应根据"预付账款"科目的期末借方余额填列;如"预付账款"科目期末为贷方余额,应当在"应付账款"项目列示。

属于超过一年期以上的预付账款的借方余额应当在"其他非流动资产"项目列示。

(6)"应收股利"项目,反映小企业应收取的现金股利或利润。本项目应根据"应收股利"科目的期末余额填列。

(7)"应收利息"项目,反映小企业债券投资应收取的利息。小企业购入一次还本付息债券应收的利息,不包括在本项目内。本项目应根据"应收利息"科目的期末余额填列。

(8)"其他应收款"项目,反映小企业除应收票据、应收账款、预付账款、应收股利、应收利息等以外的其他各种应收及暂付款项。包括:各种应收的赔款、应向职工收取的各种垫付款项等。本项目应根据"其他应收款"科目的期末余额填列。

(9)"存货"项目,反映小企业期末在库、在途和在加工中的各项存货的成本,包括:各种原材料、在产品、半成品、产成品、商品、周转材料(包装物、低值易耗品等)、消耗性生物资产等。本项目应根据"材料采购"、"在途物资"、"原材料"、"材料成本差异"、"生产成本"、"库存商品"、"商品进销差价"、"委托加工物资"、"周转材料"、"消耗性生物资产"等科目的期末余额分析填列。

(10)"其他流动资产"项目,反映小企业除以上流动资产项目外的其他流

动资产（含一年内到期的非流动资产）。本项目应根据有关科目的期末余额分析填列。

（11）"长期债券投资"项目，反映小企业准备长期持有的债券投资的本息。本项目应根据"长期债券投资"科目的期末余额分析填列。

（12）"长期股权投资"项目，反映小企业准备长期持有的权益性投资的成本。本项目应根据"长期股权投资"科目的期末余额填列。

（13）"固定资产原价"和"累计折旧"项目，反映小企业固定资产的原价（成本）及累计折旧。这两个项目应根据"固定资产"科目和"累计折旧"科目的期末余额填列。

（14）"固定资产账面价值"项目，反映小企业固定资产原价扣除累计折旧后的余额。本项目应根据"固定资产"科目的期末余额减去"累计折旧"科目的期末余额后的金额填列。

（15）"在建工程"项目，反映小企业尚未完工或虽已完工，但尚未办理竣工决算的工程成本。本项目应根据"在建工程"科目的期末余额填列。

（16）"工程物资"项目，反映小企业为在建工程准备的各种物资的成本。本项目应根据"工程物资"科目的期末余额填列。

（17）"固定资产清理"项目，反映小企业因出售、报废、毁损、对外投资等原因处置固定资产所转出的固定资产账面价值以及在清理过程中发生的费用等。本项目应根据"固定资产清理"科目的期末借方余额填列；如"固定资产清理"科目期末为贷方余额，以"－"号填列。

（18）"生产性生物资产"项目，反映小企业生产性生物资产的账面价值。本项目应根据"生产性生物资产"科目的期末余额减去"生产性生物资产累计折旧"科目的期末余额后的金额填列。

（19）"无形资产"项目，反映小企业无形资产的账面价值。本项目应根据"无形资产"科目的期末余额减去"累计摊销"科目的期末余额后的金额填列。

（20）"开发支出"项目，反映小企业正在进行的无形资产研究开发项目满足资本化条件的支出。本项目应根据"研发支出"科目的期末余额填列。

（21）"长期待摊费用"项目，反映小企业尚未摊销完毕的已提足折旧的固定资产的改建支出、经营租入固定资产的改建支出、固定资产的大修理支出和其他长期待摊费用。本项目应根据"长期待摊费用"科目的期末余额分析填列。

（22）"其他非流动资产"项目，反映小企业除以上非流动资产以外的其他非流动资产。本项目应根据有关科目的期末余额分析填列。

（23）"短期借款"项目，反映小企业向银行或其他金融机构等借入的期限在1年内的、尚未偿还的各种借款本金。本项目应根据"短期借款"科目的期末余额填列。

（24）"应付票据"项目，反映小企业因购买材料、商品和接受劳务等日常生产经营活动开出、承兑的商业汇票（银行承兑汇票和商业承兑汇票）尚未到期的票面金额。本项目应根据"应付票据"科目的期末余额填列。

（25）"应付账款"项目，反映小企业因购买材料、商品和接受劳务等日常生产经营活动尚未支付的款项。本项目应根据"应付账款"科目的期末余额填列。如"应付账款"科目期末为借方余额，应当在"预付账款"项目列示。

（26）"预收账款"项目，反映小企业根据合同规定预收的款项。包括：预收的购货款、工程款等。本项目应根据"预收账款"科目的期末贷方余额填列；如"预收账款"科目期末为借方余额，应当在"应收账款"项目列示。

属于超过一年期以上的预收账款的贷方余额应当在"其他非流动负债"项目列示。

（27）"应付职工薪酬"项目，反映小企业应付未付的职工薪酬。本项目应根据"应付职工薪酬"科目期末余额填列。

（28）"应交税费"项目，反映小企业期末未交、多交或尚未抵扣的各种税费。本项目应根据"应交税费"科目的期末贷方余额填列；如"应交税费"科目期末为借方余额，以"－"号填列。

（29）"应付利息"项目，反映小企业尚未支付的利息费用。本项目应根据"应付利息"科目的期末余额填列。

（30）"应付利润"项目，反映小企业尚未向投资者支付的利润。本项目应根据"应付利润"科目的期末余额填列。

（31）"其他应付款"项目，反映小企业除应付账款、预收账款、应付职工薪酬、应交税费、应付利息、应付利润等以外的其他各项应付、暂收的款项，包括：应付租入固定资产和包装物的租金、存入保证金等。本项目应根据"其他应付款"科目的期末余额填列。

（32）"其他流动负债"项目，反映小企业除以上流动负债以外的其他流动负债（含一年内到期的非流动负债）。本项目应根据有关科目的期末余额填列。

（33）"长期借款"项目，反映小企业向银行或其他金融机构借入的期限在一年以上的、尚未偿还的各项借款本金。本项目应根据"长期借款"科目的期末余额分析填列。

（34）"长期应付款"项目，反映小企业除长期借款以外的其他各种应付未付的长期应付款项，包括：应付融资租入固定资产的租赁费、以分期付款方式购入固定资产发生的应付款项等。本项目应根据"长期应付款"科目的期末余额分析填列。

（35）"递延收益"项目，反映小企业收到的、应在以后期间计入损益的政府补助。本项目应根据"递延收益"科目的期末余额分析填列。

（36）"其他非流动负债"项目，反映小企业除以上非流动负债项目以外的其他非流动负债。本项目应根据有关科目的期末余额分析填列。

（37）"实收资本（或股本）"项目，反映小企业收到投资者按照合同协议约定或相关规定投入的、构成小企业注册资本的部分。本项目应根据"实收资本（或股本）"科目的期末余额分析填列。

（38）"资本公积"项目，反映小企业收到投资者投入资本超出其在注册资本中所占份额的部分。本项目应根据"资本公积"科目的期末余额填列。

（39）"盈余公积"项目，反映反映小企业（公司制）的法定公积金和任意公积金，小企业（外商投资）的储备基金和企业发展基金。本项目应根据"盈余公积"科目的期末余额填列。

（40）"未分配利润"项目，反映小企业尚未分配的历年结存的利润。本项目应根据"利润分配"科目的期余额填列。未弥补的亏损，在本项目内以"－"号填列。

4. 本表中各项目之间的勾稽关系为：

行15＝行1＋行2＋行3＋行4＋行5＋行6＋行7＋行8＋行9＋行14；

行9≥行10＋行11＋行12＋行13；

行29＝行16＋行17＋行20＋行21＋行22＋行23＋行24＋行25＋行26＋
　　　行27＋行28；

行20＝行18－行19；

行30＝行15＋行29；

行41＝行31＋行32＋行33＋行34＋行35＋行36＋行37＋行38＋行39＋行40；

行46＝行42＋行43＋行44＋行45；

行47＝行41＋行46；

行52＝行48＋行49＋行50＋行51；

行53＝行47＋行52＝行30。

小企业利润表格式：

利润表

会小企 02 表

编制单位： _____ 年 ___ 月 ___ 日　　　　　　　　单位：元

项 目	行次	本年累计金额	本月金额
一、营业收入	1		
减：营业成本	2		
营业税金及附加	3		
其中：消费税	4		
营业税	5		
城市维护建设税	6		
资源税	7		
土地增值税	8		
城镇土地使用税、房产税、车船税、印花税	9		
教育费附加、矿产资源补偿费、排污费	10		
销售费用	11		
其中：商品维修费	12		
广告费和业务宣传费	13		
管理费用	14		
其中：开办费	15		
业务招待费	16		
研究费用	17		
财务费用	18		

续 表

项　目	行次	本年累计金额	本月金额
其中：利息费用（收入以"－"号填列）	19		
加：投资收益（损失以"－"号填列）	20		
二、营业利润（亏损以"－"号填列）	21		
加：营业外收入	22		
其中：政府补助	23		
减：营业外支出	24		
其中：坏账损失	25		
无法收回的长期债券投资损失	26		
无法收回的长期股权投资损失	27		
自然灾害等不可抗力因素造成的损失	28		
税收滞纳金	29		
三、利润总额（亏损总额以"－"号填列）	30		
减：所得税费用	31		
四、净利润（净亏损以"－"号填列）	32		

编制说明：

1. 本表反映小企业在一定会计期间内利润（亏损）的实现情况。

2. 本表"本年累计金额"栏反映各项目自年初起至报告期末止的累计实际发生额。

本表"本月金额"栏反映各项目的本月实际发生额；在编报年度财务报表时，应将"本月金额"栏改为"上年金额"栏，填列上年全年实际发生额。

3. 本表各项目的内容及其填列方法：

(1) "营业收入"项目，反映小企业销售商品和提供劳务所实现的收入总额。本项目应根据"主营业务收入"科目和"其他业务收入"科目的发生额合计填列。

（2）"营业成本"项目，反映小企业所销售商品的成本和所提供劳务的成本。本项目应根据"主营业务成本"科目和"其他业务成本"科目的发生额合计填列。

（3）"营业税金及附加"项目，反映小企业开展日常生产活动应负担的消费税、营业税、城市维护建设税、资源税、土地增值税、城镇土地使用税、房产税、车船税、印花税和教育费附加、矿产资源补偿费、排污费等。本项目应根据"营业税金及附加"科目的发生额填列。

（4）"销售费用"项目，反映小企业销售商品或提供劳务过程中发生的费用。本项目应根据"销售费用"科目的发生额填列。

（5）"管理费用"项目，反映小企业为组织和管理生产经营发生的其他费用。本项目应根据"管理费用"科目的发生额填列。

（6）"财务费用"项目，反映小企业为筹集生产经营所需资金发生的筹资费用。本项目应根据"财务费用"科目的发生额填列。

（7）"投资收益"项目，反映小企业股权投资取得的现金股利（或利润）、债券投资取得的利息收入和处置股权投资和债券投资取得的处置价款扣除成本或账面余额、相关税费后的净额。本项目应根据"投资收益"科目的发生额填列；如为投资损失，以"－"号填列。

（8）"营业利润"项目，反映小企业当期开展日常生产经营活动实现的利润。本项目应根据营业收入扣除营业成本、营业税金及附加、销售费用、管理费用和财务费用，加上投资收益后的金额填列。如为亏损，以"－"号填列。

（9）"营业外收入"项目，反映小企业实现的各项营业外收入金额，包括：非流动资产处置净收益、政府补助、捐赠收益、盘盈收益、汇兑收益、出租包装物和商品的租金收入、逾期未退包装物押金收益、确实无法偿付的应付款项、已作坏账损失处理后又收回的应收款项、违约金收益等。本项目应根据"营业外收入"科目的发生额填列。

（10）"营业外支出"项目，反映小企业发生的各项营业外支出金额，包括：存货的盘亏、毁损、报废损失，非流动资产处置净损失，坏账损失，无法收回的长期债券投资损失，无法收回的长期股权投资损失，自然灾害等不可抗力因素造成的损失，税收滞纳金，罚金，罚款，被没收财物的损失，捐赠支出，赞助支出等。本项目应根据"营业外支出"科目的发生额填列。

（11）"利润总额"项目，反映小企业当期实现的利润总额。本项目应根据

营业利润加上营业外收入减去营业外支出后的金额填列。如为亏损总额,以"-"号填列。

(12)"所得税费用"项目,反映小企业根据企业所得税法确定的应从当期利润总额中扣除的所得税费用。本项目应根据"所得税费用"科目的发生额填列。

(13)"净利润"项目,反映小企业当期实现的净利润。本项目应根据利润总额扣除所得税费用后的金额填列。如为净亏损,以"-"号填列。

4.本表中各项目之间的勾稽关系为:

行21=行1-行2-行3-行11-行14-行18+行20;

行3≥行4+行5+行6+行7+行8+行9+行10;

行11≥行12+行13;

行14≥行15+行16+行17;

行18≥行19;

行30=行21+行22-行24;

行22≥行23;

行24≥行25+行26+行27+行28+行29;

行32=行30-行31。

小企业现金流量表格式:

现金流量表

会小企03表

编制单位: _____ ____年____月____日   单位:元

项　　目	行次	本年累计金额	本月金额
一、经营活动产生的现金流量:			
销售产成品、商品、提供劳务收到的现金	1		
收到其他与经营活动有关的现金	2		
购买原材料、商品、接受劳务支付的现金	3		
支付的职工薪酬	4		
支付的税费	5		

续 表

项 目	行次	本年累计金额	本月金额
支付其他与经营活动有关的现金	6		
经营活动产生的现金流量净额	7		
二、投资活动产生的现金流量：			
收回短期投资、长期债券投资和长期股权投资收到的现金	8		
取得投资收益收到的现金	9		
处置固定资产、无形资产和其他非流动资产收回的现金净额	10		
短期投资、长期债券投资和长期股权投资支付的现金	11		
购建固定资产、无形资产和其他非流动资产支付的现金	12		
投资活动产生的现金流量净额	13		
三、筹资活动产生的现金流量：			
取得借款收到的现金	14		
吸收投资者投资收到的现金	15		
偿还借款本金支付的现金	16		
偿还借款利息支付的现金	17		
分配利润支付的现金	18		
筹资活动产生的现金流量净额	19		
四、现金净增加额	20		
加：期初现金余额	21		
五、期末现金余额	22		

编制说明:
1．本表反映小企业一定会计期间内有关现金流入和流出的信息。
2．本表"本年累计金额"栏反映各项目自年初起至报告期末止的累计实际发生额。

本表"本月金额"栏反映各项目的本月实际发生额;在编报年度财务报表时,应将"本月金额"栏改为"上年金额"栏,填列上年全年实际发生额。

3．本表各项目的内容及填列方法如下:
(1) 经营活动产生的现金流量
①"销售产成品、商品、提供劳务收到的现金"项目,反映小企业本期销售产成品、商品、提供劳务收到的现金。本项目可以根据"库存现金"、"银行存款"和"主营业务收入"等科目的本期发生额分析填列。

②"收到其他与经营活动有关的现金"项目,反映小企业本期收到的其他与经营活动有关的现金。本项目可以根据"库存现金"和"银行存款"等科目的本期发生额分析填列。

③"购买原材料、商品、接受劳务支付的现金"项目,反映小企业本期购买原材料、商品、接受劳务支付的现金。本项目可以根据"库存现金"、"银行存款"、"其他货币资金"、"原材料"、"库存商品"等科目的本期发生额分析填列。

④"支付的职工薪酬"项目,反映小企业本期向职工支付的薪酬。本项目可以根据"库存现金"、"银行存款"、"应付职工薪酬"科目的本期发生额填列。

⑤"支付的税费"项目,反映小企业本期支付的税费。本项目可以根据"库存现金"、"银行存款"、"应交税费"等科目的本期发生额填列。

⑥"支付其他与经营活动有关的现金"项目,反映小企业本期支付的其他与经营活动有关的现金。本项目可以根据"库存现金"、"银行存款"等科目的本期发生额分析填列。

(2) 投资活动产生的现金流量
①"收回短期投资、长期债券投资和长期股权投资收到的现金"项目,反映小企业出售、转让或到期收回短期投资、长期股权投资而收到的现金,以及收回长期债券投资本金而收到的现金,不包括长期债券投资收回的利息。本项目可以根据"库存现金"、"银行存款"、"短期投资"、"长期股权投资"、"长期债券投资"等科目的本期发生额分析填列。

②"取得投资收益收到的现金"项目,反映小企业因权益性投资和债权性投资取得的现金股利或利润和利息收入。本项目可以根据"库存现金"、"银行

存款"、"投资收益"等科目的本期发生额分析填列。

③"处置固定资产、无形资产和其他非流动资产收回的现金净额"项目，反映小企业处置固定资产、无形资产和其他非流动资产取得的现金，减去为处置这些资产而支付的有关税费等后的净额。本项目可以根据"库存现金"、"银行存款"、"固定资产清理"、"无形资产"、"生产性生物资产"等科目的本期发生额分析填列。

④"短期投资、长期债券投资和长期股权投资支付的现金"项目，反映小企业进行权益性投资和债权性投资支付的现金，包括：企业取得短期股票投资、短期债券投资、短期基金投资、长期债券投资、长期股权投资支付的现金。本项目可以根据"库存现金"、"银行存款"、"短期投资"、"长期债券投资"、"长期股权投资"等科目的本期发生额分析填列。

⑤"购建固定资产、无形资产和其他非流动资产支付的现金"项目，反映小企业购建固定资产、无形资产和其他非流动资产支付的现金，包括：购买机器设备、无形资产、生产性生物资产支付的现金、建造工程支付的现金等现金支出，不包括为购建固定资产、无形资产和其他非流动资产而发生的借款费用资本化部分和支付给在建工程和无形资产开发项目人员的薪酬。为购建固定资产、无形资产和其他非流动资产而发生借款费用资本化部分，在"偿还借款利息支付的现金"项目反映；支付给在建工程和无形资产开发项目人员的薪酬，在"支付的职工薪"项目反映。本项目可以根据"库存现金"、"银行存款"、"固定资产"、"在建工程"、"无形资产"、"研发支出"、"生产性生物资产"、"应付职工薪酬"等科目的本期发生额分析填列。

（3）筹资活动产生的现金流量

①"取得借款收到的现金"项目，反映小企业举借各种短期、长期借款收到的现金。本项目可以根据"库存现金"、"银行存款"、"短期借款"、"长期借款"等科目的本期发生额分析填列。

②"吸收投资者投资收到的现金"项目，反映小企业收到的投资者作为资本投入的现金。本项目可以根据"库存现金"、"银行存款"、"实收资本"、"资本公积"等科目的本期发生额分析填列。

③"偿还借款本金支付的现金"项目，反映小企业以现金偿还各种短期、长期借款的本金。本项目可以根据"库存现金"、"银行存款"、"短期借款"、"长期借款"等科目的本期发生额分析填列。

④"偿还借款利息支付的现金"项目，反映小企业以现金偿还各种短期、

长期借款的利息。本项目可以根据"库存现金"、"银行存款"、"应付利息"等科目的本期发生额分析填列。

⑤"分配利润支付的现金"项目,反映小企业向投资者实际支付的利润。本项目可以根据"库存现金"、"银行存款"、"应付利润"等科目的本期发生额分析填列。

4. 本表中各项目之间的勾稽关系为:

行 7= 行 1+ 行 2- 行 3- 行 4- 行 5- 行 6;

行 13= 行 8+ 行 9+ 行 10- 行 11- 行 12;

行 19= 行 14+ 行 15- 行 16- 行 17- 行 18;

行 20= 行 7+ 行 13+ 行 19;

行 22= 行 20+ 行 21。

会计报表附注:

附注是财务报表的重要组成部分。小企业应当按照小企业会计准则规定披露附注信息,主要包括下列内容:

(1) 遵循小企业会计准则的声明

小企业应当声明编制的财务报表符合小企业会计准则的要求,真实、完整地反映了小企业的财务状况、经营成果和现金流量等有关信息。

(2) 短期投资、应收账款、存货、固定资产项目的说明。

① 短期投资的披露格式如下:

项 目	期末账面余额	期末市价	期末账面余额与市价的差额
1. 股票			
2. 债券			
3. 基金			
4. 其他			
合 计			

② 应收账款按账龄结构披露的格式如下:

账龄结构	期末账面余额	年初账面余额
1年以内（含1年）		
1年至2年（含2年）		
2年至3年（含3年）		
3年以上		
合　计		

③ 存货的披露格式如下：

存货种类	期末账面余额	期末市价	期末账面余额与市价的差额
1．原材料			
2．在产品			
3．库存商品			
4．周转材料			
5．消耗性生物资产			
……			
合　计			

④ 固定资产的披露格式如下：

项　目	原　价	累计折旧	期末账面价值
1．房屋、建筑物			
2．机器			
3．机械			

续 表

项　目	原　价	累计折旧	期末账面价值
4．运输工具			
5．设备			
6．器具			
7．工具			
……			
合　计			

(3) 应付职工薪酬、应交税费项目的说明。

① 应付职工薪酬的披露格式如下：

应付职工薪酬明细表

会小企 01 表附表 1

编制单位：　　　　　　　＿＿＿＿年＿＿月＿＿日　　　　　　　　单位：元

项　目	期末账面余额	年初账面余额
1．职工工资		
2．奖金、津贴和补贴		
3．职工福利费		
4．社会保险费		
5．住房公积金		
6．工会经费		
7．职工教育经费		
8．非货币性福利		

续 表

项 目	期末账面余额	年初账面余额
9. 辞退福利		
10. 其他		
合 计		

② 应交税费的披露格式如下：

应交税费明细表

会小企 01 表附表 2

编制单位：　　　　　　　　　　年　　月　　日　　　　　　　　　单位：元

项 目	期末账面余额	年初账面余额
1. 增值税		
2. 消费税		
3. 营业税		
4. 城市维护建设税		
5. 企业所得税		
6. 资源税		
7. 土地增值税		
8. 城镇土地使用税		
9. 房产税		
10. 车船税		
11. 教育费附加		
12. 矿产资源补偿费		

续 表

项 目	期末账面余额	年初账面余额
13. 排污费		
14. 代扣代缴的个人所得税		
……		
合 计		

(4) 利润分配的说明。

利润分配表

会小企 01 表附表 3

编制单位： ＿＿＿＿＿ 年＿＿＿月＿＿＿日　　　单位：元

项 目	行 次	本年金额	上年金额
一、净利润	1		
加：年初未分配利润	2		
其他转入	3		
二、可供分配的利润	4		
减：提取法定盈余公积	5		
提取任意盈余公积	6		
提取职工奖励及福利基金*	7		
提取储备基金*	8		
提取企业发展基金*	9		
利润归还投资**	10		
三、可供投资者分配的利润	11		

续　表

项　目	行　次	本年金额	上年金额
减：应付利润	12		
四、未分配利润	13		

＊提取职工奖励及福利基金、提取储备基金、提取企业发展基金这 3 个项目仅适用于小企业（外商投资）按照相关法律规定提取的 3 项基金。

＊＊利润归还投资这个项目仅适用于小企业（中外合作经营）根据合同规定在合作期间归还投资者的投资。

（5）用于对外担保的资产名称、账面余额及形成的原因；未决诉讼、未决仲裁以及对外提供担保所涉及的金额。

（6）发生严重亏损的，应当披露持续经营的计划、未来经营的方案。

（7）对已在资产负债表和利润表中列示项目与企业所得税法规定存在差异的纳税调整过程。

（参见《中华人民共和国企业所得税年度纳税申报表》）

（8）其他需要说明的事项。

附件　中小学校财务管理相关法律法规

中华人民共和国会计法

中华人民共和国主席令第二十四号

（1985年1月21日第六届全国人民代表大会常务委员会第九次会议通过，根据1993年12月29日第八届全国人民代表大会常务委员会第五次会议《关于修改〈中华人民共和国会计法〉的决定》修正，1999年10月31日第九届全国人民代表大会常务委员会第十二次会议修订，自2000年7月1日起施行）

第一章　总　则

第一条　为了规范会计行为，保证会计资料真实、完整，加强经济管理和财务管理，提高经济效益，维护社会主义市场经济秩序，制定本法。

第二条　国家机关、社会团体、公司、企业、事业单位和其他组织（以下统称单位）必须依照本法办理会计事务。

第三条　各单位必须依法设置会计账簿，并保证其真实、完整。

第四条　单位负责人对本单位的会计工作和会计资料的真实性、完整性负责。

第五条　会计机构、会计人员依照本法规定进行会计核算，实行会计监督。

任何单位或者个人不得以任何方式授意、指使、强令会计机构、会计人员伪造、变造会计凭证、会计账簿和其他会计资料，提供虚假财务会计报告。

任何单位或者个人不得对依法履行职责、抵制违反本法规定行为的会计人员实行打击报复。

第六条　对认真执行本法，忠于职守，坚持原则，做出显著成绩的会计人员，给予精神的或者物质的奖励。

第七条　国务院财政部门主管全国的会计工作。

县级以上地方各级人民政府财政部门管理本行政区域内的会计工作。

第八条　国家实行统一的会计制度。国家统一的会计制度由国务院财政部门根据本法制定并公布。

国务院有关部门可以依照本法和国家统一的会计制度制定对会计核算和会计监督有特殊要求的行业实施国家统一的会计制度的具体办法或者补充规定，报国务院财政部门审核批准。

中国人民解放军总后勤部可以依照本法和国家统一的会计制度制定军队实施国家统一的会计制度的具体办法，报国务院财政部门备案。

第二章 会计核算

第九条 各单位必须根据实际发生的经济业务事项进行会计核算，填制会计凭证，登记会计账簿，编制财务会计报告。

任何单位不得以虚假的经济业务事项或者资料进行会计核算。

第十条 下列经济业务事项，应当办理会计手续，进行会计核算：

（一）款项和有价证券的收付；

（二）财物的收发、增减和使用；

（三）债权债务的发生和结算；

（四）资本、基金的增减；

（五）收入、支出、费用、成本的计算；

（六）财务成果的计算和处理；

（七）需要办理会计手续、进行会计核算的其他事项。

第十一条 会计年度自公历1月1日起至12月31日止。

第十二条 会计核算以人民币为记账本位币。

业务收支以人民币以外的货币为主的单位，可以选定其中一种货币作为记账本位币，但是编报的财务会计报告应当折算为人民币。

第十三条 会计凭证、会计账簿、财务会计报告和其他会计资料，必须符合国家统一的会计制度的规定。

使用电子计算机进行会计核算的，其软件及其生成的会计凭证、会计账簿、财务会计报告和其他会计资料，也必须符合国家统一的会计制度的规定。

任何单位和个人不得伪造、变造会计凭证、会计账簿及其他会计资料，不得提供虚假的财务会计报告。

第十四条 会计凭证包括原始凭证和记账凭证。

办理本法第十条所列的经济业务事项，必须填制或者取得原始凭证并及时

送交会计机构。

会计机构、会计人员必须按照国家统一的会计制度的规定对原始凭证进行审核,对不真实、不合法的原始凭证有权不予接受,并向单位负责人报告;对记载不准确、不完整的原始凭证予以退回,并要求按照国家统一的会计制度的规定更正、补充。

原始凭证记载的各项内容均不得涂改;原始凭证有错误的,应当由出具单位重开或者更正,更正处应当加盖出具单位印章。原始凭证金额有错误的,应当由出具单位重开,不得在原始凭证上更正。

记账凭证应当根据经过审核的原始凭证及有关资料编制。

第十五条 会计账簿登记,必须以经过审核的会计凭证为依据,并符合有关法律、行政法规和国家统一的会计制度的规定。会计账簿包括总账、明细账、记账和其他辅助性账簿。

会计账簿应当按照连续编号的页码顺序登记。会计账簿记录发生错误或者隔页、缺号、跳行的,应当按照国家统一的会计制度规定的方法更正,并由会计人员和会计机构负责人(会计主管人员)在更正处盖章。

使用电子计算机进行会计核算的,其会计账簿的登记、更正,应当符合国家统一的会计制度的规定。

第十六条 各单位发生的各项经济业务事项应当在依法设置的会计账簿上统一登记、核算,不得违反本法和国家统一的会计制度的规定私设会计账簿登记核算。

第十七条 各单位应当定期将会计账簿记录与实物、款项及有关资料相互核对,保证会计账簿记录与实物及款项的实有数额相符、会计账簿记录与会计凭证的有关内容相符、会计账簿之间相对应的记录相符、会计账簿记录与会计报表的有关内容相符。

第十八条 各单位采用的会计处理方法,前后各期应当一致,不得随意变更;确有必要变更的,应当按照国家统一的会计制度的规定变更,并将变更的原因、情况及影响在财务会计报告中说明。

第十九条 单位提供的担保、未决诉讼等或有事项,应当按照国家统一的会计制度的规定,在财务会计报告中予以说明。

第二十条 财务会计报告应当根据经过审核的会计账簿记录和有关资料编制,并符合本法和国家统一的会计制度关于财务会计报告的编制要求、提供对象提供期限的规定;其他法律、行政法规另有规定的,从其规定。

财务会计报告由会计报表、会计报表附注和财务情况说明书组成。向不同的会计资料使用者提供的财务会计报告,其编制依据应当一致。有关法律、行政法规规定会计报表、会计报表附注和财务情况说明书须经注册会计师审计的,注册会计师及其所在的会计师事务所出具的审计报告应当随同财务会计报告一并提供。

第二十一条　财务会计报告应当由单位负责人和主管会计工作的负责人、会计机构负责人(会计主管人员)签名并盖章;设置总会计师的单位,还须由总计师签名并盖章。

单位负责人应当保证财务会计报告真实、完整。

第二十二条　会计记录的文字应当使用中文。在民族自治地方,会计记录可以同时使用当地通用的一种民族文字。在中华人民共和国境内的外商投资企业外国企业和其他外国组织的会计记录可以同时使用一种外国文字。

第二十三条　各单位对会计凭证、会计账簿、财务会计报告和其他会计资料应当建立档案,妥善保管。会计档案的保管期限和销毁办法,由国务院财政部会同有关部门制定。

第三章　公司、企业会计核算的特别规定

第二十四条　公司、企业进行会计核算,除应当遵守本法第二章的规定外,还应当遵守本章规定。

第二十五条　公司、企业必须根据实际发生的经济业务事项,按照国家统一的会计制度的规定确认、计量和记录资产、负债、所有者权益、收入、费用、本和利润。

第二十六条　公司、企业进行会计核算不得有下列行为:

(一)随意改变资产、负债、所有者权益的确认标准或者计量方法,虚列、多列、不列或者少列资产、负债、所有者权益;

(二)虚列或者隐瞒收入,推迟或者提前确认收入;

(三)随意改变费用、成本的确认标准或者计量方法,虚列、多列、不列或者少列费用、成本;

(四)随意调整利润的计算、分配方法,编造虚假利润或者隐瞒利润;

(五)违反国家统一的会计制度规定的其他行为。

第四章 会计监督

第二十七条 各单位应当建立、健全本单位内部会计监督制度。单位内部会计监督制度应当符合下列要求：

（一）记账人员与经济业务事项和会计事项的审批人员、经办人员、财物保管人员的职责权限应当明确，并相互分离、相互制约；

（二）重大对外投资、资产处置、资金调度和其他重要经济业务事项的决策和执行的相互监督、相互制约程序应当明确；

（三）财产清查的范围、期限和组织程序应当明确；

（四）对会计资料定期进行内部审计的办法和程序应当明确。

第二十八条 单位负责人应当保证会计机构、会计人员依法履行职责，不得授意、指使、强令会计机构、会计人员违法办理会计事项。

会计机构、会计人员对违反本法和国家统一的会计制度规定的会计事项，有权拒绝办理或者按照职权予以纠正。

第二十九条 会计机构、会计人员发现会计账簿记录与实物、款项及有关资料不相符的，按照国家统一的会计制度的规定有权自行处理的，应当及时处理；无权处理的，应当立即向单位负责人报告，请求查明原因，作出处理。

第三十条 任何单位和个人对违反本法和国家统一的会计制度规定的行为，有权检举。收到检举的部门有权处理的，应当依法按照职责分工及时处理；无处理的，应当及时移送有权处理的部门处理。收到检举的部门、负责处理的部门应当为检举人保密，不得将检举人姓名和检举材料转给被检举单位和被检举人个人。

第三十一条 有关法律、行政法规规定，须经注册会计师进行审计的单位，应当向受委托的会计师事务所如实提供会计凭证、会计账簿、财务会计报告和他会计资料以及有关情况。

任何单位或者个人不得以任何方式要求或者示意注册会计师及其所在的会计师事务所出具不实或者不当的审计报告。

财政部门有权对会计师事务所出具审计报告的程序和内容进行监督。

第三十二条 财政部门对各单位的下列情况实施监督：

（一）是否依法设置会计账簿；

（二）会计凭证、会计账簿、财务会计报告和其他会计资料是否真实、完整；

（三）会计核算是否符合本法和国家统一的会计制度的规定；

（四）从事会计工作的人员是否具备从业资格。

在对前款第（二）项所列事项实施监督，发现重大违法嫌疑时，国务院财政部门及其派出机构可以向与被监督单位有经济业务往来的单位和被监督单位开立账户的金融机构查询有关情况，有关单位和金融机构应当给予支持。

第三十三条　财政、审计、税务、人民银行、证券监管、保险监管等部门应当依照有关法律、行政法规规定的职责，对有关单位的会计资料实施监督检查。

前款所列监督检查部门对有关单位的会计资料依法实施监督检查后，应当出具检查结论。有关监督检查部门已经作出的检查结论能够满足其他监督检查部门履行本部门职责需要的，其他监督检查部门应当加以利用，避免重复查账。

第三十四条　依法对有关单位的会计资料实施监督检查的部门及其工作人员对在监督检查中知悉的国家秘密和商业秘密负有保密义务。

第三十五条　各单位必须依照有关法律、行政法规的规定，接受有关监督检查部门依法实施的监督检查，如实提供会计凭证、会计账簿、财务会计报告和他会计资料以及有关情况，不得拒绝、隐匿、谎报。

第五章　会计机构和会计人员

第三十六条　各单位应当根据会计业务的需要，设置会计机构，或者在有关机构中设置会计人员并指定会计主管人员；不具备设置条件的，应当委托经批设立从事会计代理记账业务的中介机构代理记账。

国有的和国有资产占控股地位或者主导地位的大、中型企业必须设置总会计师。总会计师的任职资格、任免程序、职责权限由国务院规定。

第三十七条　会计机构内部应当建立稽核制度。

出纳人员不得兼任稽核、会计档案保管和收入、支出、费用、债权债务账目的登记工作。

第三十八条　从事会计工作的人员，必须取得会计从业资格证书。

担任单位会计机构负责人（会计主管人员）的，除取得会计从业资格证书外，还应当具备会计师以上专业技术职务资格或者从事会计工作三年以上经历。

会计人员从业资格管理办法由国务院财政部门规定。

第三十九条　会计人员应当遵守职业道德，提高业务素质。对会计人员的教育和培训工作应当加强。

第四十条　因有提供虚假财务会计报告，做假账，隐匿或者故意销毁会计

凭证、会计账簿、财务会计报告，贪污，挪用公款，职务侵占等与会计职务有关违法行为被依法追究刑事责任的人员，不得取得或者重新取得会计从业资格证书。

除前款规定的人员外，因违法违纪行为被吊销会计从业资格证书的人员，自被吊销会计从业资格证书之日起五年内，不得重新取得会计从业资格证书。

第四十一条　会计人员调动工作或者离职，必须与接管人员办清交接手续。

一般会计人员办理交接手续，由会计机构负责人（会计主管人员）监交；会计机构负责人（会计主管人员）办理交接手续，由单位负责人监交，必要时主管单位可以派人会同监交。

第六章　法律责任

第四十二条　违反本法规定，有下列行为之一的，由县级以上人民政府财政部门责令限期改正，可以对单位并处三千元以上五万元以下的罚款；对其直接责的主管人员和其他直接责任人员，可以处二千元以上二万元以下的罚款；属于国家工作人员的，还应当由其所在单位或者有关单位依法给予行政处分：

（一）不依法设置会计账簿的；

（二）私设会计账簿的；

（三）未按照规定填制、取得原始凭证或者填制、取得的原始凭证不符合规定的；

（四）以未经审核的会计凭证为依据登记会计账簿或者登记会计账簿不符合规定的；

（五）随意变更会计处理方法的；

（六）向不同的会计资料使用者提供的财务会计报告编制依据不一致的；

（七）未按照规定使用会计记录文字或者记账本位币的；

（八）未按照规定保管会计资料，致使会计资料毁损、灭失的；

（九）未按照规定建立并实施单位内部会计监督制度或者拒绝依法实施的监督或者不如实提供有关会计资料及有关情况的；

（十）任用会计人员不符合本法规定的。

有前款所列行为之一，构成犯罪的，依法追究刑事责任。

会计人员有第一款所列行为之一，情节严重的，由县级以上人民政府财政部门吊销会计从业资格证书。

有关法律对第一款所列行为的处罚另有规定的,依照有关法律的规定办理。

第四十三条 伪造、变造会计凭证、会计账簿,编制虚假财务会计报告,构成犯罪的,依法追究刑事责任。

有前款行为,尚不构成犯罪的,由县级以上人民政府财政部门予以通报,可以对单位并处五千元以上十万元以下的罚款;对其直接负责的主管人员和其他直接责任人员,可以处三千元以上五万元以下的罚款;属于国家工作人员的,还应当由其所在单位或者有关单位依法给予撤职直至开除的行政处分;对其中的会计人员,并由县级以上人民政府财政部门吊销会计从业资格证书。

第四十四条 隐匿或者故意销毁依法应当保存的会计凭证、会计账簿、财务会计报告,构成犯罪的,依法追究刑事责任。

有前款行为,尚不构成犯罪的,由县级以上人民政府财政部门予以通报,可以对单位并处五千元以上十万元以下的罚款;对其直接负责的主管人员和其他直接责任人员,可以处三千元以上五万元以下的罚款;属于国家工作人员的,还应当由其所在单位或者有关单位依法给予撤职直至开除的行政处分;对其中的会计人员,并由县级以上人民政府财政部门吊销会计从业资格证书。

第四十五条 授意、指使、强令会计机构、会计人员及其他人员伪造、变造会计凭证、会计账簿,编制虚假财务会计报告或者隐匿、故意销毁依法应当保存的会计凭证、会计账簿、财务会计报告,构成犯罪的,依法追究刑事责任;尚不构成犯罪的,可以处五千元以上五万元以下的罚款;属于国家工作人员的,还应当由其所在单位或者有关单位依法给予降级、撤职、开除的行政处分。

第四十六条 单位负责人对依法履行职责、抵制违反本法规定行为的会计人员以降级、撤职、调离工作岗位、解聘或者开除等方式实行打击报复,构成犯罪的,依法追究刑事责任;尚不构成犯罪的,由其所在单位或者有关单位依法给予行政处分。对受打击报复的会计人员,应当恢复其名誉和原有职务、级别。

第四十七条 财政部门及有关行政部门的工作人员在实施监督管理中滥用职权、玩忽职守、徇私舞弊或者泄露国家秘密、商业秘密,构成犯罪的,依法追究刑事责任;尚不构成犯罪的,依法给予行政处分。

第四十八条 违反本法第三十条规定,将检举人姓名和检举材料转给被检举单位和被检举人个人的,由所在单位或者有关单位依法给予行政处分。

第四十九条 违反本法规定,同时违反其他法律规定的,由有关部门在各自职权范围内依法进行处罚。

第七章 附 则

第五十条 本法下列用语的含义：

单位负责人，是指单位法定代表人或者法律、行政法规规定代表单位行使职权的主要负责人。

国家统一的会计制度，是指国务院财政部门根据本法制定的关于会计核算、会计监督、会计机构和会计人员以及会计工作管理的制度。

第五十一条 个体工商户会计管理的具体办法，由国务院财政部门根据本法的原则另行规定。

第五十二条 本法自 2000 年 7 月 1 日起施行。

会计基础工作规范

(1996年6月17日 财政部发布)

第一章 总 则

第一条 为了加强会计基础工作，建立规范的会计工作秩序，提高会计工作水平，根据《中华人民共和国会计法》的有关规定，制定本规范。

第二条 国家机关、社会团体、企业、事业单位、个体工商户和其他组织的会计基础工作，应当符合本规范的规定。

第三条 各单位应当依据有关法律、法规和本规范的规定，加强会计基础工作，严格执行会计法规制度，保证会计工作依法有序地进行。

第四条 单位领导人对本单位的会计基础工作负有领导责任。

第五条 各省、自治区、直辖市财政厅（局）要加强对会计基础工作的管理和指导，通过政策引导、经验交流、监督检查等措施，促进基层单位加强会计基础工作，不断提高会计工作水平。

国务院各业务主管部门根据职责权限管理本部门的会计基础工作。

第二章 会计机构和会计人员

第一节 会计机构设置和会计人员配备

第六条 各单位应当根据会计业务的需要设置会计机构；不具备单独设置会计机构条件的，应当在有关机构中配备专职会计人员。

事业行政单位会计机构的设置和会计人员的配备，应当符合国家统一事业行政单位会计制度的规定。

设置会计机构，应当配备会计机构负责人；在有关机构中配备专职会计人员，应当在专职会计人员中指定会计主管人员。

会计机构负责人、会计主管人员的任免，应当符合《中华人民共和国会计法》和有关法律的规定。

第七条 会计机构负责、会计主管人员应当具备下列基本条件：

中小学校长财务管理实务

(一) 坚持原则,廉洁奉公;
(二) 具有会计专业技术资格;
(三) 主管一个单位或者单位内一个重要方面的财务会计工作时间不少于二年;
(四) 熟悉国家财经法律、法规、规章和方针、政策、掌握本行业业务管理的有关知识;
(五) 有较强的组织能力;
(六) 身体状况能够适应本职工作的要求。

第八条 没有设置会计机构和配备会计人员的单位,应当根据《代理记账管理暂行办法》委托会计师事务所或者持有代理记账许可证书的其他代理记账机构进行代理记账。

第九条 大、中型企业、事业单位、业务主管部门应当根据法律和国家有关规定设置总会计师。总会计师由具有会计师以上专业技术资格的人员担任。

总会计师行使《总会计师条例》规定的职责、权限。

总会计师的任命(聘任)、免职(解聘)依照《总会计师条例》和有关法律的规定办理。

第十条 各单位应当根据会计业务需要配备持有会计证的会计人员。未取得会计证的人员,不得从事会计工作。

第十一条 各单位应当根据会计业务需要设置会计工作岗位。

会计工作岗位一般可分为:会计机构负责人或者会计主管人员,出纳,财产物资核算,工资核算,成本费用核算,财务成果核算,资金核算,往来核算,总账报表,稽核,档案管理等。开展会计电算化和管理会计的单位,可以根据需要设置相应工作岗位,也可以与其他工作岗位相结合。

第十二条 会计工作岗位,可以一人一岗,一人多岗或者一岗多人。但出纳人员不得兼管稽核、会计档案保管和收入、费用、债权债务账目的登记工作。

第十三条 会计人员的工作岗位应当有计划地进行轮换。

第十四条 会计人员应当具备必要的专业知识和专业技能,熟悉国家有关法律、法规、规章和国家统一会计制度,遵守职业道德。

会计人员应当按照国家有关规定参加会计业务的培训,各单位应当合理安排会计人员的培训,保证会计人员每年有一定时间用于学习和参加培训。

第十五条 各单位领导人应当支持会计机构、会计人员依法行使职权;对忠于职守,坚持原则,做出显著成绩的会计机构、会计人员,应当给予精神的和物质的奖励。

第十六条 国家机关、国有企业、事业单位任用会计人员应当实行回避制度。

单位领导人的直系亲属不得担任本单位的会计机构负责人、会计主管人员。会计机构负责、会计主管人员的直系亲属不得在本单位会计机构中担任出纳工作。

需要回避的直系亲属为：夫妻关系、直系血亲关系、三代以内旁系血亲以及配偶亲关系。

第二节 会计人员职业道德

第十七条 会计人员在会计工作中应当遵守职业道德，树立良好的职业品质、严谨的工作作风，严守工作纪律。努力提高工作次序和工作质量。

第十八条 会计人员应当热爱本职工作，努力钻研业务，使自己的知识和技能适应所从事工作的要求。

第十九条 会计人员应当熟悉财经法律、法规、规章和国家统一会计制度，并结合会计工作进行广泛宣传。

第二十条 会计人员应当按照会计法律、法规和国家统一会计制度规定的程序和要求进行会计工作，保证所提供的会计信息合法、真实、准确、及时、完整。

第二十一条 会计人员办理会计事务应当实事求是、客观公正。

第二十二条 会计人员应当熟悉单位的生产经营和业务管理情况，运用掌握的会计信息和会计方法，为改善单位内部管理、提高经济效益服务。

第二十三条 会计人员应当保守本单位的商业秘密。除法律规定和单位领导人同意外，不能私自向外界提供或者泄露单位的会计信息。

第二十四条 财政部门、业务主管部门和各单位应当定期检查会计人员遵守职业道德的情况，并作为会计人员晋升、晋级、聘任专业职务，表彰奖励的重要考核依据。

会计人员违反职业道德的，由所在单位进行处罚；情节严重的，由会计证发证机关吊销其会计证。

第三节 会计工作交接

第二十五条 会计人员工作调动或者因故离职，必须将本人所经管的会计工作全部移交给接替人员。没有办清交接手续的，不得调动或者离职。

第二十六条　接替人员应当认真接管移交工作，并继续办理移交的未了事项。

第二十七条　会计人员办理移交手续制前，必须及时做好以下工作：

（一）已经受理的经济业务尚未填制会计凭证的，应当填制完毕。

（二）尚未登记的账目，应当登记完毕，并在最后一笔余额后加盖经办人员印章。

（三）整理应该移交的各项资料，对未了事项写出书面材料。

（四）编制移交清册，列明应当移交的会计凭证、会计账簿、会计报表、印章、现金、有价证券、支票簿、发票、文件、其他会计资料和物品等内容；实行会计电算化的单位，从事该项工作的移交人员还应当在移交清册中列明会计软件及密码、会计软件数据磁盘（磁带等）及有关资料、实物等内容。

第二十八条　会计人员办理交接手续，必须有监交人负责监交。一般会计人员交接，由单位会计机构负责人、会计主管人员负责监交；会计机构负责人、会计主管人员交接，由单位领导人负责监交，必要时可由上级主管部门派人会同监交。

第二十九条　移交人员在办理移交时，要按移交清册逐项移交；接替人员要逐项核对点收。

（一）现金、有价证券要根据会计账簿有关记录进行点交。库存现金、有价证券必须与会计账簿记录保持一致。不一致时，移交人员必须限期查清。

（二）会计凭证、会计账簿、会计报表和其他会计资料必须完整无缺。如有短缺，必须查清原因，并在移交清册中注明，由移交人员负责。

（三）银行存款账户余额要与银行对账单核对，如不一致，应当编制银行存款余额调节表调节相符，各种财产物资和债权债务的明细账户余额要与总账有关账户余额核对相符；必要时，要抽查个别账户的余额，与实物核对相符，或者与往来单位、个人核对清楚。

（四）移交人员经管和票据、印章和其他实物等，必须交接清楚；移交人员从事会计电算化工作的，要对有关电算化工作的，要对有关电子数据在实际操作状态下进行交接。

第三十条　会计机构负责人、会计主管人员移交时，还必须将全部财务会计工作、重大财务收支和会计人员的情况等，向接替人员详细介绍。对需要移交的遗留问题，应当写出书面材料。

第三十一条　交接完毕后，交接双方和监交人员要在移交清册上签名或者盖章。并应在移交清册上注明：单位名称、交接日期，交接双方和监交人员的职务、姓名，移交清册页数以及需要说明的问题和意见等。

移交清册一般应当填制一式三份，交接双方各执一份，存档一份。

第三十二条　接替人员应当继续使用移交的会计账簿，不得自行另立新账，以保持会计记录的连续性。

第三十三条　会计人员临时离职或者因病不能工作且需要接替或者代理的，会计机构负责人、会计主管人员或者单位领导人必须指定有关人员接替或者代理，并办理交接手续。

临时离职或者因病不能工作的会计人员恢复工作的，应当与接替或者代理人员办理交接手续。

移交人员因病或者其他特殊原因不能亲自办理移交的，经单位领导人批准，可由移交人员委托他人代办移交，但委托人应当承担本规范第三十五条规定的责任。

第三十四条　单位撤销时，必须留有必要的会计人员，会同有关人员办理清理工作，编制决算。未移交前，不得离职。接收单位和移交日期由主管部门确定。

单位合并、分立的，其会计工作交接手续比照上述有关规定办理。

第三十五条　移交人员对所移交的会计凭证、会计账簿、会计报表和其他有关资料的合法性、真实性承担法律责任。

第三章　会计核算

第一节　会计核算一般要求

第三十六条　各单位应当按照《中华人民共和国会计法》和国家统一会计制度的规定建立会计账册，进行会计核算，及时提供合法、真实、准确、完整的会计信息。

第三十七条　各单位发生的下列事项，应当及时办理会计手续，进行会计核算：

（一）款项和有价证券的收付；

（二）财物的收发、增减和使用；

（三）债权债务的发生和结算；

（四）资本、基金的增减；

（五）收入、支出、费用、成本的计算；

（六）财务成果的计算和处理；

（七）其他需要办理会计手续、进行会计核算的事项。

第三十八条　各单位的会计核算应当以实际发生的经济业务为依据，按照规定的会计处理方法进，保证会计指标的口径一致、相互可比和会计处理方法的前各期相一致。

第三十九条　会计年度自公历一月一日起至十二月三十一日止。

第四十条　会计核算以人民币为记账本位币。

收支业务以外国货为主的单位，也可以选定某种外国货币作为记账本位币，但是编制的会计报表 应当折算为人民币反映。

境外单位向国内有关部门编报的会计报表，应当折算为人民币反映。

第四十一条　各单位根据国家统一会计制度的要求，在不影响会计核算要求、会计报表指标汇总和对外统一会计报表的前提下，可以根据实际情况自行设置和使用会计科目。

事业行政单位会计科目的设置和使用，应当符合国家统一事业行政单位会计制度的规定。

第四十二条　会计凭证、会计账簿、会计报表和其他会计资料的内容和要求必须符合国家统一会计制度的规定，不得伪造、变造会计凭证和会计账簿，不得设置账外账，不得报送虚假会计报表。

第四十三条　各单位对外报送的会计报表格式由财政部统一规定。

第四十四条　实行会计电算化的单位，对使用的会计软件及其生成的会计凭证、会计账簿、会计报表和其他会计资料的要求，应当符合财政部门会计电算化的有关规定。

第四十五条　各单位的会计凭证、会计账簿、会计报表和其他会计资料，应当建立档案，妥善保管。会计档案建档要求、保管期限、销毁办法等依据《会计档案管理办法》的规定进行。

实行会计电算化的单位，有关电子数据、会计软件资料等应当作为会计档案进行管理。

第四十六条　会计记录的文字应当使用中文，少数民族自治地区可以同时使用少数民族文字。中国境内的外商投资企业、外国企业和其他外国经济组织也可以同时使用某种外国文字。

第二节 填制会计凭证

第四十七条 各单位办理本规范第三十七条规定的事项,必须取得或者填制原始凭证,并及时送交会计机构。

第四十八条 原始凭证的基本要求是:

(一)原始凭证的内容必须具备:凭证的名称;填制凭证的日期;填制凭证单位名称或者填制人姓名;经办人员的签名或者盖章;接受凭证单位名称;经济业务内容;数量、单价和金额。

(二)从外单位取得的原始凭证,必须盖有填制单位的公章;从个人取得的原始凭证,必须有填制人员的签名或者盖章。自制原始凭证必须有经办单位领导人或者其指定的人员签名或者盖章。对外开出的原始凭证,必须加盖本单位公章。

(三)凡填有大写和小写金额的原始凭证,大写与小写金额必须相符。购买实物的原始凭证,必须有验收证明。支付款项的原始凭证,必须有收款单位和收款人的收款证明。

(四)一式几联的原始凭证,应当注明各联的用途,只能以一联作为报销凭证。

一式几联的发票和收据,必须用双面复写纸(发票和收据本身具备复写纸功能的除外)套写,并连续编号。作废时应当加盖"作废"戳记,连同存根一起保存,不得撕毁。

(五)发生销货退回的,除填制退货发票外,还必须有退货验收证明;退款时,必须取得对方的收款收据或者汇款银行的凭证,不得以退货发票代替收据。

(六)职工公出借款凭据,必须附在记账凭证之后。收回借款时,应当另开收据或者退还借据副本,不得退还原借据收据。

(七)经上级有关部门批准的经济业务,应当将批准文件作为原始凭证附件。如果批准文件需要单独归档的,应当在凭证上注明批准机关名称、日期和文件字号。

第四十九条 原始凭证不得涂改、挖补。发现原始凭证有错误的,应当由开出单位重开或者更正,更正处应当加盖开出单位公章。

第五十条 会计机构、会计人员要根据审核无误的原始凭证填制记账凭证。记账凭证可以分为收款凭证、付款凭证和转账凭证,也可以使用通用记账凭证。

中小学校长财务管理实务
ZHONG XIAO XUE XIAO ZHANG CAI WU GUAN LI SHI WU

第五十一条　记账凭证的基本要求是：

（一）记账凭证的内容必须具备：填制凭证的日期；凭证编号；经济业务摘要；会计科目；金额；所附原始凭证张数、填制凭证人员、稽核人员、记账人员、会计机构负责人、会计主管人员签名或者盖章。收款和付款记账凭证还应当由出纳人员签名或者盖章。

以自制的原始凭证或者原始凭证汇总表代替记账凭证的，也必须具备记账凭证应有的项目。

（二）填制记账凭证时，应当对记账凭证进行连续编号。一笔经济业务需要填制两张以上记账凭证的，可以采用分数编号法编号。

（三）记账凭证可以根据每一张原始凭证填制，或者根据若干张同类原始凭证汇总填制，也可以根据原始凭证汇总表填制。但不得将不同内容和类别的原始凭证汇总填制在一张记账凭证上。

（四）除结账和更正错误的记账凭证可以不附原始凭证外，其他记账凭证必须附有原始凭证。如果一张原始凭证涉及几张记账凭证，可以把原始凭证附在一张主要的记账凭证后面，并在其他记账凭证上注明附有该原始凭证的记账凭证的编号或者附原始凭证复印件。

一张原始凭证所列支出需要几个单位共同负担的，应当将其他单位负担的部分，开给对方原始凭证分割单，进行结算。原始凭证分割单必须具备原始凭证的基本内容：凭证名称、填制凭证日期、填制凭证单位名称或者填制人姓名、经办人的签名或者盖章、接受凭证单位名称、经济业务内容、数量、单价、金额和费用分摊情况等。

（五）如果在填制记账凭证时发生错误，应当重新填制。

已经登记入账的记账凭证，在当年内发现填写错误时，可以用红字一张与原内容相同的记账凭证，在摘要栏注明"注销某月某日某号凭证"字样，同时再用蓝字重新填制一张正确的记账凭证,注明"订正某月某日某号凭证"字样。如果会计科目没有错误，只是金额错误，也可以将正确数字与错误数字之间的差额，另编一张调整的记账凭证，调增金额用蓝字，调减金额用红字。发现以前年度记账凭证有错误的，应当用蓝字填制一张更正的记账凭证。

第五十二条　填制会计凭证，字迹必须清晰、工整，并符合下列要求：

（一）阿拉伯数字应当一个一个地写，不得连笔写。阿拉伯金额数字前面应当书写货币币种符号或者货币名称简写和币种符号。币种符号与阿拉伯金额数字之间不得留有空白。凡阿拉伯数字前写有币种符号的，数字后面不再写货币单位。

（二）所有以元为单位（其他货币种类为货币基本单位，下同）的阿拉伯数字，除表示单价等情况外，一律填写到角分；无角分的，角位和分位可写"00"，或者符号"——"；有角无分的，分位应当写"0"，不得用符号"——"代替。

（三）汉字大写数字金额如零、壹、贰、叁、肆、伍、陆、柒、捌、玖、拾、佰、仟、万、亿等，一律用正楷或者行书体书写，不得用0、一、二、三、四、五、六、七、八、九、十等简化字代替，不得任意自造简化字。大写金额数字到元或者角为止的，在"元"或者"角"字之后应当写"整"字或者"正"字；大写金额数字有分的，分字后面不写"整"或者"正"字。

（四）大写金额数字前未印有货币名称的，应当加填货币名称，货币名称与金额数字之间不得留有空白。

（五）阿拉伯金额数字中间有"0"时，汉字大写金额要写"零"字；阿拉伯数字金额中间连续有几个"0"时，汉字大写金额中可以只写一个"零"字；阿拉伯数字元位是"0"，或者数字中间连续有几个"0"、元位也是"0"但角位不是"0"时，汉字大写金额可以只写一个"零"字，也可以不写"零"字。

第五十三条　实行会计电算化的单位，对于机制记账凭证，要认真审核，做到会计科目使用正确，数字准确无误。打印出的机制记账凭证要加盖制单人员、审核人员、记账人员及会计机构负责人、会计主管人员印章或者签字。

第五十四条　各单位会计凭证的传递程序应当科学、合理，具体办法由各单位根据会计业务需要自行规定。

第五十五条　会计机构、会计人员要妥善保管会计凭证。

（一）会计凭证应当及时传递，不得积压。

（二）会计凭证登记完毕后，应当按照分类和编号顺序保管，不得散乱丢失。

（三）记账凭证应当连同所附的原始凭证或者原始凭证汇总表、按照编号顺序，折叠整齐，按期装订成册，并加具封面，注明单位名称、年度、月份和起讫日期、凭证种类、起讫号码、由装订人在装订线封签处签名或者盖章。

对于数量过多的原始凭证，可以单独装订保管，在封面上注明记账凭证日期、编号、种类，同时在记账凭证上注明"附件另订"和原始凭证名称及编号。

各种经济合同、存出保证金收据以及涉外文件等重要原始凭证，应当另编目录，单独登记保管，并在有关的记账凭证和原始凭证上相互注明日期和编号。

（四）原始凭证不得外借。其他单位如因特殊原因需要使用原始凭证时，经本单位会计机构负责人、会计主管人员批准，可以复制。向外单位提供的原始凭证复制件，应当在专设的登记簿上登记，并由提供人员和收取人员共同签名或者盖章。

（五）从外单位取得的原始凭证如有遗失，应当取得原开出单位盖有公章的证明，并注明原来凭证的号码、金额和内容等，由经办单位会计机构负责人、会计主管人员和单位领导人批准后，才能代作原始凭证。如果确实无法取得证明的，如火车、轮船、飞机票等凭证，由当事人写出详细情况，由经办单位会计机构负责人、会计主管人员和单位领导人批准后，代作原始凭证。

第三节 登记会计账簿

第五十六条 各单位应当按照国家统一会计制度的规定和会计业务的需要设置会计账簿。会计账簿包括总账、明细账、日记账和其他辅助性账簿。

第五十七条 现金日记账和银行存款日记账必须采用订本式账簿。不得用银行对账单或者其他方法代替日记账。

第五十八条 实行会计电算化的单位，用计算机打印的会计账簿必须连续编号，经审核无误后装订成册，并由记账人员和会计机构负责人、会计主管人员签字或者盖章。

第五十九条 启用会计账簿时，应当在账簿封面上写明单位名称和账簿名称。在账簿扉页上应当附启用表，内容包括：启用日期、账簿页数、记账人员和会计机构负责人、会计主管人员姓名。并加盖名章和单位公章。记账人员或者会计机构负责人、会计主管人员调动工作时，应当注明交接日期、接办人员或者监交人员姓名、并由交接双主人员签名或者盖章。

启用订本式账簿，应当从第一页到最后一页顺序编定页数，不得跳页、缺号。使用活页式账页，应当按账户顺序编号，并须定期装订成册。装订后再按实际使用的账页顺序编定页码。另加目录，记明每个账户的名称和页次。

第六十条 会计人员应当根据审核无误的会计凭证登记会计账簿。登记账簿的基本要求是：

（一）登记会计账簿时，应当将会计凭证日期、编号、业务内容摘要、金额和其他有关资料逐项记入账内，做到数字准确、摘要清楚、登记及时、字迹工整。

（二）登记完毕后，要在记账凭证上签名或者盖章，并注明已经登账的符号，表示已经记账。

（三）账薄中书写的文字和数字上面要留有适当空格，不要写满格，一般应占格距的二分之一。

（四）登记账薄要用蓝黑墨水或者碳墨水书写，不得使用圆珠笔（银行的复写账薄除外）或者铅笔书写。

（五）下列情况，可以用红色墨水记账。

1．按照红字冲账的记账凭证，冲销错误记录；

2．在不设借贷等栏的多栏式账页中，登记减少数；

3．在三栏式账户的余额栏前，如未印明余额方向的，在余额栏先登记负数余额；

4．根据国家统一会计制度的规定可以用红字登记的其他会计记录。

（六）各种账薄按页次顺序连续登记，不得跳行、隔页。如果发生跳行、隔页，应当将空行、空页划线注销，或者注明"此行空白"、"此页空白"字样，并由记账人员签名或者盖章。

（七）凡需要结出余额的账户，结出余额后，应当在"借或贷"等栏内写明"借"或者"贷"等字样。没有余额的账户，应当在"借或贷"等栏内写"平"字，并在余额栏内用"Q"表示。

现金日记账和银行存款日记账必须逐日结出余额。

（八）每一账页登记完毕结转下页时，应当结出本页合计数及余额，写在本页最后一行和下页第一行有关栏内，并在摘要栏内注明"过次页"和"承前页"字样；也可以将本页合计数及金额只写在下页第一行有关栏内，并在摘要栏内注明"承前页"字样。

对需要结计本月发生额的账户，结计"过次页"的本页合计数应当为自本月初起至本页末止的发生额合计数；对需要结计本年累计发生额的账户，结计"过次页"的本页合计数应当为自年初起至本页末止的累计数；对既不需要结计本月发生额也不需要结计本年累计发生额的账户，可以只将每页末的余额结转次页。

第六十一条　实行会计电算化的单位，总账和明细账应当定期打印。

发生收款和付款业务的，在输入收款凭证和付款凭证的当天必须打印出现金日记账和银行存款日记账，并与库存现金核对无误。

第六十二条　账薄记录发生错误，不准涂改、挖补、刮擦或者用药水消除字迹，不准重新抄写，必须按照下列方法进行更正：

· 237 ·

（一）登记账簿时发生错误，应当将错误的文字或者数字划红线注销，但必须使原有字迹仍可辨认；然后在划线上方填写正确的文字或者数字，并由记账人员在更正处盖章。对于错误的数字，应当全部划红线更正，不得只更正其中的错误数字。对于文字错误，可只划去错误的部分。

（二）由于记账凭证错误而使账簿记录发生错误，应当按更正的记账凭证登记账簿。

第六十三条　各单位应当定期对会计账簿记录的有关数字与库存实物、货币资金、有价证券、往来单位或者个人等进行相互核对，保证账证相符、账账相符、账实相符。对账工作每年至少进行一次。

（一）账证核对。核对会计账簿记录与原始凭证、记账凭证的时间、凭证字号、内容、金额是否一致，记账方向是否相符。

（二）账账核对。核对不同会计账簿之间的账簿记录是否相符，包括：总账有关账户的余额核对，总账与明细账核对，总账与日记账核对，会计部门的财产物资明细账与财产物资保管和使用部门的有关明细账核对等。

（三）账实核对。核对会计账簿记录与财产等实有数额是否相符。包括：现金日记账账面余额与现金实际库存数相核对；银行存款日记账账面余额定期与银行对账单相核对；各种财物明细账账面余额与财物实存数额相核对；各种应收、应付款明细账账面余额与有关债务、债权单位或者个人核对等。

第六十四条　各单位应当按照规定定期结账。

（一）结账前，必须将本期内所发生的各项经济业务全部登记入账。

（二）结账时，应当结出每个账户的期末余额。需要结出当月发生额的，应当在摘要栏内注明"本月合计"字样，并在下面通栏划单红线。需要结出本年累计发生额的，应当在摘要栏内注明"本年累计"字样，并在下面通栏划单红线；十二月末的"本年累计"就是全年累计发生额。全年累计发生额下面应当通栏划双红线。年度终了结账时，所有总账账户都应当结出全年发生额和年末余额。

（三）年度终了，要把各账户的余额转到下一会计年度，并在摘要栏注明"结转下年"字样；在下一会计年度新建有关会计账簿的第一行余额栏填写上年结转的余额，并在摘要栏注明"上年结转"字样。

第四节　编制财务报告

第六十五条　各单位必须按照国家统一会计制度的规定，定期编制财务报告。

财务报告包括会计报表及其说明。会计报表包括会计报表主表、会计报表附表、会计报表附注。

第六十六条　各单位对外报送的财务报告应当根据国家统一会计制度规定的格式和要求编制。

单位内部使用的财务报告，其格式和要求由各单位自行规定。

第六十七条　会计报表应当根据登记完整、核对无误的会计账簿记录和其他有关资料编制，做到数字真实、计算准确、内容完整、说明清楚。

任何人不得篡改或者授意、指使、强令他人篡改会计报表的有关数字。

第六十八条　会计报表之间、会计报表各项目之间，凡有对应关系的数字，应当相互一致。本期会计报表与上期会计报表之间有关的数字应当相互衔接。如果不同会计年度会计报表中各项目的内容和核算方法有变更的，应当在年度会计报表中加以说明。

第六十九条　各单位应当按照国家统一会计制度的规定认真编写会计报表附注及其说明，做到项目齐全，内容完整。

第七十条　各单位应当按照国家规定的期限对外报送财务报告。

对外报送的财务报告，应当依次编定页码，加具封面，装订成册，加盖公章。封面上应当注明：单位名称，单位地址，财务报告所属年度、季度、月度，送出日期，并由单位领导人、总会计师、会计机构负责人、会计主管人员签名或者盖章。

单位领导人对财务报告的合法性、真实性负法律责任。

第七十一条　根据法律和国家有关规定应当对财务报告进行审计的，财务报告编制单位应当先行委托注册会计师进行审计，并将注册会计师出具的审计报告随同财务报告按照规定的期限报送有关部门。

第七十二条　如果发现对外报送的财务报告有错误，应当及时办理更正手续。除更正本单位留存的财务报告外，并应同时通知接受财务报告的单位更正。错误较多的，应当重新编报。

第四章　会计监督

第七十三条　各单位的会计机构、会计人员对本单位的经济活动进行会计监督。

第七十四条 会计机构、会计人员进行会计监督的依据是：

（一）财经法律、法规、规章；

（二）会计法律、法规和国家统一会计制度；

（三）各省、自治区、直辖市财政厅（局）和国务院业务主管部门根据《中华人民共和国会计法》和国家统一会计制度制定的具体实施办法或者补充规定；

（四）各单位根据《中华人民共和国会计法》和国家统一会计制度制定的单位内部会计管理制度；

（五）各单位内部的预算、财务计划、经济计划、业务计划等。

第七十五条 会计机构、会计人员应当对原始凭证进行审核和监督。

对不真实、不合法的原始凭证，不予受理。对弄虚作假、严重违法的原始凭证，在不予受理的同时，应当予以扣留，并及时向单位领导人报告，请求查明原因，追究当事人的责任。

对记载不准确、不完整的原始凭证，予以退回，要求经办人员更正、补充。

第七十六条 会计机构、会计人员对伪造、变造、故意毁灭会计账簿或者账外设账行为，应当制止和纠正；制止和纠正无效的，应当向上级主管单位报告，请求作出处理。

第七十七条 会计机构、会计人员应当对实物、款项进行监督，督促建立并严格执行财产清查制度。发现账簿记录与实物、款项不符时，应当按照国家有关规定进行处理。超出会计机构、会计人员职权范围的，应当立即向本单位领导报告，请示查明原因，作出处理。

第七十八条 会计机构、会计人员对指使、强令编造、篡改财务报告行为，应当制止和纠正；制止和纠正无效的，应当向上级主管单位报告，请求处理。

第七十九条 会计机构，会计人员应当对财务收支进行监督。

（一）对审批手续不全的财务收支，应当退回，要求补充、更正。

（二）对违反规定不纳入单位统一会计核算的财务收支，应当制止和纠正。

（三）对违反国家统一的财政、财务、会计制度规定的财务收支，不予办理。

（四）对认为是违反国家统一的财政、财务、会计制度规定的财务收支，应当制止和纠正；制止和纠正无效的，应当向单位领导人提出书面意见请示处理。

单位领导人应当在接到书面意见起十日内作出书面决定，并对决定承担责任。

（五）对违反国家统一的财政、财务、会计制度规定的财务收支，不予制止和纠正，又不向单位领导人提出书面意见的，也应当承担责任。

（六）对严重违反国家利益和社会公众利益的财务收支，应当向主管单位或者财政、审计、税务机关报告。

第八十条　会计机构、会计人员对违反单位内部会计管理制度的经济活动，应当制止和纠正；制止和纠正无效的，向单位领导人报告，请求处理。

第八十一条　会计机构、会计人员应当对单位制定的预算、财务计划、经济计划、业务计划的执行情况进行监督。

第八十二条　各单位必须依照法律和国家有关规定接受财政、审计、税务等机关的监督，如实提供会计凭证、会计账簿、会计报表和其他会计资料以及有关情况，不得拒绝、隐匿、谎报。

第八十三条　按照法律规定委托注册会计师进行审计的单位，应当委托注册会计师进行审计，并配合注册会计师的工作，如实提供会计凭证、会计账簿、会计报表和其他会计资料以及有关情况，不得拒绝、隐匿、谎报；不得示意注册会计师出具不当的审计报告。

第五章　内部会计管理制度

第八十四条　各单位应当根据《中华人民共和国会计法》和国家统一会计制度的规定，结合单位类型和内部管理的需要，建立健全相应的内部会计管理制度。

第八十五条　各单位制定内部会计管理制度应当遵循下列原则：

（一）应当执行法律、法规和国家统一的财务会计制度。

（二）应当体现本单位的生产经营、业务管理的特点和要求。

（三）应当全面规范本单位的各项会计工作，建立健全会计基础，保证会计工作的有序进行。

（四）应当科学、合理、便于操作和执行。

（五）应当定期检查执行情况。

（六）应当根据管理需要和执行中的问题不断完善。

第八十六条　各单位应当建立内部会计管理体系。主要内容包括：单位领导人、总会计师对会计工作的领导职责；会计部门及其会计机构负责人、会计主管人员的职责、权限；会计部门与其他职能部门的关系；会计核算的组织形式等。

第八十七条　各单位应当建立会计人员岗位责任制度。主要内容包括：会

计人员的工作岗位设置；各会计工作岗位的职责和标准；各会计工作岗位的人员和具体分工；会计工作岗位轮换办法；对各会计工作岗位的考核办法。

第八十八条　各单位应当建立账务处理程序制度。主要内容包括：会计科目及其明细科目的设置和使用；会计凭证的格式、审核要求和传递程序；会计核算方法；会计账簿的设置；编制会计报表的种类和要求；单位会计指标体系。

第八十九条　各单位当建立内部牵制制度。主要内容包括：内部牵制制度的原则；组织分工；出纳岗位的职责和限制条件；有关岗位的职责和权限。

第九十条　各单位应当建立稽核制度。主要内容包括：稽核工作的组织形式和具体分工；稽核工作的职责、权限；审核会计凭证和复核会计账簿、会计报表的方法。

第九十一条　各单位应当建立原始记录管理制度。主要内容包括：原始记录的内容和填制方法；原始记录的格式；原始记录的审核；原始记录填制人的责任；原始记录签署、传递、汇集要求。

第九十二条　各单位应当建立定额管理制度。主要内容包括：定额管理的范围；制定和修订定额的依据、程序和方法；定额的执行；定额考核的奖惩办法等。

第九十三条　各单位应当建立计量验收制度。主要内容包括：计量检测手段和方法；计量验收管理的要求；计量验收人员的责任和奖惩办法。

第九十四条　各单位应当建立财产清查制度。主要内容包括：财产清查的范围；财产清查的组织；财产清查的期限和方法；对财产清查中发现问题的处理办法；对财产管理人员的奖惩办法。

第九十五条　各单位应当建立财务收支审批制度。主要内容包括：财务收支审批人员和审批权限；财务收支审批程序；财务收支审批人员的责任。

第九十六条　实行成本核算的单位应当建立成本核算制度。主要内容包括：成本核算的对象；成本核算的方法和程序；成本分析等

第九十七条　各单位应当财务会计分析制度。主要内容包括：财务会计分析的主要内容；财务会计分析的基本要求和组织程序；财务会计分析的具体办法；财务会计分析报告的编写要求等。

第六章　附　则

第九十八条　本规范所称国家统一会计制度，是指由财政部制定、或者财

政部与国务院有关部门联合制定、或者经财政部审核批准的在全国范围内统一执行的会计规章、准则、办法等规范性文件。

本规范所称会计主管人员，是指不设置会计机构、只在其他机构中设置专职会计人员的单位行使会计机构负责人职权的人员。

本规范第三章第二节和第三节关于填制会计凭证、登记会计账薄的规定，除特别指出外，一般适用于手工记账。实行会计电算化的单位，填制会计凭证和登记会计账簿的有关要求，应当符合财政部关于会计电算化的有关规定。

第九十九条　各省、自治区、直辖市财政厅（局）、国务院各业务主管部门可以根据本规范的原则，结合本地区、本部门的具体情况，制定具体实施办法，报财政部备案。

第一百条　本规范由财政部负责解释、修改。

第一百零一条　本规范自公布之日起实施。1984年4月24日财政部发布《会计人员工作规则》同时废止。

中小学校长财务管理实务

中华人民共和国财政部令第 72 号

事业单位会计准则

《事业单位会计准则》已经 2012 年 12 月 5 日财政部部务会议修订通过,现将修订后的《事业单位会计准则》公布,自 2013 年 1 月 1 日起施行。

财政部
2012 年 12 月 6 日

事业单位会计准则

第一章 总 则

第一条 为了规范事业单位的会计核算,保证会计信息质量,促进公益事业健康发展,根据《中华人民共和国会计法》等有关法律、行政法规,制定本准则。

第二条 本准则适用于各级各类事业单位。

第三条 事业单位会计制度、行业事业单位会计制度(以下统称会计制度)等,由财政部根据本准则制定。

第四条 事业单位会计核算的目标是向会计信息使用者提供与事业单位财务状况、事业成果、预算执行等有关的会计信息,反映事业单位受托责任的履行情况,有助于会计信息使用者进行社会管理、作出经济决策。

事业单位会计信息使用者包括政府及其有关部门、举办(上级)单位、债权人、事业单位自身和其他利益相关者。

第五条 事业单位应当对其自身发生的经济业务或者事项进行会计核算。

第六条 事业单位会计核算应当以事业单位各项业务活动持续正常地进行为前提。

第七条 事业单位应当划分会计期间,分期结算账目和编制财务会计报告(又称财务报告,下同)。

会计期间至少分为年度和月度。会计年度、月度等会计期间的起讫日期采用公历日期。

第八条 事业单位会计核算应当以人民币作为记账本位币。发生外币业务时，应当将有关外币金额折算为人民币金额计量。

第九条 事业单位会计核算一般采用收付实现制；部分经济业务或者事项采用权责发生制核算的，由财政部在会计制度中具体规定。

行业事业单位的会计核算采用权责发生制的，由财政部在相关会计制度中规定。

第十条 事业单位会计要素包括资产、负债、净资产、收入、支出或者费用。

第十一条 事业单位应当采用借贷记账法记账。

第二章 会计信息质量要求

第十二条 事业单位应当以实际发生的经济业务或者事项为依据进行会计核算，如实反映各项会计要素的情况和结果，保证会计信息真实可靠。

第十三条 事业单位应当将发生的各项经济业务或者事项统一纳入会计核算，确保会计信息能够全面反映事业单位的财务状况、事业成果、预算执行等情况。

第十四条 事业单位对于已经发生的经济业务或者事项，应当及时进行会计核算，不得提前或者延后。

第十五条 事业单位提供的会计信息应当具有可比性。

同一事业单位不同时期发生的相同或者相似的经济业务或者事项，应当采用一致的会计政策，不得随意变更。确需变更的，应当将变更的内容、理由和对单位财务状况及事业成果的影响在附注中予以说明。

同类事业单位中不同单位发生的相同或者相似的经济业务或者事项，应当采用统一的会计政策，确保同类单位会计信息口径一致，相互可比。

第十六条 事业单位提供的会计信息应当与事业单位受托责任履行情况的反映、会计信息使用者的管理、决策需要相关，有助于会计信息使用者对事业单位过去、现在或者未来的情况作出评价或者预测。

第十七条 事业单位提供的会计信息应当清晰明了，便于会计信息使用者理解和使用。

第三章 资 产

第十八条 资产是指事业单位占有或者使用的能以货币计量的经济资源，包括各种财产、债权和其他权利。

第十九条 事业单位的资产按照流动性，分为流动资产和非流动资产。

流动资产是指预计在1年内（含1年）变现或者耗用的资产。

非流动资产是指流动资产以外的资产。

第二十条 事业单位的流动资产包括货币资金、短期投资、应收及预付款项、存货等。

货币资金包括库存现金、银行存款、零余额账户用款额度等。

短期投资是指事业单位依法取得的，持有时间不超过1年（含1年）的投资。

应收及预付款项是指事业单位在开展业务活动中形成的各项债权，包括财政应返还额度、应收票据、应收账款、其他应收款等应收款项和预付账款。

存货是指事业单位在开展业务活动及其他活动中为耗用而储存的资产，包括材料、燃料、包装物和低值易耗品等。

第二十一条 事业单位的非流动资产包括长期投资、在建工程、固定资产、无形资产等。

长期投资是指事业单位依法取得的，持有时间超过1年（不含1年）的各种股权和债权性质的投资。

在建工程是指事业单位已经发生必要支出，但尚未完工交付使用的各种建筑（包括新建、改建、扩建、修缮等）和设备安装工程。

固定资产是指事业单位持有的使用期限超过1年（不含1年），单位价值在规定标准以上，并在使用过程中基本保持原有物质形态的资产，包括房屋及构筑物、专用设备、通用设备等。单位价值虽未达到规定标准，但是耐用时间超过1年（不含1年）的大批同类物资，应当作为固定资产核算。

无形资产是指事业单位持有的没有实物形态的可辨认非货币性资产，包括专利权、商标权、著作权、土地使用权、非专利技术等。

第二十二条 事业单位的资产应当按照取得时的实际成本进行计量。除国家另有规定外，事业单位不得自行调整其账面价值。

应收及预付款项应当按照实际发生额计量。

以支付对价方式取得的资产，应当按照取得资产时支付的现金或者现金等价物的金额，或者按照取得资产时所付出的非货币性资产的评估价值等金额计量。

取得资产时没有支付对价的，其计量金额应当按照有关凭据注明的金额加上相关税费、运输费等确定；没有相关凭据的，其计量金额比照同类或类似资产的市场价格加上相关税费、运输费等确定；没有相关凭据、同类或类似资产的市场价格也无法可靠取得的，所取得的资产应当按照名义金额入账。

第二十三条　事业单位对固定资产计提折旧、对无形资产进行摊销的，由财政部在相关财务会计制度中规定。

第四章　负　债

第二十四条　负债是指事业单位所承担的能以货币计量，需要以资产或者劳务偿还的债务。

第二十五条　事业单位的负债按照流动性，分为流动负债和非流动负债。

流动负债是指预计在1年内（含1年）偿还的负债。

非流动负债是指流动负债以外的负债。

第二十六条　事业单位的流动负债包括短期借款、应付及预收款项、应付职工薪酬、应缴款项等。

短期借款是指事业单位借入的期限在1年内（含1年）的各种借款。

应付及预收款项是指事业单位在开展业务活动中发生的各项债务，包括应付票据、应付账款、其他应付款等应付款项和预收账款。

应付职工薪酬是指事业单位应付未付的职工工资、津贴补贴等。

应缴款项是指事业单位应缴未缴的各种款项，包括应当上缴国库或者财政专户的款项、应缴税费，以及其他按照国家有关规定应当上缴的款项。

第二十七条　事业单位的非流动负债包括长期借款、长期应付款等。

长期借款是指事业单位借入的期限超过1年（不含1年）的各种借款。

长期应付款是指事业单位发生的偿还期限超过1年（不含1年）的应付款项，主要指事业单位融资租入固定资产发生的应付租赁款。

第二十八条　事业单位的负债应当按照合同金额或实际发生额进行计量。

第五章　净资产

第二十九条　净资产是指事业单位资产扣除负债后的余额。

第三十条　事业单位的净资产包括事业基金、非流动资产基金、专用基金、财政补助结转结余、非财政补助结转结余等。

事业基金是指事业单位拥有的非限定用途的净资产,其来源主要为非财政补助结余扣除结余分配后滚存的金额。

非流动资产基金是指事业单位非流动资产占用的金额。

专用基金是指事业单位按规定提取或者设置的具有专门用途的净资产。

财政补助结转结余是指事业单位各项财政补助收入与其相关支出相抵后剩余滚存的、须按规定管理和使用的结转和结余资金。

非财政补助结转结余是指事业单位除财政补助收支以外的各项收入与各项支出相抵后的余额。其中,非财政补助结转是指事业单位除财政补助收支以外的各专项资金收入与其相关支出相抵后剩余滚存的、须按规定用途使用的结转资金;非财政补助结余是指事业单位除财政补助收支以外的各非专项资金收入与各非专项资金支出相抵后的余额。

第三十一条　事业基金、非流动资产基金、专用基金、财政补助结转结余、非财政补助结转结余等净资产项目应当分项列入资产负债表。

第六章　收　入

第三十二条　收入是指事业单位开展业务及其他活动依法取得的非偿还性资金。

第三十三条　事业单位的收入包括财政补助收入、事业收入、上级补助收入、附属单位上缴收入、经营收入和其他收入等。

财政补助收入是指事业单位从同级财政部门取得的各类财政拨款,包括基本支出补助和项目支出补助。

事业收入是指事业单位开展专业业务活动及其辅助活动取得的收入。其中:按照国家有关规定应当上缴国库或者财政专户的资金,不计入事业收入;从财政专户核拨给事业单位的资金和经核准不上缴国库或者财政专户的资金,计入事业收入。

上级补助收入是指事业单位从主管部门和上级单位取得的非财政补助收入。

附属单位上缴收入是指事业单位附属独立核算单位按照有关规定上缴的收入。

经营收入是指事业单位在专业业务活动及其辅助活动之外开展非独立核算经营活动取得的收入。

其他收入是指财政补助收入、事业收入、上级补助收入、附属单位上缴收入和经营收入以外的各项收入，包括投资收益、利息收入、捐赠收入等。

第三十四条　事业单位的收入一般应当在收到款项时予以确认，并按照实际收到的金额进行计量。

采用权责发生制确认的收入，应当在提供服务或者发出存货，同时收讫价款或者取得索取价款的凭据时予以确认，并按照实际收到的金额或者有关凭据注明的金额进行计量。

第七章　支出或者费用

第三十五条　支出或者费用是指事业单位开展业务及其他活动发生的资金耗费和损失。

第三十六条　事业单位的支出或者费用包括事业支出、对附属单位补助支出、上缴上级支出、经营支出和其他支出等。

事业支出是指事业单位开展专业业务活动及其辅助活动发生的基本支出和项目支出。

对附属单位补助支出是指事业单位用财政补助收入之外的收入对附属单位补助发生的支出。

上缴上级支出是指事业单位按照财政部门和主管部门的规定上缴上级单位的支出。

经营支出是指事业单位在专业业务活动及其辅助活动之外开展非独立核算经营活动发生的支出。

其他支出是指事业支出、对附属单位补助支出、上缴上级支出和经营支出以外的各项支出，包括利息支出、捐赠支出等。

第三十七条　事业单位开展非独立核算经营活动的，应当正确归集开展经营活动发生的各项费用数；无法直接归集的，应当按照规定的标准或比例合理分摊。

事业单位的经营支出与经营收入应当配比。

第三十八条　事业单位的支出一般应当在实际支付时予以确认，并按照实际支付金额进行计量。

采用权责发生制确认的支出或者费用,应当在其发生时予以确认,并按照实际发生额进行计量。

第八章 财务会计报告

第三十九条 财务会计报告是反映事业单位某一特定日期的财务状况和某一会计期间的事业成果、预算执行等会计信息的文件。

第四十条 事业单位的财务会计报告包括财务报表和其他应当在财务会计报告中披露的相关信息和资料。

第四十一条 财务报表是对事业单位财务状况、事业成果、预算执行情况等的结构性表述。财务报表由会计报表及其附注构成。

会计报表至少应当包括下列组成部分:

(一)资产负债表;

(二)收入支出表或者收入费用表;

(三)财政补助收入支出表。

第四十二条 资产负债表是指反映事业单位在某一特定日期的财务状况的报表。

资产负债表应当按照资产、负债和净资产分类列示。资产和负债应当分别流动资产和非流动资产、流动负债和非流动负债列示。

第四十三条 收入支出表或者收入费用表是指反映事业单位在某一会计期间的事业成果及其分配情况的报表。

收入支出表或者收入费用表应当按照收入、支出或者费用的构成和非财政补助结余分配情况分项列示。

第四十四条 财政补助收入支出表是指反映事业单位在某一会计期间财政补助收入、支出、结转及结余情况的报表。

第四十五条 附注是指对在会计报表中列示项目的文字描述或明细资料,以及对未能在会计报表中列示项目的说明等。

附注至少应当包括下列内容:

(一)遵循事业单位会计准则、事业单位会计制度(行业事业单位会计制度)的声明;

(二)会计报表中列示的重要项目的进一步说明,包括其主要构成、增减变动情况等;

（三）有助于理解和分析会计报表需要说明的其他事项。

第四十六条　事业单位财务报表应当根据登记完整、核对无误的账簿记录和其他有关资料编制，做到数字真实、计算准确、内容完整、报送及时。

第九章　附　则

第四十七条　纳入企业财务管理体系的事业单位执行企业会计准则或小企业会计准则。

第四十八条　参照公务员法管理的事业单位对本准则的适用，由财政部另行规定。

第四十九条　本准则自 2013 年 1 月 1 日起施行。1997 年 5 月 28 日财政部印发的《事业单位会计准则（试行）》（财预字 [1997]286 号）同时废止。

中小学校长财务管理实务

中华人民共和国财政部令

第 68 号

根据《国务院关于〈事业单位财务规则〉的批复》（国函〔1996〕81号）的规定，财政部对《事业单位财务规则》（财政部令第8号）进行了修订，修订后的《事业单位财务规则》已经部务会议审议通过，现予公布，自2012年4月1日起施行。

二〇一二年二月七日

事业单位财务规则

第一章 总 则

第一条 为了进一步规范事业单位的财务行为，加强事业单位财务管理和监督，提高资金使用效益，保障事业单位健康发展，制定本规则。

第二条 本规则适用于各级各类事业单位（以下简称事业单位）的财务活动。

第三条 事业单位财务管理的基本原则是：执行国家有关法律、法规和财务规章制度；坚持勤俭办事业的方针；正确处理事业发展需要和资金供给的关系，社会效益和经济效益的关系，国家、单位和个人三者利益的关系。

第四条 事业单位财务管理的主要任务是：合理编制单位预算，严格预算执行，完整、准确编制单位决算，真实反映单位财务状况；依法组织收入，努力节约支出；建立健全财务制度，加强经济核算，实施绩效评价，提高资金使用效益；加强资产管理，合理配置和有效利用资产，防止资产流失；加强对单位经济活动的财务控制和监督，防范财务风险。

第五条 事业单位的财务活动在单位负责人的领导下，由单位财务部门统一管理。

第二章 单位预算管理

第六条 事业单位预算是指事业单位根据事业发展目标和计划编制的年度财务收支计划。

事业单位预算由收入预算和支出预算组成。

第七条 国家对事业单位实行核定收支、定额或者定项补助、超支不补、结转和结余按规定使用的预算管理办法。

定额或者定项补助根据国家有关政策和财力可能,结合事业特点、事业发展目标和计划、事业单位收支及资产状况等确定。定额或者定项补助可以为零。

非财政补助收入大于支出较多的事业单位,可以实行收入上缴办法。具体办法由财政部门会同有关主管部门制定。

第八条 事业单位参考以前年度预算执行情况,根据预算年度的收入增减因素和措施,以及以前年度结转和结余情况,测算编制收入预算;根据事业发展需要与财力可能,测算编制支出预算。

事业单位预算应当自求收支平衡,不得编制赤字预算。

第九条 事业单位根据年度事业发展目标和计划以及预算编制的规定,提出预算建议数,经主管部门审核汇总报财政部门(一级预算单位直接报财政部门,下同)。事业单位根据财政部门下达的预算控制数编制预算,由主管部门审核汇总报财政部门,经法定程序审核批复后执行。

第十条 事业单位应当严格执行批准的预算。预算执行中,国家对财政补助收入和财政专户管理资金的预算一般不予调整。上级下达的事业计划有较大调整,或者根据国家有关政策增加或者减少支出,对预算执行影响较大时,事业单位应当报主管部门审核后报财政部门调整预算;财政补助收入和财政专户管理资金以外部分的预算需要调增或者调减的,由单位自行调整并报主管部门和财政部门备案。

收入预算调整后,相应调增或者调减支出预算。

第十一条 事业单位决算是指事业单位根据预算执行结果编制的年度报告。

第十二条 事业单位应当按照规定编制年度决算,由主管部门审核汇总后报财政部门审批。

第十三条 事业单位应当加强决算审核和分析,保证决算数据的真实、准确,规范决算管理工作。

第三章 收入管理

第十四条 收入是指事业单位为开展业务及其他活动依法取得的非偿还性资金。

第十五条 事业单位收入包括:

(一)财政补助收入,即事业单位从同级财政部门取得的各类财政拨款。

(二)事业收入,即事业单位开展专业业务活动及其辅助活动取得的收入。其中:按照国家有关规定应当上缴国库或者财政专户的资金,不计入事业收入;从财政专户核拨给事业单位的资金和经核准不上缴国库或者财政专户的资金,计入事业收入。

(三)上级补助收入,即事业单位从主管部门和上级单位取得的非财政补助收入。

(四)附属单位上缴收入,即事业单位附属独立核算单位按照有关规定上缴的收入。

(五)经营收入,即事业单位在专业业务活动及其辅助活动之外开展非独立核算经营活动取得的收入。

(六)其他收入,即本条上述规定范围以外的各项收入,包括投资收益、利息收入、捐赠收入等。

第十六条 事业单位应当将各项收入全部纳入单位预算,统一核算,统一管理。

第十七条 事业单位对按照规定上缴国库或者财政专户的资金,应当按照国库集中收缴的有关规定及时足额上缴,不得隐瞒、滞留、截留、挪用和坐支。

第四章 支出管理

第十八条 支出是指事业单位开展业务及其他活动发生的资金耗费和损失。

第十九条 事业单位支出包括:

(一)事业支出,即事业单位开展专业业务活动及其辅助活动发生的基本支出和项目支出。基本支出是指事业单位为了保障其正常运转、完成日常工作任务而发生的人员支出和公用支出。项目支出是指事业单位为了完成特定工作任务和事业发展目标,在基本支出之外所发生的支出。

(二)经营支出,即事业单位在专业业务活动及其辅助活动之外开展非独立核算经营活动发生的支出。

（三）对附属单位补助支出，即事业单位用财政补助收入之外的收入对附属单位补助发生的支出。

（四）上缴上级支出，即事业单位按照财政部门和主管部门的规定上缴上级单位的支出。

（五）其他支出，即本条上述规定范围以外的各项支出，包括利息支出、捐赠支出等。

第二十条　事业单位应当将各项支出全部纳入单位预算，建立健全支出管理制度。

第二十一条　事业单位的支出应当严格执行国家有关财务规章制度规定的开支范围及开支标准；国家有关财务规章制度没有统一规定的，由事业单位规定，报主管部门和财政部门备案。事业单位的规定违反法律制度和国家政策的，主管部门和财政部门应当责令改正。

第二十二条　事业单位在开展非独立核算经营活动中，应当正确归集实际发生的各项费用数；不能归集的，应当按照规定的比例合理分摊。

经营支出应当与经营收入配比。

第二十三条　事业单位从财政部门和主管部门取得的有指定项目和用途的专项资金，应当专款专用、单独核算，并按照规定向财政部门或者主管部门报送专项资金使用情况；项目完成后，应当报送专项资金支出决算和使用效果的书面报告，接受财政部门或者主管部门的检查、验收。

第二十四条　事业单位应当加强经济核算，可以根据开展业务活动及其他活动的实际需要，实行内部成本核算办法。

第二十五条　事业单位应当严格执行国库集中支付制度和政府采购制度等有关规定。

第二十六条　事业单位应当加强支出的绩效管理，提高资金使用的有效性。

第二十七条　事业单位应当依法加强各类票据管理，确保票据来源合法、内容真实、使用正确，不得使用虚假票据。

第五章　结转和结余管理

第二十八条　结转和结余是指事业单位年度收入与支出相抵后的余额。

结转资金是指当年预算已执行但未完成，或者因故未执行，下一年度需要

按照原用途继续使用的资金。结余资金是指当年预算工作目标已完成，或者因故终止，当年剩余的资金。

经营收支结转和结余应当单独反映。

第二十九条　财政拨款结转和结余的管理，应当按照同级财政部门的规定执行。

第三十条　非财政拨款结转按照规定结转下一年度继续使用。非财政拨款结余可以按照国家有关规定提取职工福利基金，剩余部分作为事业基金用于弥补以后年度单位收支差额；国家另有规定的，从其规定。

第三十一条　事业单位应当加强事业基金的管理，遵循收支平衡的原则，统筹安排、合理使用，支出不得超出基金规模。

第六章　专用基金管理

第三十二条　专用基金是指事业单位按照规定提取或者设置的有专门用途的资金。

专用基金管理应当遵循先提后用、收支平衡、专款专用的原则，支出不得超出基金规模。

第三十三条　专用基金包括：

（一）修购基金，即按照事业收入和经营收入的一定比例提取，并按照规定在相应的购置和修缮科目中列支（各列50%），以及按照其他规定转入，用于事业单位固定资产维修和购置的资金。事业收入和经营收入较少的事业单位可以不提取修购基金，实行固定资产折旧的事业单位不提取修购基金。

（二）职工福利基金，即按照非财政拨款结余的一定比例提取以及按照其他规定提取转入，用于单位职工的集体福利设施、集体福利待遇等的资金。

（三）其他基金，即按照其他有关规定提取或者设置的专用资金。

第三十四条　各项基金的提取比例和管理办法，国家有统一规定的，按照统一规定执行；没有统一规定的，由主管部门会同同级财政部门确定。

第七章　资产管理

第三十五条　资产是指事业单位占有或者使用的能以货币计量的经济资源，包括各种财产、债权和其他权利。

第三十六条　事业单位的资产包括流动资产、固定资产、在建工程、无形资产和对外投资等。

第三十七条 事业单位应当建立健全单位资产管理制度,加强和规范资产配置、使用和处置管理,维护资产安全完整,保障事业健康发展。

第三十八条 事业单位应当按照科学规范、从严控制、保障事业发展需要的原则合理配置资产。

第三十九条 流动资产是指可以在一年以内变现或者耗用的资产,包括现金、各种存款、零余额账户用款额度、应收及预付款项、存货等。

前款所称存货是指事业单位在开展业务活动及其他活动中为耗用而储存的资产,包括材料、燃料、包装物和低值易耗品等。

事业单位应当建立健全现金及各种存款的内部管理制度,对存货进行定期或者不定期的清查盘点,保证账实相符。对存货盘盈、盘亏应当及时处理。

第四十条 固定资产是指使用期限超过一年,单位价值在1000元以上(其中:专用设备单位价值在1500元以上),并在使用过程中基本保持原有物质形态的资产。单位价值虽未达到规定标准,但是耐用时间在一年以上的大批同类物资,作为固定资产管理。

固定资产一般分为六类:房屋及构筑物;专用设备;通用设备;文物和陈列品;图书、档案;家具、用具、装具及动植物。行业事业单位的固定资产明细目录由国务院主管部门制定,报国务院财政部门备案。

第四十一条 事业单位应当对固定资产进行定期或者不定期的清查盘点。年度终了前应当进行一次全面清查盘点,保证账实相符。

第四十二条 在建工程是指已经发生必要支出,但尚未达到交付使用状态的建设工程。

在建工程达到交付使用状态时,应当按照规定办理工程竣工财务决算和资产交付使用。

第四十三条 无形资产是指不具有实物形态而能为使用者提供某种权利的资产,包括专利权、商标权、著作权、土地使用权、非专利技术、商誉以及其他财产权利。

事业单位转让无形资产,应当按照有关规定进行资产评估,取得的收入按照国家有关规定处理。事业单位取得无形资产发生的支出,应当计入事业支出。

第四十四条 对外投资是指事业单位依法利用货币资金、实物、无形资产等方式向其他单位的投资。

事业单位应当严格控制对外投资。在保证单位正常运转和事业发展的前提

下,按照国家有关规定可以对外投资的,应当履行相关审批程序。事业单位不得使用财政拨款及其结余进行对外投资,不得从事股票、期货、基金、企业债券等投资,国家另有规定的除外。

事业单位以非货币性资产对外投资的,应当按照国家有关规定进行资产评估,合理确定资产价值。

第四十五条 事业单位资产处置应当遵循公开、公平、公正和竞争、择优的原则,严格履行相关审批程序。

事业单位出租、出借资产,应当按照国家有关规定经主管部门审核同意后报同级财政部门审批。

第四十六条 事业单位应当提高资产使用效率,按照国家有关规定实行资产共享、共用。

第八章　负债管理

第四十七条 负债是指事业单位所承担的能以货币计量,需要以资产或者劳务偿还的债务。

第四十八条 事业单位的负债包括借入款项、应付款项、暂存款项、应缴款项等。

应缴款项包括事业单位收取的应当上缴国库或者财政专户的资金、应缴税费,以及其他按照国家有关规定应当上缴的款项。

第四十九条 事业单位应当对不同性质的负债分类管理,及时清理并按照规定办理结算,保证各项负债在规定期限内归还。

第五十条 事业单位应当建立健全财务风险控制机制,规范和加强借入款项管理,严格执行审批程序,不得违反规定举借债务和提供担保。

第九章　事业单位清算

第五十一条 事业单位发生划转、撤销、合并、分立时,应当进行清算。

第五十二条 事业单位清算,应当在主管部门和财政部门的监督指导下,对单位的财产、债权、债务等进行全面清理,编制财产目录和债权、债务清单,提出财产作价依据和债权、债务处理办法,做好资产的移交、接收、划转和管理工作,并妥善处理各项遗留问题。

第五十三条 事业单位清算结束后,经主管部门审核并报财政部门批准,其资产分别按照下列办法处理：

（一）因隶属关系改变，成建制划转的事业单位，全部资产无偿移交，并相应划转经费指标。

（二）转为企业管理的事业单位，全部资产扣除负债后，转作国家资本金。需要进行资产评估的，按照国家有关规定执行。

（三）撤销的事业单位，全部资产由主管部门和财政部门核准处理。

（四）合并的事业单位，全部资产移交接收单位或者新组建单位，合并后多余的资产由主管部门和财政部门核准处理。

（五）分立的事业单位，资产按照有关规定移交分立后的事业单位，并相应划转经费指标。

第十章　财务报告和财务分析

第五十四条　财务报告是反映事业单位一定时期财务状况和事业成果的总结性书面文件。

事业单位应当定期向主管部门和财政部门以及其他有关的报表使用者提供财务报告。

第五十五条　事业单位报送的年度财务报告包括资产负债表、收入支出表、财政拨款收入支出表、固定资产投资决算报表等主表，有关附表以及财务情况说明书等。

第五十六条　财务情况说明书，主要说明事业单位收入及其支出、结转、结余及其分配、资产负债变动、对外投资、资产出租出借、资产处置、固定资产投资、绩效考评的情况，对本期或者下期财务状况发生重大影响的事项，以及需要说明的其他事项。

第五十七条　财务分析的内容包括预算编制与执行、资产使用、收入支出状况等。

财务分析的指标包括预算收入和支出完成率、人员支出与公用支出分别占事业支出的比率、人均基本支出、资产负债率等。主管部门和事业单位可以根据本单位的业务特点增加财务分析指标。

第十一章　财务监督

第五十八条　事业单位财务监督主要包括对预算管理、收入管理、支出管理、结转和结余管理、专用基金管理、资产管理、负债管理等的监督。

第五十九条 事业单位财务监督应当实行事前监督、事中监督、事后监督相结合,日常监督与专项监督相结合。

第六十条 事业单位应当建立健全内部控制制度、经济责任制度、财务信息披露制度等监督制度,依法公开财务信息。

第六十一条 事业单位应当依法接受主管部门和财政、审计部门的监督。

第十二章 附　则

第六十二条 事业单位基本建设投资的财务管理,应当执行本规则,但国家基本建设投资财务管理制度另有规定的,从其规定。

第六十三条 参照公务员法管理的事业单位财务制度的适用,由国务院财政部门另行规定。

第六十四条 接受国家经常性资助的社会力量举办的公益服务性组织和社会团体,依照本规则执行;其他社会力量举办的公益服务性组织和社会团体,可以参照本规则执行。

第六十五条 下列事业单位或者事业单位特定项目,执行企业财务制度,不执行本规则:

(一)纳入企业财务管理体系的事业单位和事业单位附属独立核算的生产经营单位;

(二)事业单位经营的接受外单位要求投资回报的项目;

(三)经主管部门和财政部门批准的具备条件的其他事业单位。

第六十六条 行业特点突出,需要制定行业事业单位财务管理制度的,由国务院财政部门会同有关主管部门根据本规则制定。

部分行业根据成本核算和绩效管理的需要,可以在行业事业单位财务管理制度中引入权责发生制。

第六十七条 省、自治区、直辖市人民政府财政部门可以根据本规则结合本地区实际情况制定事业单位具体财务管理办法。

第六十八条 本规则自 2012 年 4 月 1 日起施行。

附件：事业单位财务分析指标

事业单位财务分析指标

1. 预算收入和支出完成率，衡量事业单位收入和支出总预算及分项预算完成的程度。计算公式为：

预算收入完成率＝年终执行数÷（年初预算数±年中预算调整数）×100%

年终执行数不含上年结转和结余收入数

预算支出完成率＝年终执行数÷（年初预算数±年中预算调整数）×100%

年终执行数不含上年结转和结余支出数

2. 人员支出、公用支出占事业支出的比率，衡量事业单位事业支出结构。计算公式为：

人员支出比率＝人员支出÷事业支出×100%

公用支出比率＝公用支出÷事业支出×100%

3. 人均基本支出，衡量事业单位按照实际在编人数平均的基本支出水平。计算公式为：

人均基本支出＝（基本支出－离退休人员支出）÷实际在编人数

4. 资产负债率，衡量事业单位利用债权人提供资金开展业务活动的能力，以及反映债权人提供资金的安全保障程度。计算公式为：

资产负债率＝负债总额÷资产总额×100%

中小学校长财务管理实务

ZHONG XIAO XUE XIAO ZHANG CAI WU GUAN LI SHI WU

关于印发《事业单位会计制度》的通知

财会 [2012] 22 号

中共中央直属机关事务管理局、铁道部、国务院机关事务管理局，各省、自治区、直辖市、计划单列市财政厅（局），新疆生产建设兵团财务局：

为了进一步规范事业单位的会计核算，提高会计信息质量，根据《中华人民共和国会计法》、《事业单位会计准则》和《事业单位财务规则》，我部对《事业单位会计制度》（财预字〔1997〕288 号）进行了修订。现将修订后的《事业单位会计制度》印发给你们，自 2013 年 1 月 1 日起施行。执行中有何问题，请及时反馈我部。

附件：事业单位会计制度

财政部
2012 年 12 月 19 日

事业单位会计制度

第一部分 总说明

一、为了规范事业单位的会计核算，保证会计信息质量，根据《中华人民共和国会计法》、《事业单位会计准则》和《事业单位财务规则》，制定本制度。

二、本制度适用于各级各类事业单位，下列事业单位除外：

（一）按规定执行《医院会计制度》等行业事业单位会计制度的事业单位；

（二）纳入企业财务管理体系执行企业会计准则或小企业会计准则的事业单位。

参照公务员法管理的事业单位对本制度的适用，由财政部另行规定。

三、事业单位对基本建设投资的会计核算在执行本制度的同时，还应当按照国家有关基本建设会计核算的规定单独建账、单独核算。

四、事业单位会计核算一般采用收付实现制，但部分经济业务或者事项的核算应当按照本制度的规定采用权责发生制。

五、事业单位应当按照《事业单位财务规则》或相关财务制度的规定确定是否对固定资产计提折旧、对无形资产进行摊销。

对固定资产计提折旧、对无形资产进行摊销的，按照本制度规定处理。

不对固定资产计提折旧、不对无形资产进行摊销的，不设置本制度规定的"累计折旧"、"累计摊销"科目，在进行账务处理时不考虑本制度其他科目说明中涉及的"累计折旧"、"累计摊销"科目。

六、事业单位会计要素包括资产、负债、净资产、收入和支出。

七、事业单位应当按照下列规定运用会计科目：

（一）事业单位应当按照本制度的规定设置和使用会计科目。在不影响会计处理和编报财务报表的前提下，可以根据实际情况自行增设、减少或合并某些明细科目。

（二）本制度统一规定会计科目的编号，以便于填制会计凭证、登记账簿、查阅账目，实行会计信息化管理。事业单位不得打乱重编。

（三）事业单位在填制会计凭证、登记会计账簿时，应当填列会计科目的名称，或者同时填列会计科目的名称和编号，不得只填列科目编号、不填列科目名称。

八、事业单位应当按照下列规定编报财务报表：

（一）事业单位的财务报表由会计报表及其附注构成。会计报表包括资产负债表、收入支出表和财政补助收入支出表。

（二）事业单位的财务报表应当按照月度和年度编制。

（三）事业单位应当根据本制度规定编制并对外提供真实、完整的财务报表。事业单位不得违反本制度规定，随意改变财务报表的编制基础、编制依据、编制原则和方法，不得随意改变本制度规定的财务报表有关数据的会计口径。

（四）事业单位财务报表应当根据登记完整、核对无误的账簿记录和其他有关资料编制，做到数字真实、计算准确、内容完整、报送及时。

（五）事业单位财务报表应当由单位负责人和主管会计工作的负责人、会计机构负责人（会计主管人员）签名并盖章。

九、事业单位会计机构设置、会计人员配备、会计基础工作、会计档案管理、内部控制等，按照《中华人民共和国会计法》、《会计基础工作规范》、《会计档案管理办法》、《行政事业单位内部控制规范（试行）》等规定执行。开展会计信息化工作的事业单位，还应按照财政部制定的相关会计信息化工作规范

执行。

十、本制度自 2013 年 1 月 1 日起施行。1997 年 7 月 17 日财政部印发的《事业单位会计制度》(财预字〔1997〕288 号)同时废止。

第二部分（略）

财政部 教育部关于印发《中小学校财务制度》的通知

财教〔2012〕489号

各省、自治区、直辖市、计划单列市财政厅（局）、教育厅（教委、局），新疆生产建设兵团财务局、教育局，国务院有关部委、有关直属机构：

为进一步规范中小学校的财务行为，加强财务管理和监督，提高资金使用效益，促进中小学校事业健康发展，根据《事业单位财务规则》（财政部令第68号）和国家有关法律制度，财政部会同教育部对《中小学校财务制度》进行了修订。现予印发，请遵照执行。

财政部　教育部
2012年12月21日

中小学校财务制度

第一章　总　则

第一条　为了进一步规范中小学校的财务行为，加强财务管理和监督，提高资金使用效益，促进教育事业健康发展，根据《事业单位财务规则》和国家有关法律制度，结合中小学校特点，制定本制度。

第二条　本制度适用于各级人民政府和接受国家经常性资助的社会力量举办的普通中小学校、中等职业学校、特殊教育学校、工读教育学校、成人中学和成人初等学校。

其他社会力量举办的上述学校可以参照本制度执行。

第三条　中小学校财务管理的基本原则是：贯彻执行国家有关法律、法规和财务规章制度；坚持勤俭办学的方针；正确处理事业发展需要和资金供给的关系，社会效益和经济效益的关系，国家、学校和个人三者利益的关系。

第四条　中小学校财务管理的主要任务是：合理编制学校预算，严格预算执行，完整、准确编制学校决算，真实反映学校财务状况；依法筹集教育经费，

努力节约支出;建立健全财务制度,加强经济核算,实施绩效评价,提高资金使用效益;加强资产管理,合理配置和有效利用资产,防止资产流失;加强对学校经济活动的财务控制和监督,防范财务风险。

第二章 财务管理体制

第五条 中小学校财务管理实行校长负责制。学校的财务活动在校长的领导下,由学校财务部门统一管理。

第六条 中小学校以校为单位进行会计核算。

实行"集中记账,分校核算"的,不改变学校财务管理权。即在一定区域内,由县级财政和教育部门确定的会计核算机构统一办理区域内中小学校的会计核算,学校设置报账员,在校长领导下,管理学校的财务活动,统一在会计核算机构报账。

具体采取何种方式,由地方财政和教育部门根据当地实际情况确定。

第七条 中小学校财会人员的任职条件、工作职责、工作权限、专业技术职务、任免奖罚,应当严格按照国家会计法律制度执行。

第八条 非独立核算的勤工俭学、社会服务和经营等项目的财务活动,由学校财务部门统一管理。

义务教育阶段学校按照国家有关规定不得从事经营活动。

第九条 中小学校食堂应当坚持公益性和非营利性原则,在学校财务部门统一管理下,实行单独核算,定期公开账务。

第三章 预算管理

第十条 中小学校预算是指中小学校根据教育事业发展目标和计划编制的年度财务收支计划。

中小学校预算由收入预算和支出预算组成。

第十一条 国家对中小学校实行核定收支、定额或者定项补助、超支不补、结转和结余按照规定使用的预算管理办法。

定额或者定项补助根据国家有关政策和财力可能,结合中小学校特点、事业发展目标和计划、学校收支及资产状况等确定。

国家将义务教育经费全面纳入财政预算,由国务院和地方各级人民政府依法予以保障。

第十二条　中小学校预算以校为基本编制单位,教学点纳入其所隶属学校统一编制。预算编制应当坚持量入为出、收支平衡、统筹兼顾、保证重点的原则。中小学校不得编制赤字预算。

第十三条　收入预算,应当考虑学校维持正常运转和发展的基本需要,参考以前年度的预算执行情况和预算年度的收入增减因素,积极稳妥地逐项测算编制。

支出预算,应当根据学校开展教育教学等活动需要和财力可能,分轻重缓急,按照政府支出分类科目分项测算编制。

第十四条　中小学校预算由学校根据年度事业发展目标和计划以及预算编制的规定,提出预算建议数,经主管部门审核汇总后报财政部门。中小学校根据财政部门下达的预算控制数编制预算,由主管部门审核汇总报财政部门,经法定程序审核批复后执行。

第十五条　中小学校应当严格执行批准的预算,规范办理收支事项,加强预算执行管理。

第十六条　预算执行中,财政补助收入和财政专户管理资金的预算一般不予调整。如果国家有关政策或者事业计划有较大调整,对预算执行影响较大,确需调整的,中小学校应当报主管部门审核后报财政部门调整预算。财政补助收入和财政专户管理资金以外部分的预算需要调增或者调减的,由学校自行调整并报主管部门和财政部门备案。

收入预算调整后,相应调增或者调减支出预算。

第十七条　中小学校决算是指中小学校根据预算执行结果编制的年度报告。

第十八条　中小学校应当按照规定编制年度决算,由主管部门审核汇总后报财政部门审批。

第十九条　中小学校应当加强决算审核和分析,保证决算数据的真实、准确,规范决算管理工作。

第四章　收入管理

第二十条　收入是指中小学校为开展教育教学及其他活动依法取得的非偿还性资金。

第二十一条　中小学校收入包括:

中小学校长财务管理实务

（一）财政补助收入，即中小学校从同级财政部门取得的各类财政拨款。

（二）事业收入，即中小学校开展教育教学及其辅助活动依法取得的收入。其中：按照国家规定应当上缴国库或者财政专户的资金，不计入事业收入；从财政专户核拨给学校的资金和经核准不上缴国库或者财政专户的资金，计入事业收入。

（三）上级补助收入，即中小学校从主管部门和上级单位取得的非财政补助收入。

（四）附属单位上缴收入，即中小学校附属的独立核算单位按照规定上缴学校的收入。

（五）经营收入，即非义务教育阶段学校在教育教学及其辅助活动之外，开展非独立核算经营活动取得的收入。

（六）其他收入，即本条上述规定范围以外的各项收入，包括投资收益、利息收入、捐赠收入等。

第二十二条　中小学校应当将各项收入全部纳入学校预算，统一核算，统一管理。

中小学校严禁设立"小金库"，严禁账外设账，严禁公款私存。

第二十三条　中小学校组织收入应当合法合规；各项收费应当严格执行国家规定的收费范围、收费项目和收费标准，使用符合国家规定的合法票据。对按照规定上缴国库或者财政专户的资金，中小学校应当按照国库集中收缴的有关规定及时足额上缴，不得隐瞒、滞留、截留、挪用和坐支。

第五章　支出管理

第二十四条　支出是指中小学校为开展教育教学及其他活动发生的各项资金耗费和损失。

第二十五条　中小学校支出包括：

（一）事业支出，即中小学校开展教育教学及其辅助活动发生的基本支出和项目支出。基本支出是指中小学校为了保障其正常运转、完成教育教学和其他日常工作任务而发生的人员支出和公用支出。项目支出是指中小学校为了完成特定工作任务和事业发展目标，在基本支出之外所发生的支出。

（二）经营支出，即非义务教育阶段学校在教育教学及其辅助活动之外开展非独立核算经营活动发生的支出。

（三）对附属单位补助支出，即非义务教育阶段学校用财政补助收入之外的收入对附属单位补助发生的支出。

（四）上缴上级支出，即中小学校按照财政部门和主管部门的规定上缴上级单位的支出。

（五）其他支出，即本条上述规定范围以外的各项支出，包括利息支出、捐赠支出等。

中小学校可以结合实际，在上述支出分类的基础上，进一步按照教育教学功能细化支出分类。

第二十六条　中小学校应当将各项支出全部纳入学校预算，建立健全支出管理制度。

第二十七条　中小学校的支出应当严格执行国家有关财务规章制度规定的开支范围及开支标准；国家有关财务规章制度没有统一规定的，由学校结合本校情况规定，报主管部门和财政部门备案。学校规定违反法律制度和国家政策的，主管部门和财政部门应当责令改正。

中小学校应当加强支出管理，基本支出、项目支出不得混用。公用支出不得用于教职工福利等人员支出。项目支出应当按照规定专款专用，不得挤占和挪用。

第二十八条　非义务教育阶段学校开展非独立核算经营活动，应当以不影响正常教育教学活动为前提。在开展非独立核算经营活动中，应当加强经济核算，正确归集实际发生的各项费用；不能直接归集的，应当按照规定的比例合理分摊。

经营支出应当与经营收入配比。

第二十九条　中小学校从财政部门和主管部门取得的有指定项目和用途的专项资金，应当专款专用、单独核算，并按照规定向财政部门或者主管部门报送资金使用情况；项目完成后，应当报送专项资金支出决算和使用效果的书面报告，并接受财政部门和主管部门的检查、验收。

第三十条　中小学校各项支出应当按照实际发生数列支，不得虚列虚报，不得以计划数和预算数代替。

第三十一条　中小学校应当严格执行国库集中支付制度和政府采购制度等有关规定。

第三十二条　中小学校应当加强支出的绩效管理，提高资金使用的有效性。

第三十三条　中小学校应当依法加强各类票据管理，确保票据来源合法、

中小学校长财务管理实务

内容真实、使用正确,不得使用虚假票据。

第六章 结转和结余管理

第三十四条 结转和结余是指中小学校年度收入与支出相抵后的余额。

结转资金是指当年预算已执行但未完成,或者因故未执行,下一年度需要按照原用途继续使用的资金。结余资金是指当年预算工作目标已完成,或者因故终止,当年剩余的资金。

经营收支结转和结余应当单独反映。

第三十五条 财政拨款结转和结余的管理,应当按照同级财政部门的规定执行。

第三十六条 非财政拨款结转按照规定结转下一年度继续使用。非财政拨款结余可以按照国家有关规定提取职工福利基金,剩余部分作为事业基金用于弥补以后年度学校收支差额;国家另有规定的,从其规定。

第三十七条 中小学校应当加强事业基金的管理,遵循收支平衡的原则,统筹安排、合理使用,支出不得超过基金规模。

第七章 专用基金管理

第三十八条 专用基金是指中小学校按照规定提取或者设置的有专门用途的资金。

专用基金管理应当遵循先提后用、收支平衡、专款专用的原则,支出不得超出基金规模。

第三十九条 专用基金包括:

(一)修购基金,即按照事业收入和经营收入的一定比例提取,并按照规定在相应的购置和修缮科目中列支(各列 50%),以及按照其他规定转入,用于学校固定资产维修和购置的资金。

义务教育阶段学校不提取修购基金。事业收入和经营收入较少的其他中小学校,可以不提取修购基金。

(二)职工福利基金,即按照非财政拨款结余的一定比例提取以及按照其他规定提取转入,用于职工集体福利设施、集体福利待遇等的资金。

(三)奖助学基金,即接受社会捐赠和按照规定从事业收入中提取转入,用于奖励、资助学生的资金。

（四）其他基金，即按照其他有关规定，根据事业发展需要提取或者设置的专用资金。

第四十条　各项基金的提取比例和管理办法，国家有统一规定的，按照统一规定执行；没有统一规定的，由主管部门会同同级财政部门确定。

第八章　资产管理

第四十一条　资产是指中小学校占有或者使用的能以货币计量的经济资源，包括各种财产、债权和其他权利。

第四十二条　中小学校的资产包括流动资产、固定资产、在建工程、无形资产和对外投资等。

第四十三条　中小学校应当建立健全资产管理制度，加强和规范资产配置、使用和处置管理，维护资产安全完整，保障事业健康发展。

第四十四条　中小学校应当按照科学规范、从严控制、保障学校正常运转和事业发展需要的原则合理配置资产。

第四十五条　流动资产是指可以在一年以内变现或者耗用的资产，包括现金、各种存款、零余额账户用款额度、应收及预付款项、存货等。

应收及预付款项是指中小学校在开展教育教学和其他活动过程中形成的各项债权，包括应收账款、应收票据、预付账款和其他应收款等。

存货是指中小学校在开展教育教学及其他活动中为耗用而储存的资产，包括各类材料、燃料、消耗物资和低值易耗品等。

第四十六条　中小学校应当按照国家有关规定，建立健全现金及各种存款的内部管理制度，加强资金监督管理，对应收及预付款项应当及时清理结算，不得长期挂账。对存货进行定期或者不定期的清查盘点，保证账实相符。对存货的盘盈、盘亏应当及时处理。

第四十七条　固定资产是指使用期限超过一年，单位价值在1000元以上（其中：专用设备单位价值在1500元以上），并在使用过程中基本保持原有物质形态的资产。单位价值虽未达到规定标准，但是耐用时间在一年以上的大批同类物资，作为固定资产管理。

中小学校的固定资产一般分为六类：房屋及构筑物；专用设备；通用设备；文物和陈列品；图书、档案；家具、用具、装具及动植物。

中小学校的固定资产明细目录由教育部制定，报财政部备案。

第四十八条 中小学校应当设置固定资产总账、明细账及固定资产卡片,详细记载固定资产的编码、名称、类别、规格、型号、原值、购置日期、使用部门等信息,完整反映固定资产情况。

中小学校应当对固定资产进行定期或者不定期的清查盘点。年度终了前应当进行一次全面清查盘点,做到账、卡、物相符。对盘盈、盘亏的固定资产,应当及时查明原因,按照规定处理。

第四十九条 在建工程是指已经发生必要支出,但尚未达到交付使用状态的建设工程。

在建工程达到交付使用状态时,应当按照规定办理工程竣工财务决算和资产交付使用手续。

第五十条 在建工程应当进行单独核算,反映在建工程的实际支出。

第五十一条 无形资产是指不具有实物形态而能为使用者提供某种权利的资产,包括专利权、商标权、著作权、土地使用权、非专利技术、商誉以及其他财产权利。

中小学校转让无形资产,应当按照有关规定进行资产评估,取得的收入按照国家有关规定处理。中小学校取得无形资产发生的支出,应当计入事业支出。

第五十二条 对外投资是指中小学校依法利用货币资金、实物、无形资产等方式向其他单位的投资。

中小学校应当严格控制对外投资。在保证学校正常运转和事业发展的前提下,按照国家有关规定可以对外投资的,应当履行相关审批程序。中小学校不得使用财政拨款及其结余进行对外投资,不得从事股票、期货、基金、企业债券等投资,国家另有规定的除外。

中小学校以实物、无形资产等非货币性资产对外投资的,应当按照国家有关规定进行资产评估,合理确定资产价值。

义务教育阶段学校不得对外投资。

第五十三条 中小学校出租、出借资产,应当按照国家有关规定经主管部门审核同意后报同级财政部门审批。

第五十四条 中小学校资产处置是指中小学校对其占有、使用的国有资产,进行产权转让或者注销产权的行为,包括无偿调拨(划转)、对外捐赠、出售、出让、转让、置换、报废、报损、货币性资产损失核销等。

中小学校资产处置应当遵循公开、公平、公正和竞争、择优的原则,严格履行相关审批程序。

第五十五条　中小学校资产处置收入应当按照国家有关规定，实行"收支两条线"管理。

第五十六条　中小学校应当提高资产使用效率，按照国家有关规定实行资产共享、共用。

第九章　负债管理

第五十七条　负债是指中小学校所承担的能以货币计量，需要以资产或者劳务偿还的债务。

第五十八条　中小学校的负债包括借入款项、应付及预收款项、应缴款项、代管款项等。

借入款项是指非义务教育阶段学校经批准从银行等金融机构借入的短期或者长期借款。

应付及预收款项包括中小学校应付票据、应付账款以及其他应付款和预收账款等。

应缴款项包括中小学校收取的应当上缴国库或者财政专户的资金、应缴税费，以及其他按照国家有关规定应当上缴的款项。

代管款项是指中小学校接受委托代为管理的各类款项。中小学校应当加强代管款项管理，分项核算，按时结清。

第五十九条　中小学校应当对不同性质的负债分类管理，及时清理并按照规定办理结算，保证各项负债在规定期限内归还。

第六十条　中小学校应当建立健全财务风险控制机制，规范和加强借入款项管理，严格执行审批程序。

严禁义务教育阶段学校举借债务，非义务教育阶段学校不得违反规定举借债务。

中小学校不得提供担保。

第十章　财务清算

第六十一条　经国家有关部门批准，中小学校发生划转、撤销、合并、分立时，应当进行财务清算。

第六十二条　中小学校财务清算，应当在主管部门和财政部门的监督指导下，对学校的财产、债权、债务等进行全面清理，编制财产目录和债权、债务

清单，提出财产作价依据和债权、债务处理办法，做好资产的移交、接收、划转和管理工作，并妥善处理各项遗留问题。

第六十三条　中小学校财务清算结束后，经主管部门审核并报财政部门批准，其资产分别按照下列办法处理：

（一）因隶属关系改变，成建制划转的中小学校，全部资产无偿移交，并相应划转经费指标。

（二）撤销的中小学校，全部资产由主管部门和财政部门核准处理。

（三）合并的中小学校，全部资产移交接收单位或者新组建单位，合并后多余的资产由主管部门和财政部门核准处理。

（四）分立的中小学校，资产按照有关规定移交分立后的中小学校，并相应划转经费指标。

第十一章　财务报告和财务分析

第六十四条　财务报告是反映中小学校一定时期财务状况和事业发展成果的总结性书面文件。

中小学校应当定期向主管部门和财政部门以及其他有关的报表使用者提供财务报告。

第六十五条　中小学校报送的年度财务报告包括资产负债表、收入支出表、财政拨款收入支出表、固定资产投资决算报表等主表，有关附表及财务情况说明书等。

第六十六条　财务情况说明书，主要说明中小学校收入及其支出、结转、结余及其分配、资产负债变动、对外投资、资产出租出借、资产处置、固定资产投资、财务分析指标、绩效等情况，对本期或者下期财务状况发生重大影响的事项，以及需要说明的其他事项。

第六十七条　中小学校的财务分析是财务管理工作的重要组成部分。中小学校应当按照主管部门的规定和要求，根据学校财务管理的需要，进行财务分析，定期编制财务分析报告。

财务分析内容包括中小学校事业发展和预算编制与执行、资产使用、收入支出状况、专用基金变动以及财务管理情况、存在主要问题和改进措施等。

财务分析指标包括预算收入和支出完成率、人员支出与公用支出分别占事业支出的比率、生均事业支出、生均公用支出以及资产负债率等。

主管部门和中小学校可以根据学校特点增加财务分析指标。

第十二章 财务监督

第六十八条 中小学校财务监督的主要内容包括：

（一）预、决算编制的科学性、真实性、完整性和预算执行的时效性、均衡性；

（二）各项收入、支出的合法性、合规性；

（三）结转和结余资金以及专用基金管理的合规性；

（四）资产管理的安全性、合规性、有效性；

（五）负债的合规性和风险性；

（六）学生人数、教职工人数等基础数据的真实性和准确性。

第六十九条 中小学校财务监督应当实行事前监督、事中监督、事后监督相结合，日常监督和专项监督相结合。

第七十条 中小学校应当建立健全内部控制制度、经济责任制度、财务信息披露制度等监督制度，依法公开财务信息。

第七十一条 中小学校应当依法接受主管部门和财政、审计等部门的监督。

第十三章 附 则

第七十二条 中小学校基本建设投资的财务管理，应当执行本制度，但国家基本建设投资财务管理制度另有规定的，从其规定。

第七十三条 纳入企业财务管理体系的中小学校，以及独立核算的中小学校校办企业，执行企业财务制度，不执行本制度。

第七十四条 各级人民政府和接受国家经常性资助的社会力量举办的幼儿园依照本制度执行；其他社会力量举办的幼儿园可以参照本制度执行。

第七十五条 各省、自治区、直辖市人民政府财政部门、教育部门可以根据本制度，结合本地区实际情况，制定具体财务管理办法或者补充规定。

第七十六条 中小学校应当根据本制度结合学校实际情况制定内部财务管理办法，报主管部门备案。

第七十七条 本制度自 2013 年 1 月 1 日起施行。

附件：中小学校财务分析指标

中小学校财务分析指标

1. 预算收入和支出完成率，衡量中小学校预算收入和支出总预算及分项预算完成的程度。计算公式为：

收入预算完成率 = 年终收入执行数 ÷（年初收入预算数 ± 年中收入预算调整数）× 100%

年终收入执行数不含上年结转和结余收入数。

支出预算完成率 = 年终支出执行数 ÷（年初支出预算数 ± 年中支出预算调整数）× 100%

年终支出执行数不含上年结转和结余支出数。

2. 人员支出、公用支出占事业支出的比率，衡量中小学校事业支出结构。计算公式为：

人员支出比率 = 人员支出 ÷ 事业支出 × 100%

公用支出比率 = 公用支出 ÷ 事业支出 × 100%

3. 生均事业支出、生均公用支出，衡量中小学校按照实际在校生人数平均的事业支出、公用支出水平。计算公式为：

生均事业支出 = 事业支出 ÷ 实际在校生人数

生均公用支出 = 公用支出 ÷ 实际在校生人数

4. 资产负债率，衡量中小学校利用债权人提供资金开展业务活动的能力，以及反映债权人提供资金的安全保障程度。计算公式为：

资产负债率 = 负债总额 ÷ 资产总额 × 100%

关于印发《行政事业单位内部控制规范（试行）》的通知

财会〔2012〕21号

党中央有关部门，国务院各部委、各直属机构，全国人大常委会办公厅，全国政协办公厅，高法院，高检院，各民主党派中央，有关人民团体，各省、自治区、直辖市、计划单列市财政厅（局），新疆生产建设兵团财务局：

为了进一步提高行政事业单位内部管理水平，规范内部控制，加强廉政风险防控机制建设，根据《中华人民共和国会计法》、《中华人民共和国预算法》等法律法规和相关规定，我部制定了《行政事业单位内部控制规范（试行）》，现印发给你们，自2014年1月1日起施行。执行中有何问题，请及时反馈我部。

附件：行政事业单位内部控制规范（试行）

财政部
2012年11月29日

行政事业单位内部控制规范（试行）

第一章　总　则

第一条　为了进一步提高行政事业单位内部管理水平，规范内部控制，加强廉政风险防控机制建设，根据《中华人民共和国会计法》、《中华人民共和国预算法》等法律法规和相关规定，制定本规范。

第二条　本规范适用于各级党的机关、人大机关、行政机关、政协机关、审判机关、检察机关、各民主党派机关、人民团体和事业单位（以下统称单位）经济活动的内部控制。

第三条　本规范所称内部控制，是指单位为实现控制目标，通过制定制度、实施措施和执行程序，对经济活动的风险进行防范和管控。

第四条　单位内部控制的目标主要包括：合理保证单位经济活动合法合规、资产安全和使用有效、财务信息真实完整，有效防范舞弊和预防腐败，提高公

共服务的效率和效果。

第五条 单位建立与实施内部控制，应当遵循下列原则：

（一）全面性原则。内部控制应当贯穿单位经济活动的决策、执行和监督全过程，实现对经济活动的全面控制。

（二）重要性原则。在全面控制的基础上，内部控制应当关注单位重要经济活动和经济活动的重大风险。

（三）制衡性原则。内部控制应当在单位内部的部门管理、职责分工、业务流程等方面形成相互制约和相互监督。

（四）适应性原则。内部控制应当符合国家有关规定和单位的实际情况，并随着外部环境的变化、单位经济活动的调整和管理要求的提高，不断修订和完善。

第六条 单位负责人对本单位内部控制的建立健全和有效实施负责。

第七条 单位应当根据本规范建立适合本单位实际情况的内部控制体系，并组织实施。具体工作包括梳理单位各类经济活动的业务流程，明确业务环节，系统分析经济活动风险，确定风险点，选择风险应对策略，在此基础上根据国家有关规定建立健全单位各项内部管理制度并督促相关工作人员认真执行。

第二章 风险评估和控制方法

第八条 单位应当建立经济活动风险定期评估机制，对经济活动存在的风险进行全面、系统和客观评估。

经济活动风险评估至少每年进行一次；外部环境、经济活动或管理要求等发生重大变化的，应及时对经济活动风险进行重估。

第九条 单位开展经济活动风险评估应当成立风险评估工作小组，单位领导担任组长。

经济活动风险评估结果应当形成书面报告并及时提交单位领导班子，作为完善内部控制的依据。

第十条 单位进行单位层面的风险评估时，应当重点关注以下方面：

（一）内部控制工作的组织情况。包括是否确定内部控制职能部门或牵头部门；是否建立单位各部门在内部控制中的沟通协调和联动机制。

（二）内部控制机制的建设情况。包括经济活动的决策、执行、监督是否实现有效分离；权责是否对等；是否建立健全议事决策机制、岗位责任制、内部监督等机制。

（三）内部管理制度的完善情况。包括内部管理制度是否健全；执行是否有效。

（四）内部控制关键岗位工作人员的管理情况。包括是否建立工作人员的培训、评价、轮岗等机制；工作人员是否具备相应的资格和能力。

（五）财务信息的编报情况。包括是否按照国家统一的会计制度对经济业务事项进行账务处理；是否按照国家统一的会计制度编制财务会计报告。

（六）其他情况。

第十一条　单位进行经济活动业务层面的风险评估时，应当重点关注以下方面

（一）预算管理情况。包括在预算编制过程中单位内部各部门间沟通协调是否充分，预算编制与资产配器是否相结合、与具体工作是否相对应；是否按照批复的额度和开支范围执行预算，进度是否合理，是否存在无预算、超预算支出等问题；决算编报是否真实、完整、准确、及时。

（二）收支管理情况。包括收入是否实现归口管理，是否按照规定及时向财会部门提供收入的有关凭据，是否按照规定保管和使用印章和票据等；发生支出事项时是否按照规定审核各类凭据的真实性、合法性，是否存在使用虚假票据套取资金的情形。

（三）政府采购管理情况。包括是否按照预算和计划组织政府采购业务；是否按照规定组织政府采购活动和执行验收程序；是否按照规定保存政府采购业务相关档案。

（四）资产管理情况。包括是否实现资产归口管理并明确使用责任；是否定期对资产进行清查盘点，对账实不符的情况及时进行处理；是否按照规定处辖资产。

（五）建设项目管理情况。包括是否按照概算投资；是否严格履行审核审批程序；是否建立有效的招投标控制机制；是否存在截留、挤占、挪用、套取建设项目资金的情形；是否按照规定保存建设项目相关档案并及时办理移交手续。

（六）合同管理情况。包括是否实现合同归口管理；是否明确应签订合同的经济活动范围和条件；是否有效监控合同履行情况，是否建立合同纠纷协调机制。

（七）其他情况。

第十二条　单位内部控制的控制方法一般包括：

（一）不相容岗位相互分离。合理设置内部控制关键岗位，明确划分职责

权限,实施相应的分离措施,形成相互制约、相互监督的工作机制。

(二)内部授权审批控制。明确各岗位办理业务和事项的权限范围、审批程序和相关责任,建立重大事项集体决策和会签制度。相关工作人员应当在授权范围内行使职权、办理业务。

(三)归口管理。根据本单位实际情况,按照权责对等的原则,采取成立联合工作小组并确定牵头部门或牵头人员等方式,对有关经济活动实行统一管理。

(四)预算控制。强化对经济活动的预算约束,使预算管理贯穿于单位经济活动的全过程。

(五)财产保护控制。建立资产日常管理制度和定期清查机制,采取资产记录、实物保管、定期盘点、账实核对等措施,确保资产安全完整。

(六)会计控制。建立健全本单位财会管理制度,加强会计机构建设,提高会计人员业务水平,强化会计人员岗位责任制,规范会计基础工作,加强会计档案管理,明确会计凭证、会计账簿和财务会计报告处理程序。

(七)单据控制。要求单位根据国家有关规定和单位的经济活动业务流程,在内部管理制度中明确界定各项经济活动所涉及的表单和票据,要求相关工作人员按照规定填制、审核、归档、保管单据。

(八)信息内部公开。建立健全经济活动相关信息内部公开制度,根据国家有关规定和单位的实际情况,确定信息内部公开的内容、范围、方式和程序。

第三章 单位层面内部控制

第十三条 单位应当单独设置内部控制职能部门或者确定内部控制牵头部门,负责组织协调内部控制工作。同时,应当充分发挥财会、内部审计、纪检监察、政府采购、基建、资产管理等部门或岗位在内部控制中的作用。

第十四条 单位经济活动的决策、执行和监督应当相互分离。

单位应当建立健全集体研究、专家论证和技术咨询相结合的议事决策机制。

重大经济事项的内部决策,应当由单位领导班子集体研究决定。重大经济事项的认定标准应当根据有关规定和本单位实际情况确定,一经确定,不得随意变更。

第十五条 单位应当建立健全内部控制关键岗位责任制,明确岗位职责及分工,确保不相容岗位相互分离、相互制约和相互监督。

单位应当实行内部控制关键岗位工作人员的轮岗制度，明确轮岗周期。不具备轮岗条件的单位应当采取专项审计等控制措施。

内部控制关键岗位主要包括预算业务管理、收支业务管理、政府采购业务管理、资产管理、建设项目管理、合同管理以及内部监督等经济活动的关键岗位。

第十六条　内部控制关键岗位工作人员应当具备与其工作岗位相适应的资格和能力。

单位应当加强内部控制关键岗位工作人员业务培训和职业道德教育，不断提升其业务水平和综合素质。

第十七条　单位应当根据《中华人民共和国会计法》的规定建立会计机构，配备具有相应资格和能力的会计人员。

单位应当根据实际发生的经济业务事项按照国家统一的会计制度及时进行账务处理、编制财务会计报告，确保财务信息真实、完整。

第十八条　单位应当充分运用现代科学技术手段加强内部控制。对信息系统建设实施归口管理，将经济活动及其内部控制流程嵌入单位信息系统中，减少或消除人为操纵因素，保护信息安全。

第四章　业务层面内部控制

第一节　预算业务控制

第十九条　单位应当建立健全预算编制、审批、执行、决算与评价等预算内部管理制度。

单位应当合理设置岗位，明确相关岗位的职责权限，确保预算编制、审批、执行、评价等不相容岗位相互分离。

第二十条　单位的预算编制应当做到程序规范、方法科学、编制及时、内容完整、项目细化、数据准确。

（一）单位应当正确把握预算编制有关政策，确保预算编制相关人员及时全面掌握相关规定。

（二）单位应当建立内部预算编制、预算执行、资产管理、基建管理、人事管理等部门或岗位的沟通协调机制，按照规定进行项目评审，确保预算编制部门及时取得和有效运用与预算编制相关的信息，根据工作计划细化预算编制，提高预算编制的科学性。

第二十一条 单位应当根据内设部门的职责和分工,对按照法定程序批复的预算在单位内部进行指标分解、审批下达,规范内部预算追加调整程序,发挥预算对经济活动的管控作用。

第二十二条 单位应当根据批复的预算安排各项收支,确保预算严格有效执行。

单位应当建立预算执行分析机制。定期通报各部门预算执行情况,召开预算执行分析会议,研究解决预算执行中存在的问题,提出改进措施,提高预算执行的有效性。

第二十三条 单位应当加强决算管理,确保决算真实、完整、准确、及时,加强决算分析工作,强化决算分析结果运用,建立健全单位预算与决算相互反映、相互促进的机制。

第二十四条 单位应当加强预算绩效管理,建立"预算编制有目标、预算执行有监控、预算完成有评价、评价结果有反馈、反馈结果有应用"的全过程预算绩效管理机制。

第二节 收支业务控制

第二十五条 单位应当建立健全收入内部管理制度。

单位应当合理设置岗位,明确相关岗位的职责权限,确保收款、会计核算等不相容岗位相互分离。

第二十六条 单位的各项收入应当由财会部门归口管理并进行会计核算,严禁设立账外账。

业务部门应当在涉及收入的合同协议签订后及时将合同等有关材料提交财会部门作为账务处理依据,确保各项收入应收尽收,及时入账。财会部门应当定期检查收入金额是否与合同约定相符;对应收未收项目应当查明情况,明确责任主体,落实催收责任。

第二十七条 有政府非税收入收缴职能的单位,应当按照规定项目和标准征收政府非税收入,按照规定开具财政票据,做到收缴分离、票款一致,并及时、足额上缴国库或财政专户,不得以任何形式截留、挪用或者私分。

第二十八条 单位应当建立健全票据管理制度。财政票据、发票等各类票据的申领、启用、核销、销毁均应履行规定手续。单位应当按照规定设置票据专管员,建立票据台账,做好票据的保管和序时登记工作。票据应当按照顺序号使用,不得拆本使用,做好废旧票据管理。负责保管票据的人员要配置单独的保险柜等保管设备,并做到人走柜锁。

单位不得违反规定转让、出借、代开、买卖财政票据、发票等票据,不得擅自扩大票据适用范围。

第二十九条　单位应当建立健全支出内部管理制度,确定单位经济活动的各项支出标准,明确支出报销流程,按照规定办理支出事项。

单位应当合理设置岗位,明确相关岗位的职责权限,确保支出申请和内部审批、付款审批和付款执行、业务经办和会计核算等不相容岗位相互分离。

第三十条　单位应当按照支出业务的类型,明确内部审批、审核、支付、核算和归档等支出各关键岗位的职责权限。实行国库集中支付的,应当严格按照财政国库管理制度有关规定执行。

(一)加强支出审批控制。明确支出的内部审批权限、程序、责任和相关控制措施。审批人应当在授权范围内审批,不得越权审批。

(二)加强支出审核控制。全面审核各类单据。重点审核单据来源是否合法,内容是否真实、完整,使用是否准确,是否符合预算,审批手续是否齐全。

支出凭证应当附反映支出明细内容的原始单据,并由经办人员签字或盖章,超出规定标准的支出事项应由经办人员说明原因并附审批依据,确保与经济业务事项相符。

(三)加强支付控制。明确报销业务流程,按照规定办理资金支付手续。签发的支付凭证应当进行登记。使用公务卡结算的,应当按照公务卡使用和管理有关规定办理业务。

(四)加强支出的核算和归档控制。由财会部门根据支出凭证及时准确登记账簿;与支出业务相关的合同等材料应当提交财会部门作为账务处理的依据。

第三十一条　根据国家规定可以举借债务的单位应当建立健全债务内部管理制度,明确债务管理岗位的职责权限,不得由一人办理债务业务的全过程。大额债务的举借和偿还属于重大经济事项,应当进行充分论证,并由单位领导班子集体研究决定。

单位应当做好债务的会计核算和档案保管工作。加强债务的对账和检查控制,定期与债权人核对债务余额,进行债务清理,防范和控制财务风险。

第三节　政府采购业务控制

第三十二条　单位应当建立健全政府采购预算与计划管理、政府采购活动管理、验收管理等政府采购内部管理制度。

第三十三条 单位应当明确相关岗位的职责权限,确保政府采购需求制定与内部审批、招标文件准备与复核、合同签订与验收、验收与保管等不相容岗位相互分离。

第三十四条 单位应当加强对政府采购业务预算与计划的管理。建立预算编制、政府采购和资产管理等部门或岗位之间的沟通协调机制。根据本单位实际需求和相关标准编制政府采购预算,按照已批复的预算安排政府采购计划。

第三十五条 单位应当加强对政府采购活动的管理。对政府采购活动实施归口管理,在政府采购活动中建立政府采购、资产管理、财会、内部审计、纪检监察等部门或岗位相互协调、相互制约的机制。

单位应当加强对政府采购申请的内部审核,按照规定选择政府采购方式、发布政府采购信息。对政府采购进口产品、变更政府采购方式等事项应当加强内部审核,严格履行审批手续。

第三十六条 单位应当加强对政府采购项目验收的管理。根据规定的验收制度和政府采购文件,由指定部门或专人对所购物品的品种、规格、数量、质量和其他相关内容进行验收,并出具验收证明。

第三十七条 单位应当加强对政府采购业务质疑投诉答复的管理。指定牵头部门负责、相关部门参加,按照国家有关规定做好政府采购业务质疑投诉答复工作。

第三十八条 单位应当加强对政府采购业务的记录控制。妥善保管政府采购预算与计划、各类批复文件、招标文件、投标文件、评标文件、合同文本、验收证明等政府采购业务相关资料。定期对政府采购业务信息进行分类统计,并在内部进行通报。

第三十九条 单位应当加强对涉密政府采购项目安全保密的管理。对于涉密政府采购项目,单位应当与相关供应商或采购中介机构签订保密协议或者在合同中设定保密条款。

第四节 资产控制

第四十条 单位应当对资产实行分类管理,建立健全资产内部管理制度。

单位应当合理设置岗位,明确相关岗位的职责权限,确保资产安全和有效使用。

第四十一条 单位应当建立健全货币资金管理岗位责任制,合理设置岗位,不得由一人办理货币资金业务的全过程,确保不相容岗位相互分离。

（一）出纳不得兼管稽核、会计档案保管和收入、支出、债权、债务账目的登记工作。

（二）严禁一人保管收付款项所需的全部印章。财务专用章应当由专人保管，个人名章应当由本人或其授权人员保管。负责保管印章的人员要配置单独的保管设备，并做到人走柜锁。

（三）按照规定应当由有关负责人签字或盖章的，应当严格履行签字或盖章手续。

第四十二条　单位应当加强对银行账户的管理，严格按照规定的审批权限和程序开立、变更和撤销银行账户。

第四十三条　单位应当加强货币资金的核查控制。指定不办理货币资金业务的会计人员定期和不定期抽查盘点库存现金，核对银行存款余额，抽查银行对账单、银行日记账及银行存款余额调节表，核对是否账实相符、账账相符。对调节不符、可能存在重大问题的未达账项应当及时查明原因，并按照相关规定处理。

第四十四条　单位应当加强对实物资产和无形资产的管理，明确相关部门和岗位的职责权限，强化对配置、使用和处置等关键环节的管控。

（一）对资产实施归口管理。明确资产使用和保管责任人，落实资产使用人在资产管理中的责任。贵重资产、危险资产、有保密等特殊要求的资产，应当指定专人保管、专人使用，并规定严格的接触限制条件和审批程序。

（二）按照国有资产管理相关规定，明确资产的调剂、租借、对外投资、处置的程序、审批权限和责任。

（三）建立资产台账，加强资产的实物管理。单位应当定期清查盘点资产，确保账实相符。财会、资产管理、资产使用等部门或岗位应当定期对账，发现不符的，应当及时查明原因，并按照相关规定处理。

（四）建立资产信息管理系统，做好资产的统计、报告、分析工作，实现对资产的动态管理。

第四十五条　单位应当根据国家有关规定加强对对外投资的管理。

（一）合理设置岗位，明确相关岗位的职责权限，确保对外投资的可行性研究与评估、对外投资决策与执行、对外投资处置的审批与执行等不相容岗位相互分离。

（二）单位对外投资，应当由单位领导班子集体研究决定。

（三）加强对投资项目的追踪管理，及时、全面、准确地记录对外投资的

价值变动和投资收益情况。

（四）建立责任追究制度。对在对外投资中出现重大决策失误、未履行集体决策程序和不按规定执行对外投资业务的部门及人员，应当追究相应的责任。

第五节 建设项目控制

第四十六条 单位应当建立健全建设项目内部管理制度。

单位应当合理设置岗位，明确内部相关部门和岗位的职责权限，确保项目建议和可行性研究与项目决策、概预算编制与审核、项目实施与价款支付、竣工决算与竣工审计等不相容岗位相互分离。

第四十七条 单位应当建立与建设项目相关的议事决策机制，严禁任何个人单独决策或者擅自改变集体决策意见。决策过程及各方面意见应当形成书面文件，与相关资料一同妥善归档保管。

第四十八条 单位应当建立与建设项目相关的审核机制。项目建议书、可行性研究报告、概预算、竣工决算报告等应当由单位内部的规划、技术、财会、法律等相关工作人员或者根据国家有关规定委托具有相应资质的中介机构进行审核，出具评审意见。

第四十九条 单位应当依据国家有关规定组织建设项目招标工作，并接受有关部门的监督。

单位应当采取签订保密协议、限制接触等必要措施，确保标底编制、评标等工作在严格保密的情况下进行。

第五十条 单位应当按照审批单位下达的投资计划和预算对建设项目资金实行专款专用，严禁截留、挪用和超批复内容使用资金。

财会部门应当加强与建设项目承建单位的沟通，准确掌握建设进度，加强价款支付审核，按照规定办理价款结算。实行国库集中支付的建设项目，单位应当按照财政国库管理制度相关规定支付资金。

第五十一条 单位应当加强对建设项目档案的管理。做好相关文件、材料的收集、整理、归档和保管工作。

第五十二条 经批准的投资概算是工程投资的最高限额，如有调整，应当按照国家有关规定报经批准。

单位建设项目工程洽商和设计变更应当按照有关规定履行相应的审批程序。

第五十三条 建设项目竣工后，单位应当按照规定的时限及时办理竣工决算，组织竣工决算审计，并根据批复的竣工决算和有关规定办理建设项目档案和资产移交等工作。

建设项目已实际投入使用但超时限未办理竣工决算的，单位应当根据对建设项目的实际投资暂估入账，转作相关资产管理。

第六节 合同控制

第五十四条 单位应当建立健全合同内部管理制度。

单位应当合理设置岗位，明确合同的授权审批和签署权限，妥善保管和使用合同专用章，严禁未经授权擅自以单位名义对外签订合同，严禁违规签订担保、投资和借贷合同。

单位应当对合同实施归口管理，建立财会部门与合同归口管理部门的沟通协调机制，实现合同管理与预算管理、收支管理相结合。

第五十五条 单位应当加强对合同订立的管理，明确合同订立的范围和条件。对于影响重大、涉及较高专业技术或法律关系复杂的合同，应当组织法律、技术、财会等工作人员参与谈判，必要时可聘请外部专家参与相关工作。谈判过程中的重要事项和参与谈判人员的主要意见，应当予以记录并妥善保管。

第五十六条 单位应当对合同履行情况实施有效监控。合同履行过程中，因对方或单位自身原因导致可能无法按时履行的，应当及时采取应对措施。

单位应当建立合同履行监督审查制度。对合同履行中签订补充合同，或变更、解除合同等应当按照国家有关规定进行审查。

第五十七条 财会部门应当根据合同履行情况办理价款结算和进行账务处理。未按照合同条款履约的，财会部门应当在付款之前向单位有关负责人报告。

第五十八条 合同归口管理部门应当加强对合同登记的管理，定期对合同进行统计、分类和归档，详细登记合同的订立、履行和变更情况，实行对合同的全过程管理。与单位经济活动相关的合同应当同时提交财会部门作为账务处理的依据。

单位应当加强合同信息安全保密工作，未经批准，不得以任何形式泄露合同订立与履行过程中涉及的国家秘密、工作秘密或商业秘密。

第五十九条 单位应当加强对合同纠纷的管理。合同发生纠纷的，单位应当在规定时效内与对方协商谈判。合同纠纷协商一致的，双方应当签订书面协议；合同纠纷经协商无法解决的，经办人员应向单位有关负责人报告，并根据合同约定选择仲裁或诉讼方式解决。

第五章 评价与监督

第六十条 单位应当建立健全内部监督制度,明确各相关部门或岗位在内部监督中的职责权限,规定内部监督的程序和要求,对内部控制建立与实施情况进行内部监督检查和自我评价。

内部监督应当与内部控制的建立和实施保持相对独立。

第六十一条 内部审计部门或岗位应当定期或不定期检查单位内部管理制度和机制的建立与执行情况,以及内部控制关键岗位及人员的设置情况等,及时发现内部控制存在的问题并提出改进建议。

第六十二条 单位应当根据本单位实际情况确定内部监督检查的方法、范围和频率。

第六十三条 单位负责人应当指定专门部门或专人负责对单位内部控制的有效性进行评价并出具单位内部控制自我评价报告。

第六十四条 国务院财政部门及其派出机构和县级以上地方各级人民政府财政部门应当对单位内部控制的建立和实施情况进行监督检查,有针对性地提出检查意见和建议,并督促单位进行整改。

国务院审计机关及其派出机构和县级以上地方各级人民政府审计机关对单位进行审计时,应当调查了解单位内部控制建立和实施的有效性,揭示相关内部控制的缺陷,有针对性地提出审计处理意见和建议,并督促单位进行整改。

第六章 附 则

第六十五条 本规范自 2014 年 1 月 1 日起施行。

关于印发《中小学校会计制度》的通知

财会〔2013〕28号

国务院有关部委、有关直属机构，各省、自治区、直辖市、计划单列市财政厅（局），新疆生产建设兵团财务局：

为适应财政预算改革和中小学校教育管理体制变化的需要，进一步规范中小学校的会计核算，提高会计信息质量，根据《中华人民共和国会计法》和《事业单位会计准则》（财政部令第72号），结合新修订的《中小学校财务制度》（财教〔2012〕489号），我部对《中小学校会计制度（试行）》（财预字〔1998〕104号）进行了全面修订。现将修订后的《中小学校会计制度》印发给你们，自2014年1月1日起施行。执行中有何问题，请及时反馈我部。

附件：中小学校会计制度

财政部
2013年12月27日

中小学校会计制度

第一部分　总说明

一、为了规范中小学校的会计核算，保证会计信息质量，根据《中华人民共和国会计法》和《事业单位会计准则》，结合《中小学校财务制度》规定，制定本制度。

二、本制度适用于各级人民政府和接受国家经常性资助的社会力量举办的普通中小学校、中等职业学校、特殊教育学校、工读教育学校、成人中学和成人初等学校（以下统称中小学校）。其他社会力量举办的上述学校可以参照本制度执行。

各级人民政府和接受国家经常性资助的社会力量举办的幼儿园依照本制度执行。其他社会力量举办的幼儿园可以参照本制度执行。

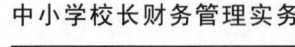

三、中小学校对基本建设投资的会计核算在执行本制度的同时，还应当按照国家有关基本建设会计核算的规定单独建账、单独核算。

中小学校食堂实行单独核算，同时适用本制度的有关规定。

四、中小学校会计核算一般采用收付实现制，但部分经济业务或者事项的核算应当按照本制度的规定采用权责发生制。

五、中小学校会计要素包括资产、负债、净资产、收入和支出。

六、中小学校应当按照下列规定运用会计科目：

（一）中小学校的财务报表由会计报表及其附注构成。会计报表包括资产负债表、收入支出表和财政补助收入支出表。

会计报表附注中应当披露本校食堂单独核算的会计报表。

（二）中小学校的财务报表应当按照月度和年度编制。

（三）中小学校应当根据本制度规定编制并对外提供真实、完整的财务报表。中小学校不得违反本制度规定，随意改变财务报表的编制基础、编制依据、编制原则和方法，不得随意改变本制度规定的财务报表有关数据的会计口径。

（四）中小学校财务报表应当根据登记完整、核对无误的账簿记录和其他有关资料编制，做到数字真实、计算准确、内容完整、报送及时。

（五）中小学校财务报表应当由单位负责人和主管会计工作的负责人、会计机构负责人（会计主管人员）签名并盖章。

八、中小学校会计机构设置、会计人员配备、会计基础工作、会计档案管理、内部控制等，按照《中华人民共和国会计法》、《会计基础工作规范》、《会计档案管理办法》、《行政事业单位内部控制规范（试行）》等规定执行。开展会计信息化工作的中小学校，还应按照财政部制定的相关会计信息化工作规范执行。

九、本制度自 2014 年 1 月 1 日起施行。1998 年 3 月 31 日财政部印发的《中小学校会计制度（试行）》（财预字〔1998〕104 号）同时废止。

第二部分 会计科目名称和编号

序号	科目编号	科目名称
一、资产类		
1	1001	库存现金

续　表

序号	科目编号	科目名称
2	1002	银行存款
3	1011	零余额账户用款额度
4	1101	短期投资△
5	1201	财政应返还额度
	120101	财政直接支付
	120102	财政授权支付
6	1212	应收账款
7	1215	其他应收款
8	1301	存　货
9	1401	长期投资△
10	1501	固定资产
11	1511	在建工程
12	1601	无形资产
13	1701	待处置资产损溢

二、负债类

序号	科目编号	科目名称
14	2001	短期借款△
15	2101	应缴税费
16	2102	应缴国库款
17	2103	应缴财政专户款
18	2201	应付职工薪酬
19	2302	应付账款

续表

序号	科目编号	科目名称
20	2305	其他应付款
21	2401	长期借款△
22	2402	长期应付款
23	2501	代管款项

三、净资产类

序号	科目编号	科目名称
24	3001	事业基金
25	3101	非流动资产基金
	310101	长期投资△
	310102	固定资产
	310103	在建工程
	310104	无形资产
26	3201	专用基金
	320101	修购基金△
	320102	职工福利基金
	320103	奖助学基金
	320109	其他专用基金
27	3301	财政补助结转
	330101	基本支出结转
	330102	项目支出结转
28	3302	财政补助结余
29	3401	非财政补助结转

续 表

序号	科目编号	科目名称
30	3402	事业结余
31	3403	经营结余△
32	3404	非财政补助结余分配

四、收入类

34	4002	政府性基金预算拨款
35	4101	事业收入
36	4201	上级补助收入
37	4301	附属单位上缴收入
38	4401	经营收入△
39	4501	其他收入

五、支出类

40	5001	事业支出
41	5101	上缴上级支出
42	5201	对附属单位补助支出△
43	5301	经营支出△
44	5401	其他支出

说明：带有"△"上标的会计科目为中小学校非义务教育阶段使用的会计科目，义务教育阶段不得使用。兼有义务教育阶段和非义务教育阶段的中小学校可以设置标有"△"的会计科目，但仅能适用于本校非义务教育阶段的有关业务。

中小学校长财务管理实务
ZHONG XIAO XUE XIAO ZHANG CAI WU GUAN LI SHI WU

第三部分 会计科目使用说明

一、资产类

1001 库存现金

一、本科目核算中小学校的库存现金。

中小学校拨付给内部有关部门的备用金通过"其他应收款"科目核算。

二、中小学校应当严格按照国家有关现金管理的规定收支现金,并按照本制度规定核算现金的各项收支业务。

三、库存现金的主要账务处理如下:

(一)从银行等金融机构提取现金,按照实际提取的金额,借记本科目,贷记"银行存款"科目;将现金存入银行等金融机构,按照实际存入的金额,借记"银行存款"科目,贷记本科目。

(二)从零余额账户提取现金,按照实际提取的金额,借记本科目,贷记"零余额账户用款额度"科目。

(三)因内部职工出差等原因借出的现金,按照实际借出的金额,借记"其他应收款"科目,贷记本科目;出差人员报销差旅费时,按照实际收回的金额,借记本科目,按照应报销的金额,借记"事业支出"等科目,按照实际借出的金额,贷记"其他应收款"科目。

(四)因开展业务等其他事项收到现金,按照实际收到的金额,借记本科目,贷记有关科目;因购买服务或商品等其他事项支出现金,按照实际支出的金额,借记有关科目,贷记本科目。

四、中小学校应当设置"现金日记账",由出纳人员根据收付款凭证,按照业务发生顺序逐笔登记。每日终了,应当计算当日的现金收入合计数、现金支出合计数和结余数,并将结余数与实际库存数核对,做到账款相符。

五、中小学校有外币现金的,应当分别按照人民币、各种外币设置"现金日记账"进行明细核算。有关外币现金业务的账务处理参见"银行存款"科目的相关规定。

六、每日账款核对或定期盘点清查中发现现金溢余或短缺的,应当及时查明原因,按规定报经批准后进行账务处理。

(一)如为现金溢余,属于应支付给有关人员或单位的部分,借记本科目,贷记"其他应付款"科目;属于无法查明原因的部分,借记本科目,贷记"其他收入"科目。

（二）如为现金短缺，属于应由责任人赔偿的部分，借记"其他应收款"科目，贷记本科目；属于无法查明原因的部分，报经批准后，借记"其他支出"科目，贷记本科目。

七、本科目期末借方余额，反映中小学校实际持有的库存现金。

1002 银行存款

一、本科目核算中小学校存入银行等金融机构的各种存款。

二、中小学校应当严格按照国家有关支付结算办法的规定办理银行存款收支业务，并按照本制度规定核算银行存款的各项收支业务。

三、银行存款的主要账务处理如下：

（一）存入或收到存款，借记本科目，贷记"库存现金"、"应缴财政专户款"、"事业收入"、"经营收入"等有关科目。

（二）提取或支出存款，借记"库存现金"、"存货"、"事业支出"、"经营支出"等有关科目，贷记本科目。

四、中小学校发生外币业务的，应当按照业务发生当日（或当期期初，下同）的即期汇率，将外币金额折算为人民币记账，并登记外币金额和汇率。

期末，各种外币账户的外币余额应当按照期末的即期汇率折算为人民币金额，作为外币账户期末人民币余额。调整后的各种外币账户人民币余额与原账面人民币余额的差额，作为汇兑损益计入相关支出。

（一）以外币购买物资、劳务等，按照购入当日的即期汇率将支付的外币或应支付的外币折算为人民币金额，借记有关科目，贷记本科目、"应付账款"等科目的外币账户。

（二）以外币收取相关款项等，按照收取款项或收入确认当日的即期汇率将收取的外币或应收取的外币折算为人民币金额，借记本科目、"应收账款"等科目的外币账户，贷记有关科目。

（三）期末，根据各外币账户按期末的即期汇率调整后的人民币余额与原账面人民币余额的差额，作为汇兑损益，借记或贷记本科目、"应收账款"、"应付账款"等科目，贷记或借记"事业支出"、"经营支出"等科目。

五、中小学校应当按开户银行、存款种类及币种等，分别设置"银行存款日记账"，由出纳人员根据收付款凭证，按照业务的发生顺序逐笔登记，每日终了应结出余额。"银行存款日记账"应定期与"银行对账单"核对，至少每

月核对一次。月度终了，中小学校银行存款账面余额与银行对账单余额之间如有差额，必须逐笔查明原因并进行处理，按月编制"银行存款余额调节表"，调节相符。

六、本科目期末借方余额，反映中小学校实际存放在银行等金融机构的款项。

1011 零余额账户用款额度

一、本科目核算实行国库集中支付的中小学校根据财政部门批复的用款计划收到和支用的零余额账户用款额度。

二、零余额账户用款额度的主要账务处理如下：

（一）在财政授权支付方式下，收到代理银行盖章的授权支付到账通知书时，根据通知书所列金额，借记本科目，贷记"公共财政预算拨款"、"政府性基金预算拨款"等科目。

（二）按规定支用额度时，借记"存货"、"事业支出"、"其他支出"等有关科目，贷记本科目。

（三）从零余额账户提取现金时，借记"库存现金"科目，贷记本科目。

（四）因购货退回等发生国库授权支付额度退回的，属于以前年度支付的款项，按照退回金额，借记本科目，贷记"财政补助结转"、"财政补助结余"、"存货"等有关科目；属于本年度支付的款项，按照退回金额，借记本科目，贷记"事业支出"、"存货"等有关科目。

（五）向按账户管理规定保留的相应账户划拨工会经费、住房公积金、提租补贴以及经财政部门批准的特殊款项时，借记"银行存款"等科目，贷记本科目。

（六）年度终了，依据代理银行提供的对账单作注销额度的相关账务处理，借记"财政应返还额度——财政授权支付"科目，贷记本科目。中小学校本年度财政授权支付预算指标数大于零余额账户用款额度下达数的，根据未下达的用款额度，借记"财政应返还额度——财政授权支付"科目，贷记"公共财政预算拨款"、"政府性基金预算拨款"等科目。

下年初，中小学校依据代理银行提供的额度恢复到账通知书作恢复额度的相关账务处理，借记本科目，贷记"财政应返还额度——财政授权支付"科目。中小学校收到财政部门批复的上年末未下达零余额账户用款额度时，借记本科目，贷记"财政应返还额度——财政授权支付"科目。

三、本科目期末借方余额，反映中小学校尚未支用的零余额账户用款额度。

本科目年末应无余额。

1101 短期投资△

一、本科目核算非义务教育阶段中小学校短期投资的实际成本。

短期投资是指非义务教育阶段中小学校依法取得的、持有时间不超过1年（含1年）的投资，主要是国债投资。

二、中小学校应当严格遵守国家法律、行政法规以及财政部门、主管部门关于对外投资的有关规定，义务教育阶段不得对外投资。

三、本科目应当按照国债投资的种类等进行明细核算。

四、短期投资的主要账务处理如下：

（一）短期投资在取得时，应当按照其实际成本（包括购买价款以及税金、手续费等相关税费）作为投资成本，借记本科目，贷记"银行存款"等科目。

（二）短期投资持有期间收到利息时，按实际收到的金额，借记"银行存款"科目，贷记"其他收入——投资收益"科目。

（三）出售短期投资或到期收回短期国债本息，按照实际收到的金额，借记"银行存款"科目，按照出售或收回短期国债的成本，贷记本科目，按其差额，贷记或借记"其他收入——投资收益"科目。

五、本科目期末借方余额，反映中小学校持有的短期投资成本。

1201 财政应返还额度

一、本科目核算实行国库集中支付的中小学校应收财政返还的资金额度。

二、本科目应当设置"财政直接支付"、"财政授权支付"两个明细科目，进行明细核算。

三、财政应返还额度的主要账务处理如下：

（一）财政直接支付

年度终了，中小学校根据本年度财政直接支付预算指标数与当年财政直接支付实际支出数的差额，借记本科目（财政直接支付），贷记"公共财政预算拨款"、"政府性基金预算拨款"等科目。

下年度恢复财政直接支付额度后，中小学校以财政直接支付方式发生实际支出时，借记有关科目，贷记本科目（财政直接支付）。

（二）财政授权支付

年度终了，中小学校依据代理银行提供的对账单作注销额度的相关账务处理，借记本科目（财政授权支付），贷记"零余额账户用款额度"科目。中小

学校本年度财政授权支付预算指标数大于零余额账户用款额度下达数的，根据未下达的用款额度，借记本科目（财政授权支付），贷记"公共财政预算拨款"、"政府性基金预算拨款"等科目。

下年初，中小学校依据代理银行提供的额度恢复到账通知书作恢复额度的相关账务处理，借记"零余额账户用款额度"科目，贷记本科目（财政授权支付）。中小学校收到财政部门批复的上年末未下达零余额账户用款额度时，借记"零余额账户用款额度"科目，贷记本科目（财政授权支付）。

四、本科目期末借方余额，反映中小学校应收财政返还的资金额度。

1212 应收账款

一、本科目核算中小学校因开展业务活动对外提供服务等而应收取的款项。

中小学校收到商业汇票（包括银行承兑汇票和商业承兑汇票）或发生预付账款的，也通过本科目核算。

二、本科目应当按照债务人进行明细核算。

三、应收账款的主要账务处理如下：

（一）发生应收账款时，按照应收未收金额，借记本科目，按照确认的收入金额，贷记"经营收入"等科目，按照应缴增值税金额，贷记"应缴税费——应缴增值税"科目。

（二）收回应收账款时，按照实际收到的金额，借记"银行存款"等科目，贷记本科目。

四、逾期三年或以上、有确凿证据表明确实无法收回的应收账款，按规定报经批准后予以核销。核销的应收账款应在"已核销应收账款备查簿"中保留登记。

（一）转入待处置资产时，按照待核销的应收账款金额，借记"待处置资产损溢"科目，贷记本科目。

（二）报经批准予以核销时，借记"其他支出"科目，贷记"待处置资产损溢"科目。

（三）已核销应收账款在以后期间收回的，按照实际收回的金额，借记"银行存款"等科目，贷记"其他收入"科目。

五、本科目期末借方余额，反映中小学校尚未收回的应收账款。

1215 其他应收款

一、本科目核算中小学校除财政应返还额度、应收账款以外的其他各项应收及暂付款项,如职工预借的差旅费、拨付给内部有关部门的备用金、应向职工收取的各种垫付款项等。

二、本科目应当按照其他应收款的类别以及债务人进行明细核算。

三、其他应收款的主要账务处理如下:

(一)发生其他各项应收及暂付款项时,借记本科目,贷记"银行存款"、"库存现金"等科目。

(二)收回其他各项应收及暂付款项时,借记"库存现金"、"银行存款"等科目,贷记本科目。

(三)中小学校内部实行备用金制度的,有关部门使用备用金以后应当及时到财务部门报销并补足备用金。财务部门核定并发放备用金时,借记本科目(备用金),贷记"库存现金"等科目。根据报销数用现金补足备用金定额时,借记有关科目,贷记"库存现金"等科目,报销数和拨补数都不再通过本科目核算。

四、逾期三年或以上、有确凿证据表明确实无法收回的其他应收款,按规定报经批准后予以核销。核销的其他应收款应在"已核销其他应收款备查簿"中保留登记。

(一)转入待处置资产时,按照待核销的其他应收款金额,借记"待处置资产损溢"科目,贷记本科目。

(二)报经批准予以核销时,借记"其他支出"科目,贷记"待处置资产损溢"科目。

(三)已核销其他应收款在以后期间收回的,按照实际收回的金额,借记"银行存款"等科目,贷记"其他收入"科目。

五、本科目期末借方余额,反映中小学校尚未收回的其他应收款。

1301 存 货

一、本科目核算中小学校存货的实际成本。

存货是指中小学校在开展教育教学及其他活动中为耗用而储存的资产,包括各类材料、燃料、消耗物资和低值易耗品等。

中小学校随买随用的零星办公用品,可以在购进时直接列作支出,不通过本科目核算。

二、本科目应当按照存货的种类等进行明细核算。

三、存货的主要账务处理如下:

(一)存货在取得时,应当按照其实际成本入账。

1.购入的存货,其成本包括购买价款、相关税费、运输费、装卸费、保险费以及其他使得存货达到目前场所和状态所发生的其他支出。

购入的存货验收入库,按照确定的成本,借记本科目,贷记"银行存款"、"零余额账户用款额度"、"公共财政预算拨款"、"政府性基金预算拨款"、"应付账款"等科目。

2.接受捐赠、无偿调入的存货,其成本按照有关凭据注明的金额加上相关税费、运输费等确定;没有相关凭据的,其成本比照同类或类似存货的市场价格加上相关税费、运输费等确定;没有相关凭据、同类或类似存货的市场价格也无法可靠取得的,该存货按照名义金额(即人民币1元,下同)入账。

接受捐赠、无偿调入的存货验收入库,按照确定的成本,借记本科目,按照发生的相关税费、运输费等,贷记"银行存款"等科目,按照其差额,贷记"其他收入"科目。

按照名义金额入账的情况下,按照名义金额,借记本科目,贷记"其他收入"科目;按照发生的相关税费、运输费等,借记"其他支出"科目,贷记"银行存款"等科目。

(二)存货在发出时,应当根据实际情况采用先进先出法、加权平均法或者个别计价法确定发出存货的实际成本。计价方法一经确定,不得随意变更。低值易耗品的成本于领用时一次摊销。

1.开展教育教学及其他活动领用、发出存货,按照领用、发出存货的实际成本,借记"事业支出"、"经营支出"等科目,贷记本科目。

2.对外捐赠、无偿调出存货,转入待处置资产时,按照存货的账面余额,借记"待处置资产损溢"科目,贷记本科目。

实际捐出、调出存货时,按照"待处置资产损溢"科目的相应余额,借记"其他支出"科目,贷记"待处置资产损溢"科目。

四、中小学校的存货应当定期进行清查盘点,至少每年盘点一次。对于发生的存货盘盈、盘亏或者报废、毁损,应当及时查明原因,按规定报经批准后进行账务处理。

(一)盘盈的存货,按照同类或类似存货的实际成本或市场价格确定入账价值;同类或类似存货的实际成本、市场价格均无法可靠取得的,按照名义金额入账。

盘盈的存货,按照确定的入账价值,借记本科目,贷记"其他收入"科目。

(二)盘亏或者报废、毁损的存货,转入待处置资产时,按照待处置存货的账面余额，借记"待处置资产损溢"科目，贷记本科目。

报经批准予以处置时，按照"待处置资产损溢"科目的相应余额，借记"其他支出"科目，贷记"待处置资产损溢"科目。

处置存货过程中所取得的收入、发生的费用，以及处置收入扣除相关处置费用后的净收入的账务处理，参见"待处置资产损溢"科目。

五、本科目期末借方余额，反映中小学校存货的实际成本。

1401 长期投资△

一、本科目核算非义务教育阶段中小学校长期投资的实际成本。

长期投资是指非义务教育阶段中小学校依法取得的、持有时间超过 1 年（不含 1 年）的各种股权和债权性质的投资。

二、中小学校应当严格遵守国家法律、行政法规以及财政部门、主管部门关于对外投资的有关规定，义务教育阶段不得对外投资。

三、本科目应当按照长期投资的种类和被投资单位等进行明细核算。

四、长期投资的主要账务处理如下：

（一）长期股权投资

1. 长期股权投资在取得时，应当按照其实际成本作为投资成本。

（1）以货币资金取得的长期股权投资，按照实际支付的全部价款（包括购买价款以及税金、手续费等相关税费）作为投资成本，借记本科目，贷记"银行存款"等科目；同时，按照投资成本金额，借记"事业基金"科目，贷记"非流动资产基金——长期投资"科目。

（2）以固定资产取得的长期股权投资，按照评估价值加上相关税费作为投资成本，借记本科目，贷记"非流动资产基金——长期投资"科目，按照发生的相关税费，借记"其他支出"科目，贷记"银行存款"、"应缴税费"等科目；同时，按照投出固定资产的账面余额，借记"非流动资产基金——固定资产"科目，贷记"固定资产"科目。

（3）以已入账无形资产取得的长期股权投资，按照评估价值加上相关税费作为投资成本，借记本科目，贷记"非流动资产基金——长期投资"科目，按照发生的相关税费，借记"其他支出"科目，贷记"银行存款"、"应缴税费"等科目；同时，按照投出无形资产的账面余额，借记"非流动资产基金——无形资产"科目，贷记"无形资产"科目。

以未入账无形资产取得的长期股权投资，按照评估价值加上相关税费作为

投资成本，借记本科目，贷记"非流动资产基金——长期投资"科目，按照发生的相关税费，借记"其他支出"科目，贷记"银行存款"、"应缴税费"等科目。

2．长期股权投资持有期间，收到利润等投资收益时，按照实际收到的金额，借记"银行存款"等科目，贷记"其他收入——投资收益"科目。

3．转让长期股权投资，转入待处置资产时，按照待转让长期股权投资的账面余额，借记"待处置资产损溢——处置资产价值"科目，贷记本科目。

实际转让时，按照所转让长期股权投资对应的非流动资产基金，借记"非流动资产基金——长期投资"科目，贷记"待处置资产损溢——处置资产价值"科目。

转让长期股权投资过程中取得价款、发生相关税费，以及转让价款扣除相关税费后的净收入的账务处理，参见"待处置资产损溢"科目。

4．因被投资单位破产清算等原因，有确凿证据表明长期股权投资发生损失，按规定报经批准后予以核销。将待核销长期股权投资转入待处置资产时，按照待核销的长期股权投资账面余额，借记"待处置资产损溢"科目，贷记本科目。

报经批准予以核销时，借记"非流动资产基金——长期投资"科目，贷记"待处置资产损溢"科目。

（二）长期债券投资

1．长期债券投资在取得时，应当按照其实际成本作为投资成本。

以货币资金购入的长期债券投资，按照实际支付的全部价款（包括购买价款以及税金、手续费等相关税费）作为投资成本，借记本科目，贷记"银行存款"等科目；同时，按照投资成本金额，借记"事业基金"科目，贷记"非流动资产基金——长期投资"科目。

2．长期债券投资持有期间收到利息时，按照实际收到的金额，借记"银行存款"等科目，贷记"其他收入——投资收益"科目。

3．对外转让或到期收回长期债券投资本息，按照实际收到的金额，借记"银行存款"等科目，按照收回长期债券投资的成本，贷记本科目，按照其差额，贷记或借记"其他收入——投资收益"科目；同时，按照收回长期债券投资对应的非流动资产基金，借记"非流动资产基金——长期投资"科目，贷记"事业基金"科目。

五、本科目期末借方余额，反映中小学校持有的长期投资成本。

1501 固定资产

一、本科目核算中小学校固定资产的原价。

固定资产是指中小学校持有的使用期限超过1年（不含1年）、单位价值在规定标准以上，并在使用过程中基本保持原有物质形态的资产。单位价值虽未达到规定标准，但使用期限超过1年（不含1年）的大批同类物资，作为固定资产核算和管理。

二、中小学校的固定资产一般分为六类：房屋及构筑物；专用设备；通用设备；文物和陈列品；图书、档案；家具、用具、装具及动植物。有关说明如下：

（一）中小学校购建的房屋及构建物，不能够分清购建成本中的房屋及构建物部分与土地使用权部分的，应当全部作为固定资产核算；能够分清购建成本中的房屋及构建物部分与土地使用权部分的，应当将其中的房屋及构建物部分作为固定资产核算，将其中的土地使用权作为无形资产核算。

（二）对于应用软件，如果其构成相关硬件不可缺少的组成部分，应当将该软件价值包括在所属硬件价值中，一并作为固定资产进行核算；如果其不构成相关硬件不可缺少的组成部分，应当将该软件作为无形资产核算。

（三）购入需要安装的固定资产，应当先通过"在建工程"科目核算，安装完毕交付使用时再转入本科目核算。

（四）中小学校以经营租赁租入的固定资产，不作为固定资产核算，应当另设备查簿进行登记。

三、中小学校应当根据固定资产定义，结合本单位的具体情况，制定适合于本单位的固定资产目录、具体分类方法，作为进行固定资产核算的依据。

中小学校应当设置"固定资产登记簿"和"固定资产卡片"，按照固定资产类别、项目和使用部门等进行明细核算。出租、出借的固定资产，应当设置备查簿进行登记。

四、有条件的中小学校应当设置固定资产折旧辅助账，登记固定资产原价、当期应计提折旧及累计折旧等情况。

五、固定资产的主要账务处理如下：

（一）固定资产在取得时，应当按照其实际成本入账。

1. 购入的固定资产，其成本包括购买价款、相关税费以及固定资产交付使用前所发生的可归属于该项资产的运输费、装卸费、安装调试费和专业人员服务费等。

以一笔款项购入多项没有单独标价的固定资产，按照各项固定资产同类或类似资产市场价格的比例对总成本进行分配，分别确定各项固定资产的入账成本。

购入不需安装的固定资产，按照确定的固定资产成本，借记本科目，贷记"非

流动资产基金——固定资产"科目;同时,按照实际支付金额,借记"事业支出"、"经营支出"、"专用基金——修购基金"等科目,贷记"公共财政预算拨款"、"政府性基金预算拨款"、"零余额账户用款额度"、"银行存款"等科目。

购入需要安装的固定资产,先通过"在建工程"科目核算。安装完工交付使用时,借记本科目,贷记"非流动资产基金——固定资产"科目;同时,借记"非流动资产基金——在建工程"科目,贷记"在建工程"科目。

2. 自行建造的固定资产,其成本包括建造该项资产至交付使用前所发生的全部必要支出。

工程完工交付使用时,按照自行建造过程中发生的实际支出,借记本科目,贷记"非流动资产基金——固定资产"科目;同时,借记"非流动资产基金——在建工程"科目,贷记"在建工程"科目。已交付使用但尚未办理竣工决算手续的固定资产,按照估计价值入账,待确定实际成本后再进行调整。

3. 在原有固定资产基础上进行改建、扩建、修缮后的固定资产,其成本按照原固定资产账面余额加上改建、扩建、修缮发生的支出,再扣除固定资产拆除部分的账面余额后的金额确定。

将固定资产转入改建、扩建、修缮时,按照固定资产的账面余额,借记"在建工程"科目,贷记"非流动资产基金——在建工程"科目;同时,借记"非流动资产基金——固定资产"科目,贷记本科目。

工程完工交付使用时,借记本科目,贷记"非流动资产基金——固定资产"科目;同时,借记"非流动资产基金——在建工程"科目,贷记"在建工程"科目。

4. 以融资租赁租入的固定资产,其成本按照租赁协议或者合同确定的租赁价款、相关税费以及固定资产交付使用前所发生的可归属于该项资产的运输费、途中保险费、安装调试费等确定。

融资租入的固定资产,按照确定的成本,借记本科目[不需安装]或"在建工程"科目[需安装],按照租赁协议或者合同确定的租赁价款,贷记"长期应付款"科目,按照其差额,贷记"非流动资产基金——固定资产、在建工程"科目。同时,按照实际支付的相关税费、运输费、途中保险费、安装调试费等,借记"事业支出"、"经营支出"等科目,贷记"银行存款"、"零余额账户用款额度"、"公共财政预算拨款"、"政府性基金预算拨款"等科目。

定期支付租金时,按照支付的租金金额,借记"事业支出"、"经营支出"等科目,贷记"银行存款"、"零余额账户用款额度"、"公共财政预算拨款"、"政府性基金预算拨款"等科目;同时,借记"长期应付款"科目,贷记"非流动资产基金——固定资产"科目。

跨年度分期付款购入固定资产的账务处理,参照融资租入固定资产。

5.接受捐赠、无偿调入的固定资产,其成本按照有关凭据注明的金额加上相关税费、运输费等确定;没有相关凭据的,其成本比照同类或类似固定资产的市场价格加上相关税费、运输费等确定;没有相关凭据、同类或类似固定资产的市场价格也无法可靠取得的,该固定资产按照名义金额入账。

接受捐赠、无偿调入的固定资产,按照确定的固定资产成本,借记本科目[不需安装]或"在建工程"科目[需安装],贷记"非流动资产基金——固定资产、在建工程"科目;按照发生的相关税费、运输费等,借记"其他支出"科目,贷记"银行存款"等科目。

(二)与固定资产有关的后续支出,应分别以下情况处理:

1.为增加固定资产使用效能或延长其使用年限而发生的改建、扩建或修缮等后续支出,应当计入固定资产成本,通过"在建工程"科目核算,完工交付使用时转入本科目。有关账务处理参见"在建工程"科目。

2.为维护固定资产的正常使用而发生的日常修理等后续支出,应当计入当期支出但不计入固定资产成本,借记"事业支出"、"经营支出"等科目,贷记"银行存款"、"零余额账户用款额度"、"公共财政预算拨款"、"政府性基金预算拨款"等科目。

(三)报经批准出售、无偿调出、对外捐赠固定资产或以固定资产对外投资,应当分别以下情况处理:

1.出售、无偿调出、对外捐赠固定资产,转入待处置资产时,按照待处置固定资产的账面余额,借记"待处置资产损溢"科目,贷记本科目。

实际出售、调出、捐出时,按照处置固定资产对应的非流动资产基金,借记"非流动资产基金——固定资产"科目,贷记"待处置资产损溢"科目。

出售固定资产过程中取得价款、发生相关税费,以及出售价款扣除相关税费后的净收入的账务处理,参见"待处置资产损溢"科目。

2.以固定资产对外投资,按照评估价值加上相关税费作为投资成本,借记"长期投资"科目,贷记"非流动资产基金——长期投资"科目,按照发生的相关税费,借记"其他支出"科目,贷记"银行存款"、"应缴税费"等科目;同时,按照投出固定资产的账面余额,借记"非流动资产基金——固定资产"科目,贷记本科目。

六、中小学校的固定资产应当定期进行清查盘点,至少每年盘点一次。对

于发生的固定资产盘盈、盘亏或者报废、毁损，应当及时查明原因，按规定报经批准后进行账务处理。

（一）盘盈的固定资产，按照同类或类似固定资产的市场价格确定入账价值；同类或类似固定资产的市场价格无法可靠取得的，按照名义金额入账。

盘盈的固定资产，按照确定的入账价值，借记本科目，贷记"非流动资产基金——固定资产"科目。

（二）盘亏或者报废、毁损的固定资产，转入待处置资产时，按照待处置固定资产的账面余额，借记"待处置资产损溢"科目，贷记本科目。

报经批准予以处置时，按照处置固定资产对应的非流动资产基金，借记"非流动资产基金——固定资产"科目，贷记"待处置资产损溢"科目。

处置报废、毁损固定资产过程中所取得的收入、发生的相关费用，以及处置收入扣除相关费用后的净收入的账务处理，参见"待处置资产损溢"科目。

七、本科目期末借方余额，反映中小学校固定资产的原价。

1511 在建工程

一、本科目核算中小学校在建工程的实际成本。

在建工程是指中小学校已经发生必要支出，但尚未达到交付使用状态的建设工程，包括各种建筑（包括新建、改建、扩建、修缮等）和设备安装工程。

二、本科目应当按照工程性质和具体工程项目等进行明细核算。

三、中小学校的基本建设投资应当按照国家有关规定单独建账、单独核算，同时按照本制度的规定至少按月并入本科目及其他相关科目反映。

中小学校应当在本科目下设置"基建工程"明细科目，核算由基建账套并入的在建工程成本。有关基建并账的具体账务处理另行规定。

四、在建工程（非基本建设项目）的主要账务处理如下：

（一）建筑工程

1. 将固定资产转入改建、扩建或修缮等时，按照固定资产的账面余额，借记本科目，贷记"非流动资产基金——在建工程"科目；同时，借记"非流动资产基金——固定资产"科目，贷记"固定资产"科目。

2. 根据工程价款结算账单与施工企业结算工程价款时，按照实际支付的工程价款，借记本科目，贷记"非流动资产基金——在建工程"科目；同时，借记"事业支出"等科目，贷记"银行存款"、"零余额账户用款额度"、"公共财政预算拨款"、"政府性基金预算拨款"等科目。

3. 非义务教育阶段中小学校为建筑工程借入的专门借款的利息,属于建设期间发生的,计入在建工程成本,借记本科目,贷记"非流动资产基金——在建工程"科目;同时,借记"其他支出——利息支出"科目,贷记"银行存款"等科目。

4. 工程完工交付使用时,按照建筑工程所发生的实际成本,借记"固定资产"科目,贷记"非流动资产基金——固定资产"科目;同时,借记"非流动资产基金——在建工程"科目,贷记本科目。

(二)设备安装

1. 购入需要安装的设备,按照确定的成本,借记本科目,贷记"非流动资产基金——在建工程"科目;同时,按照实际支付金额,借记"事业支出"、"经营支出"等科目,贷记"银行存款"、"零余额账户用款额度"、"公共财政预算拨款"、"政府性基金预算拨款"等科目。

融资租入需要安装的设备,按照确定的成本,借记本科目,按照租赁协议或者合同确定的租赁价款,贷记"长期应付款"科目,按照其差额,贷记"非流动资产基金——在建工程"科目。同时,按照实际支付的相关税费、运输费、途中保险费等,借记"事业支出"、"经营支出"等科目,贷记"银行存款"、"零余额账户用款额度"、"公共财政预算拨款"、"政府性基金预算拨款"等科目。

2. 发生安装费用,借记本科目,贷记"非流动资产基金——在建工程"科目;同时,借记"事业支出"、"经营支出"等科目,贷记"银行存款"、"零余额账户用款额度"、"公共财政预算拨款"、"政府性基金预算拨款"等科目。

3. 设备安装完工交付使用时,借记"固定资产"科目,贷记"非流动资产基金——固定资产"科目;同时,借记"非流动资产基金——在建工程"科目,贷记本科目。

五、本科目期末借方余额,反映中小学校尚未完工的在建工程发生的实际成本。

1601 无形资产

一、本科目核算中小学校无形资产的原价。

无形资产是指中小学校持有的不具有实物形态的可辨认非货币性资产,包括专利权、商标权、著作权、土地使用权、非专利技术等。

中小学校购入的不构成相关硬件不可缺少组成部分的应用软件,应当作为无形资产核算。

二、本科目应当按照无形资产的类别、项目等进行明细核算。

三、有条件的中小学校应当设置无形资产摊销辅助账，登记无形资产原价、当期应计提摊销及累计摊销等情况。

四、无形资产的主要账务处理如下：

（一）无形资产在取得时，应当按照其实际成本入账。

1．外购的无形资产，其成本包括购买价款、相关税费以及可归属于该项资产达到预定用途所发生的其他支出。

购入的无形资产，按照确定的无形资产成本，借记本科目，贷记"非流动资产基金——无形资产"科目；同时，按照实际支付金额，借记"事业支出"等科目，贷记"银行存款"、"零余额账户用款额度"、"公共财政预算拨款"、"政府性基金预算拨款"等科目。

2．委托软件公司开发软件视同外购无形资产进行处理。

支付软件开发费时，按照实际支付金额，借记"事业支出"等科目，贷记"银行存款"、"零余额账户用款额度"、"公共财政预算拨款"、"政府性基金预算拨款"等科目。软件开发完成交付使用时，按照软件开发费总额，借记本科目，贷记"非流动资产基金——无形资产"科目。

3．接受捐赠、无偿调入的无形资产，其成本按照有关凭据注明的金额加上相关税费等确定；没有相关凭据的，其成本比照同类或类似无形资产的市场价格加上相关税费等确定；没有相关凭据、同类或类似无形资产的市场价格也无法可靠取得的，该资产按照名义金额入账。

接受捐赠、无偿调入的无形资产，按照确定的无形资产成本，借记本科目，贷记"非流动资产基金——无形资产"科目；按照发生的相关税费等，借记"其他支出"科目，贷记"银行存款"等科目。

（二）与无形资产有关的后续支出，应当分别以下情况处理：

1．为增加无形资产的使用效能而发生的后续支出，如对软件进行升级改造或扩展其功能等所发生的支出，应当计入无形资产的成本，借记本科目，贷记"非流动资产基金——无形资产"科目；同时，借记"事业支出"等科目，贷记"银行存款"、"零余额账户用款额度"、"公共财政预算拨款"、"政府性基金预算拨款"等科目。

2．为维护无形资产的正常使用而发生的后续支出，如对软件进行漏洞修补、技术维护等所发生的支出，应当计入当期支出但不计入无形资产成本，借记"事业支出"等科目，贷记"银行存款"、"零余额账户用款额度"、"公共财政预算拨款"、"政府性基金预算拨款"等科目。

（三）报经批准转让、无偿调出、对外捐赠无形资产或以无形资产对外投资，应当分别以下情况处理：

1. 转让、无偿调出、对外捐赠无形资产，转入待处置资产时，按照待处置无形资产的账面余额，借记"待处置资产损溢"科目，贷记本科目。

实际转让、调出、捐出时，按照处置无形资产的账面余额，借记"非流动资产基金——无形资产"科目，贷记"待处置资产损溢"科目。

转让无形资产过程中取得价款、发生相关税费，以及出售价款扣除相关税费后的净收入的账务处理，参见"待处置资产损溢"科目。

2. 以已入账无形资产对外投资，按照评估价值加上相关税费作为投资成本，借记"长期投资"科目，贷记"非流动资产基金——长期投资"科目，按照发生的相关税费，借记"其他支出"科目，贷记"银行存款"、"应缴税费"等科目；同时，按照投出无形资产的账面余额，借记"非流动资产基金——无形资产"科目，贷记本科目。

（四）无形资产预期不能为中小学校带来服务潜力或经济利益的，应当按规定报经批准后将该无形资产的账面余额予以核销。

转入待处置资产时，按照待核销无形资产的账面余额，借记"待处置资产损溢"科目，贷记本科目。

报经批准予以核销时，按照核销无形资产对应的非流动资产基金，借记"非流动资产基金——无形资产"科目，贷记"待处置资产损溢"科目。

五、本科目期末借方余额，反映中小学校无形资产的原价。

1701 待处置资产损溢

一、本科目核算中小学校待处置资产的价值及处置损溢。

中小学校资产处置包括资产的出售、出让、转让、对外捐赠、无偿调出、盘亏、报废、毁损以及货币性资产损失核销等。

二、本科目应当按照待处置资产项目进行明细核算；对于在处置过程中取得相关收入、发生相关费用的处置项目，还应设置"处置资产价值"、"处置净收入"明细科目，进行明细核算。

三、中小学校处置资产一般应当先记入本科目，按规定报经批准后及时进行账务处理。年度终了结账前一般应处理完毕。

四、待处置资产损溢的主要账务处理如下：

（一）按规定报经批准予以核销的应收及预付款项、长期股权投资、无形资产

1.转入待处置资产时，借记本科目，贷记"应收账款"、"其他应收款"、"长期投资"、"无形资产"等科目。

2.报经批准予以核销时，借记"其他支出"科目［应收及预付款项核销］或"非流动资产基金——长期投资、无形资产"科目［长期投资、无形资产核销］，贷记本科目。

（二）盘亏或者毁损、报废的存货、固定资产

1.转入待处置资产时，借记本科目（处置资产价值），贷记"存货"、"固定资产"等科目。

2.报经批准予以处置时，借记"其他支出"科目［处置存货］或"非流动资产基金——固定资产"科目［处置固定资产］，贷记本科目（处置资产价值）。

3.处置毁损、报废存货、固定资产过程中收到残值变价收入、保险理赔和过失人赔偿等，借记"库存现金"、"银行存款"等科目，贷记本科目（处置净收入）。

4.处置毁损、报废存货、固定资产过程中发生相关费用，借记本科目（处置净收入），贷记"库存现金"、"银行存款"等科目。

5.处置完毕，按照处置收入扣除相关处置费用后的净收入，借记本科目（处置净收入），贷记"应缴国库款"等科目。

（三）对外捐赠、无偿调出存货、固定资产、无形资产

1.转入待处置资产时，借记本科目，贷记"存货"、"固定资产"、"无形资产"等科目。

2.实际捐出、调出时，借记"其他支出"科目［捐出、调出存货］或"非流动资产基金——固定资产、无形资产"科目［捐出、调出固定资产、无形资产］，贷记本科目。

（四）转让（出售）长期股权投资、固定资产、无形资产

1.转入待处置资产时，借记本科目（处置资产价值），贷记"长期投资"、"固定资产"、"无形资产"等科目。

2.实际转让时，借记"非流动资产基金——长期投资、固定资产、无形资产"科目，贷记本科目（处置资产价值）。

3.转让过程中取得价款、发生相关税费，以及转让价款扣除相关税费后的净收入的账务处理，按照国家有关规定，比照本科目"四

（二）有关毁损、报废存货、固定资产进行处理。

五、本科目期末如为借方余额，反映尚未处置完毕的各种资产价值及净损失；期末如为贷方余额，反映尚未处置完毕的各种资产净溢余。年度终了报经批准处理后，本科目一般应无余额。

二、负债类

2001 短期借款△

一、本科目核算非义务教育阶段中小学校经批准从银行等金融机构借入的期限在1年内（含1年）的各种借款本金。

严禁义务教育阶段中小学校举借债务。

二、本科目应当按照贷款单位和贷款种类进行明细核算。

三、短期借款的主要账务处理如下：

（一）借入各种短期借款时，按照实际借入的金额，借记"银行存款"科目，贷记本科目。

（二）支付短期借款利息时，借记"其他支出"科目，贷记"银行存款"科目。

（三）归还短期借款本金时，借记本科目，贷记"银行存款"科目。

四、本科目期末贷方余额，反映非义务教育阶段中小学校尚未归还的短期借款本金。

2101 应缴税费

一、本科目核算中小学校按照税法等规定计算应缴纳的各种税费，包括营业税、增值税、城市维护建设税、教育费附加、房产税、城镇土地使用税、车船税、企业所得税等。

中小学校代扣代缴的个人所得税，通过本科目核算。

中小学校应缴纳的印花税不需要预提应缴税费，直接通过支出等有关科目核算，不在本科目核算。

二、本科目应当按照应缴纳的税费种类进行明细核算。

三、应缴税费的主要账务处理如下：

（一）发生营业税、城市维护建设税、教育费附加纳税义务的，按税法规定计算的应缴税费金额，借记"待处置资产损溢——处置净收入"科目[出售不动产应缴的税费]或有关支出科目，贷记本科目。实际缴纳时，借记本科目，贷记"银行存款"科目。

（二）属于增值税小规模纳税人的中小学校销售应税产品或提供应税服务，按照实际收到或应收的价款，借记"银行存款"、"应收账款"等科目，按照实际收到或应收价款扣除增值税额后的金额，贷记"经营收入"等科目，按照应缴增值税金额，贷记本科目（应缴增值税）。实际缴纳增值税时，借记本科目（应缴增值税），贷记"银行存款"科目。

（三）发生房产税、城镇土地使用税、车船税纳税义务的，按税法规定计算的应缴税金数额，借记有关科目，贷记本科目。实际缴纳时，借记本科目，贷记"银行存款"科目。

（四）代扣代缴个人所得税的，按税法规定计算应代扣代缴的个人所得税金额，借记"应付职工薪酬"科目，贷记本科目。实际缴纳时，借记本科目，贷记"银行存款"科目。

（五）发生企业所得税纳税义务的，按税法规定计算的应缴税金数额，借记"非财政补助结余分配"科目，贷记本科目。实际缴纳时，借记本科目，贷记"银行存款"科目。

（六）发生其他纳税义务的，按照应缴纳的税费金额，借记有关科目，贷记本科目。实际缴纳时，借记本科目，贷记"银行存款"等科目。

四、本科目期末借方余额，反映中小学校多缴纳的税费金额；本科目期末贷方余额，反映中小学校应缴未缴的税费金额。

2102 应缴国库款

一、本科目核算中小学校按规定应缴入国库的款项（应缴税费除外）。

二、本科目应当按照应缴国库的各款项类别进行明细核算。

三、应缴国库款的主要账务处理如下：

（一）按规定计算确定或实际取得应缴国库的款项时，借记有关科目，贷记本科目。

（二）中小学校处置资产取得的应上缴国库的处置净收入的账务处理，参见"待处置资产损溢"科目。

（三）上缴款项时，借记本科目，贷记"银行存款"等科目。

四、本科目期末贷方余额，反映中小学校应缴入国库但尚未缴纳的款项。

2103 应缴财政专户款

一、本科目核算中小学校按规定应缴入财政专户的款项。

二、本科目应当按照应缴财政专户的各款项类别进行明细核算。

三、应缴财政专户款的主要账务处理如下：

（一）取得应缴财政专户的款项时，借记有关科目，贷记本科目。

（二）上缴款项时，借记本科目，贷记"银行存款"等科目。

四、本科目期末贷方余额，反映中小学校应缴入财政专户但尚未缴纳的款项。

2201 应付职工薪酬

一、本科目核算中小学校按有关规定应付给职工及为职工支付的各种薪酬。包括基本工资、绩效工资、国家统一规定的津贴补贴、社会保险费、住房公积金等。

二、本科目应当根据国家有关规定按照"工资（离退休费）"、"地方（部门）津贴补贴"、"其他个人收入"以及"社会保险费"、"住房公积金"等进行明细核算。

三、应付职工薪酬的主要账务处理如下：

（一）计算当期应付职工薪酬，借记"事业支出"、"经营支出"等科目，贷记本科目。

（二）向职工支付工资、津贴补贴等薪酬，借记本科目，贷记"银行存款"、"零余额账户用款额度"、"公共财政预算拨款"、"政府性基金预算拨款"等科目。

（三）按税法规定代扣代缴个人所得税，借记本科目，贷记"应缴税费——应缴个人所得税"科目。

（四）按照国家有关规定缴纳职工社会保险费和住房公积金，借记本科目，贷记"银行存款"、"零余额账户用款额度"、"公共财政预算拨款"、"政府性基金预算拨款"等科目。

（五）从应付职工薪酬中支付其他款项，借记本科目，贷记"银行存款"、"零余额账户用款额度"、"公共财政预算拨款"、"政府性基金预算拨款"等科目。

四、本科目期末贷方余额，反映中小学校应付未付的职工薪酬。

2302 应付账款

一、本科目核算中小学校因购买材料、物资等而应付的款项。

中小学校开出、承兑商业汇票（包括银行承兑汇票和商业承兑汇票）或发生预收账款的，也通过本科目核算。

二、本科目应当按照债权单位（或个人）进行明细核算。

三、应付账款的主要账务处理如下：

（一）购入材料、物资等已验收入库但货款尚未支付的，按照应付未付金额，借记"存货"等科目，贷记本科目。

（二）偿付应付账款时，按照实际支付的金额，借记本科目，贷记"银行存款"

等科目。

（三）无法偿付或债权人豁免偿还的应付账款,借记本科目,贷记"其他收入"科目。

四、本科目期末贷方余额,反映中小学校尚未支付的应付账款。

2305 其他应付款

一、本科目核算中小学校除应缴税费、应缴国库款、应缴财政专户款、应付职工薪酬、应付账款之外的其他各项偿还期限在 1 年内（含 1 年）的应付及暂收款项。

中小学校的代管款项在"代管款项"科目核算,不在本科目核算。

二、本科目应当按照其他应付款的类别以及债权单位（或个人）进行明细核算。

三、其他应付款的主要账务处理如下：

（一）发生其他各项应付及暂收款项时,借记"银行存款"等科目,贷记本科目。

（二）支付其他应付款项时,借记本科目,贷记"银行存款"等科目。

（三）无法偿付或债权人豁免偿还的其他应付款项,借记本科目,贷记"其他收入"科目。

四、本科目期末贷方余额,反映中小学校尚未支付的其他应付款。

2401 长期借款△

一、本科目核算非义务教育阶段中小学校经批准从银行等金融机构借入的期限超过 1 年(不含 1 年)的各种借款本金。

严禁义务教育阶段中小学校举借债务。

二、本科目应当按照贷款单位和贷款种类进行明细核算。对于基建项目借款,还应按具体项目进行明细核算。

三、长期借款的主要账务处理如下：

（一）借入各项长期借款时,按照实际借入的金额,借记"银行存款"科目,贷记本科目。

（二）为购建固定资产支付的专门借款利息,分别以下情况处理：

1. 属于工程项目建设期间支付的,计入工程成本,按照支付的利息,借记"在建工程"科目,贷记"非流动资产基金——在建工程"科目;同时,借记"其他支出"科目,贷记"银行存款"科目。

2. 属于工程项目完工交付使用后支付的,计入当期支出但不计入工程成本,按照支付的利息,借记"其他支出"科目,贷记"银行存款"科目。

(三)支付长期借款利息,按照支付的利息金额,借记"其他支出"科目,贷记"银行存款"科目。

(四)归还长期借款本金时,借记本科目,贷记"银行存款"科目。

四、本科目期末贷方余额,反映中小学校尚未归还的长期借款本金。

2402 长期应付款

一、本科目核算中小学校发生的偿还期限超过 1 年(不含 1 年)的应付款项,如以融资租赁租入固定资产的租赁费、跨年度分期付款购入固定资产的价款等。

二、本科目应当按照长期应付款的类别以及债权单位(或个人)进行明细核算。

三、长期应付款的主要账务处理如下:

(一)发生长期应付款时,借记"固定资产"、"在建工程"等科目,贷记本科目、"非流动资产基金"等科目。

(二)支付长期应付款时,借记"事业支出"、"经营支出"等科目,贷记"银行存款"等科目;同时,借记本科目,贷记"非流动资产基金"科目。

(三)无法偿付或债权人豁免偿还的长期应付款,借记本科目,贷记"其他收入"科目。

四、本科目期末贷方余额,反映中小学校尚未支付的长期应付款。

2501 代管款项

一、本科目核算中小学校接受委托代为管理的各类款项,包括为提供服务的单位代收交付的教科书费、作业本费、食堂伙食费等代收费,以及党费、团费等代管经费。

二、本科目应当按照教科书费、作业本费、食堂伙食费以及党费、团费等代管款项类别进行明细核算。

三、代管款项的主要账务处理如下:

(一)代收各类代管款项,按照实际收到的金额,借记"库存现金"、"银行存款"等科目,贷记本科目。

(二)支付或退回代管款项,按照实际支付的金额,借记本科目,贷记"库存现金"、"银行存款"等科目。

四、本科目期末贷方余额,反映中小学校各类代管款项尚未支付的余额。

三、净资产类

3001 事业基金

一、本科目核算中小学校拥有的非限定用途的净资产,主要为非财政补助结余扣除结余分配后滚存的金额。

二、事业基金的主要账务处理如下:

(一)年末,将"非财政补助结余分配"科目余额结转至本科目,借记或贷记"非财政补助结余分配"科目,贷记或借记本科目。

(二)年末,将留归本单位使用的非财政补助专项(项目已完成)剩余资金结转至本科目,借记"非财政补助结转——××项目"科目,贷记本科目。

(三)以货币资金取得长期股权投资、长期债券投资,按照实际支付的全部价款(包括购买价款以及税金、手续费等相关税费)作为投资成本,借记"长期投资"科目,贷记"银行存款"等科目;同时,按照投资成本金额,借记本科目,贷记"非流动资产基金——长期投资"科目。

(四)对外转让或到期收回长期债券投资本息,按照实际收到的金额,借记"银行存款"等科目,按照收回长期债券投资的成本,贷记"长期投资"科目,按照其差额,贷记或借记"其他收入——投资收益"科目;同时,按照收回长期债券投资对应的非流动资产基金,借记"非流动资产基金——长期投资"科目,贷记本科目。

三、中小学校发生需要调整以前年度非财政补助结余的事项,通过本科目核算。国家另有规定的,从其规定。

四、本科目期末贷方余额,反映中小学校历年积存的非限定用途净资产的金额。

3101 非流动资产基金

一、本科目核算中小学校长期投资、固定资产、在建工程、无形资产等非流动资产占用的金额。

二、本科目应当设置"长期投资△"、"固定资产"、"在建工程"、"无形资产"等明细科目,进行明细核算。

三、非流动资产基金的主要账务处理如下:

(一)非流动资产基金应当在取得长期投资、固定资产、在建工程、无形资产等非流动资产或发生相关支出时予以确认。

取得相关资产或发生相关支出时,借记"长期投资"、"固定资产"、"在建工程"、"无形资产"等科目,贷记本科目等有关科目;同时或待以后发生相关支出时,借记"事业支出"等有关科目,贷记"银行存款"、"零余额账户用款额度"、"公共财政预算拨款"、"政府性基金预算拨款"等科目。

(二)处置长期股权投资、固定资产、无形资产,以及以固定资产、无形资产对外投资时,应当冲销该资产对应的非流动资产基金。

1.以固定资产、无形资产对外投资,按照评估价值加上相关税费作为投资成本,借记"长期投资"科目,贷记本科目(长期投资),按照发生的相关税费,借记"其他支出"科目,贷记"银行存款"等科目;同时,按照投出固定资产、无形资产的账面余额,借记本科目(固定资产、无形资产),贷记"固定资产"、"无形资产"科目。

2.出售或以其他方式处置长期股权投资、固定资产、无形资产,转入待处置资产时,借记"待处置资产损溢"科目,贷记"长期投资"、"固定资产"、"无形资产"等科目。

实际处置时,借记本科目(长期投资、固定资产、无形资产),贷记"待处置资产损溢"科目。

四、本科目期末贷方余额,反映中小学校非流动资产占用的金额。

3201 专用基金

一、本科目核算中小学校按规定提取或者设置的具有专门用途的净资产。

二、本科目应当设置"修购基金△"、"职工福利基金"、"奖助学基金"、"其他专用基金"等明细科目,进行明细核算。

(一)修购基金△,即非义务教育阶段中小学校按照事业收入和经营收入的一定比例提取,并按照规定在相应的购置和修缮科目中列支,以及按照其他规定转入,用于本校固定资产维修和购置的资金。义务教育阶段中小学校不提取修购基金。

(二)职工福利基金,即中小学校按照非财政拨款(补助)结余的一定比例提取以及按照其他规定提取转入,用于职工集体福利设施、集体福利待遇等的资金。

(三)奖助学基金,即中小学校接受社会捐赠和按照规定从事业收入中提取转入,用于奖励、资助学生的资金。

(四)其他专用基金,即中小学校按照其他有关规定,根据事业发展需要提取或者设置的专用资金。

三、专用基金的主要账务处理如下:

(一)提取和使用修购基金 非义务教育阶段中小学校按规定提取修购基金的,按照提取的金额,借记"事业支出"、"经营支出"科目,贷记本科目(修购基金)。

按规定使用修购基金时,借记本科目(修购基金),贷记"银行存款"等科目;使用修购基金形成固定资产的,还应借记"固定资产"科目,贷记"非流动资产基金——固定资产"科目。

(二)提取和使用职工福利基金

按照有关规定提取职工福利费的,按照提取的金额,借记有关科目,贷记本科目(职工福利基金)。

年末,按规定从本年度非财政补助结余中提取职工福利基金的,按照提取的金额,借记"非财政补助结余分配"科目,贷记本科目(职工福利基金)。

按规定使用职工福利基金时,借记本科目(职工福利基金),贷记"银行存款"等科目;使用职工福利基金形成固定资产的,还应借记"固定资产"科目,贷记"非流动资产基金——固定资产"科目。

(三)接受或提取奖助学基金

1. 接受和使用专门用于奖助学的社会捐赠

收到专门用于奖助学的社会捐赠时,按照实际收到的金额,借记"银行存款"等科目,贷记"其他收入——捐赠收入"科目。

使用此类捐赠时,按照实际支付的金额,借记"事业支出"等科目,贷记"库存现金"、"银行存款"等科目。

期末,按照当期实际收到的此类捐赠金额,借记"其他收入——捐赠收入"科目,贷记"非财政补助结转"科目;按照当期实际支付的此类捐赠金额,借记"非财政补助结转"科目,贷记"事业支出"等科目。

年末,按照当年尚未使用的此类捐赠余额,借记"非财政补助结转"科目,贷记本科目(奖助学基金)。

2. 提取和使用奖助学基金

按规定提取奖助学基金的,按照提取的金额,借记"事业支出"等科目,贷记本科目(奖助学基金)。

按规定使用此类奖助学基金时,借记本科目(奖助学基金),贷记"银行存款"等科目。

(四)提取和使用其他专用基金

如有按规定提取的其他专用基金,按照提取的金额,借记有关支出科目或

"非财政补助结余分配"等科目，贷记本科目。

按规定使用其他专用基金时，借记本科目，贷记"银行存款"等科目；使用专用基金形成固定资产的，还应借记"固定资产"科目，贷记"非流动资产基金——固定资产"科目。

四、本科目期末贷方余额，反映中小学校专用基金余额。

3301 财政补助结转

一、本科目核算中小学校滚存的财政补助结转资金，包括基本支出结转和项目支出结转。

二、本科目应当设置"基本支出结转"、"项目支出结转"两个明细科目，并在"基本支出结转"明细科目下按照"人员经费"、"日常公用经费"进行明细核算，在"项目支出结转"明细科目下按照具体项目进行明细核算；本科目还应按照《政府收支分类科目》中"支出功能分类科目"的相关科目进行明细核算。

三、财政补助结转的主要账务处理如下：

（一）期末，将财政补助收入（包括公共财政预算拨款和政府性基金预算拨款，下同）本期发生额结转至本科目，借记"公共财政预算拨款——基本支出、项目支出"、"政府性基金预算拨款——基本支出、项目支出"科目，贷记本科目（基本支出结转、项目支出结转）；将事业支出（财政补助支出）本期发生额结转至本科目，借记本科目（基本支出结转、项目支出结转），贷记"事业支出——财政补助支出（基本支出、项目支出）"科目。

（二）年末，完成上述（一）结转后，应当对财政补助各明细项目执行情况进行分析，按照有关规定将符合财政补助结余性质的项目余额结转至"财政补助结余"科目，借记或贷记本科目（项目支出结转——××项目），贷记或借记"财政补助结余"科目。

（三）按规定上缴财政补助结转资金或注销财政补助结转额度的，按照实际上缴金额或注销的额度金额，借记本科目，贷记"银行存款"、"零余额账户用款额度"、"财政应返还额度"等科目。取得主管部门归集调入财政补助结转资金或额度的，做相反会计分录。

四、中小学校发生需要调整以前年度财政补助结转的事项，通过本科目核算。

五、本科目期末贷方余额，反映中小学校财政补助结转资金数额。

3302 财政补助结余

一、本科目核算中小学校滚存的财政补助项目支出结余资金。

二、本科目应当按照《政府收支分类科目》中"支出功能分类科目"的相关科目进行明细核算。

三、财政补助结余的主要账务处理如下：

（一）年末，对财政补助各明细项目执行情况进行分析，按照有关规定将符合财政补助结余性质的项目余额结转至"财政补助结余"科目，借记或贷记"财政补助结转——项目支出结转（××项目）"科目，贷记或借记本科目。

（二）按规定上缴财政补助结余资金或注销财政补助结余额度的，按照实际上缴金额或注销的额度金额，借记本科目，贷记"银行存款"、"零余额账户用款额度"、"财政应返还额度"等科目。取得主管部门归集调入财政补助结余资金或额度的，做相反会计分录。

四、中小学校发生需要调整以前年度财政补助结余的事项，通过本科目核算。

五、本科目期末贷方余额，反映中小学校财政补助结余资金数额。

3401 非财政补助结转

一、本科目核算中小学校除财政补助收支以外的各专项资金收入与其相关支出相抵后剩余滚存的、须按规定用途使用的结转资金。

二、本科目应当按照非财政专项资金的具体项目进行明细核算。

三、非财政补助结转的主要账务处理如下：

（一）期末，将事业收入、上级补助收入、附属单位上缴收入、其他收入本期发生额中的专项资金收入结转至本科目，借记"事业收入"、"上级补助收入"、"附属单位上缴收入"、"其他收入"科目下各专项资金收入明细科目，贷记本科目；将事业支出、其他支出本期发生额中的非财政专项资金支出结转至本科目，借记本科目，贷记"事业支出——非财政专项资金支出"、"其他支出"科目下各专项资金支出明细科目。

（二）年末，完成上述（一）结转后，应当对非财政补助专项结转资金各项目情况进行分析：

1. 尚未使用的专门用于奖助学的社会捐赠余额，借记本科目，贷记"专用基金——奖助学基金"科目。

2. 将已完成项目的项目剩余资金区分以下情况处理：缴回原专项资金拨入单位的，借记本科目（××项目），贷记"银行存款"等科目；留归本单位使用的，借记本科目（××项目），贷记"事业基金"科目。

四、中小学校食堂实行单独核算。年末，将食堂收支净额结转至本科目，借记"其他收入——食堂净收入"科目,贷记本科目(食堂资金结转)。

五、中小学校发生需要调整以前年度非财政补助结转的事项,通过本科目核算。

六、本科目期末贷方余额,反映中小学校非财政补助专项结转资金数额。

3402 事业结余

一、本科目核算中小学校一定期间除财政补助收支、非财政专项资金收支和经营收支以外各项收支相抵后的余额。

二、事业结余的主要账务处理如下:

(一)期末,将事业收入、上级补助收入、附属单位上缴收入、其他收入本期发生额中的非专项资金收入结转至本科目,借记"事业收入"、"上级补助收入"、"附属单位上缴收入"、"其他收入"科目下各非专项资金收入明细科目,贷记本科目;将事业支出、其他支出本期发生额中的非财政、非专项资金支出(其他资金支出),以及上缴上级支出、对附属单位补助支出的本期发生额结转至本科目,借记本科目,贷记"事业支出——其他资金支出"、"其他支出"科目下各非专项资金支出明细科目、"上缴上级支出"、"对附属单位补助支出"科目。

(二)年末,完成上述(一)结转后,将本科目余额结转至"非财政补助结余分配"科目,借记或贷记本科目,贷记或借记"非财政补助结余分配"科目。

三、本科目期末如为贷方余额,反映中小学校自年初至报告期末累计实现的事业结余;如为借方余额,反映中小学校自年初至报告期末累计发生的事业亏损。年末结账后,本科目应无余额。

3403 经营结余△

一、本科目核算非义务教育阶段中小学校一定期间各项经营收支相抵后余额弥补以前年度经营亏损后的余额。

二、经营结余的主要账务处理如下:

(一)期末,将经营收入本期发生额结转至本科目,借记"经营收入"科目,贷记本科目;将经营支出本期发生额结转至本科目,借记本科目,贷记"经营支出"科目。

(二)年末,完成上述(一)结转后,如本科目为贷方余额,将本科目余额结转至"非财政补助结余分配"科目,借记本科目,贷记"非财政补助结余分配"科目;如本科目为借方余额,为经营亏损,不予结转。

三、本科目期末如为贷方余额,反映非义务教育阶段中小学校自年初至报

告期末累计实现的经营结余弥补以前年度经营亏损后的经营结余；如为借方余额，反映非义务教育阶段中小学校截至报告期末累计发生的经营亏损。

年末结账后，本科目一般无余额；如为借方余额，反映非义务教育阶段中小学校累计发生的经营亏损。

3404 非财政补助结余分配

一、本科目核算中小学校本年度非财政补助结余分配的情况和结果。

二、非财政补助结余分配的主要账务处理如下：

（一）年末，将"事业结余"科目余额结转至本科目，借记或贷记"事业结余"科目，贷记或借记本科目；将"经营结余"科目贷方余额结转至本科目，借记"经营结余"科目，贷记本科目。

（二）有企业所得税缴纳义务的中小学校计算出应缴纳的企业所得税，借记本科目，贷记"应缴税费——应缴企业所得税"科目。

（三）按照有关规定提取职工福利基金的，按照提取的金额，借记本科目，贷记"专用基金——职工福利基金"科目。

（四）年末，按规定完成上述（一）至（三）处理后，将本科目余额结转至"事业基金"科目，借记或贷记本科目，贷记或借记"事业基金"科目。

三、年末结账后，本科目应无余额。

四、收入类

4001 公共财政预算拨款

一、本科目核算中小学校从同级财政部门取得的、用公共财政预算安排的各类财政拨款。

二、本科目应当设置"基本支出"和"项目支出"两个明细科目；两个明细科目下按照《政府收支分类科目》中"支出功能分类"的相关科目进行明细核算；同时在"基本支出"明细科目下按照"人员经费"和"日常公用经费"进行明细核算，在"项目支出"明细科目下按照具体项目进行明细核算。同时，可以按照教育事业费拨款、教育费附加拨款、其他经费拨款等进行明细核算。

三、公共财政预算拨款的主要账务处理如下：

（一）财政直接支付方式下，对财政直接支付的支出，中小学校根据财政国库支付执行机构委托代理银行转来的财政直接支付入账通知书及原始凭证，按照通知书中的直接支付入账金额，借记有关科目，贷记本科目。

年度终了，根据本年度财政直接支付预算指标数与当年财政直接支付实际支出数的差额，借记"财政应返还额度——财政直接支付"科目，贷记本科目。

（二）财政授权支付方式下，中小学校根据代理银行转来的授权支付到账通知书，按照通知书中的授权支付额度，借记"零余额账户用款额度"科目，贷记本科目。

年度终了，中小学校本年度财政授权支付预算指标数大于零余额账户用款额度下达数的，根据未下达的用款额度，借记"财政应返还额度——财政授权支付"科目，贷记本科目。

（三）其他方式下，实际收到财政补助收入时，按照实际收到的金额，借记"银行存款"等科目，贷记本科目。

（四）因购货退回等发生国库直接支付款项退回的，属于以前年度支付的款项，按照退回金额，借记"财政应返还额度"科目，贷记"财政补助结转"、"财政补助结余"、"存货"等有关科目；属于本年度支付的款项，按照退回金额，借记本科目，贷记"事业支出"、"存货"等有关科目。

（五）期末，将本科目本期发生额结转至"财政补助结转"科目，借记本科目，贷记"财政补助结转"科目。

四、期末结账后，本科目应无余额。

4002 政府性基金预算拨款

一、本科目核算中小学校从同级财政部门取得的、用政府性基金预算安排的各类财政拨款。

二、本科目应当设置"基本支出"和"项目支出"两个明细科目；两个明细科目下按照《政府收支分类科目》中"支出功能分类"的相关科目进行明细核算；同时在"基本支出"明细科目下按照"人员经费"和"日常公用经费"进行明细核算，在"项目支出"明细科目下按照具体项目进行明细核算。同时，可以按照地方教育附加拨款、国有土地出让收入拨款、国有资源使用收入拨款、彩票公益金拨款等进行明细核算。

三、政府性基金预算拨款的主要账务处理如下：

（一）财政直接支付方式下，对财政直接支付的支出，中小学校根据财政国库支付执行机构委托代理银行转来的财政直接支付入账通知书及原始凭证，按照通知书中的直接支付入账金额，借记有关科目，贷记本科目。

年度终了，根据本年度财政直接支付预算指标数与当年财政直接支付实际

支出数的差额,借记"财政应返还额度——财政直接支付"科目,贷记本科目。

(二)财政授权支付方式下,中小学校根据代理银行转来的授权支付到账通知书,按照通知书中的授权支付额度,借记"零余额账户用款额度"科目,贷记本科目。

年度终了,中小学校本年度财政授权支付预算指标数大于零余额账户用款额度下达数的,根据未下达的用款额度,借记"财政应返还额度——财政授权支付"科目,贷记本科目。

(三)其他方式下,实际收到地方基金拨款时,按照实际收到的金额,借记"银行存款"等科目,贷记本科目。

(四)因购货退回等发生国库直接支付款项退回的,属于以前年度支付的款项,按照退回金额,借记"财政应返还额度"科目,贷记"财政补助结转"、"财政补助结余"、"存货"等有关科目;属于本年度支付的款项,按照退回金额,借记本科目,贷记"事业支出"、"存货"等有关科目。

(五)期末,将本科目本期发生额结转至"财政补助结转"科目,借记本科目,贷记"财政补助结转"科目。

四、期末结账后,本科目应无余额。

4101 事业收入

一、本科目核算中小学校开展教育教学及其辅助活动依法取得的收入,主要包括行政事业性收费(如纳入行政事业性收费的学费、住宿费、考试报名费、考试考务费等)、科研收入,以及与教育教学活动直接相关的对外服务性收费(如未纳入行政事业性收费的非学历培训费等)等。

二、本科目应当按照事业收入的类别、项目等进行明细核算。事业收入中如有专项资金收入,还应当按照具体项目进行明细核算。

三、事业收入的主要账务处理如下:

(一)采用财政专户返还方式管理的事业收入

1.收到应上缴财政专户的事业收入时,按照实际收到的金额,借记"银行存款"、"库存现金"等科目,贷记"应缴财政专户款"科目。

2.向财政专户上缴款项时,按照实际上缴的金额,借记"应缴财政专户款"科目,贷记"银行存款"等科目。

3.收到从财政专户返还的事业收入时,按照实际收到的返还金额,借记"银行存款"等科目,贷记本科目。

（二）未采用财政专户返还方式管理的事业收入

收到事业收入时，按照实际收到的金额，借记"银行存款"、"库存现金"等科目，贷记本科目。

（三）期末，将本科目本期发生额中的专项资金收入结转至"非财政补助结转"科目，借记本科目下各专项资金收入明细科目，贷记"非财政补助结转"科目；将本科目本期发生额中的非专项资金收入结转至"事业结余"科目，借记本科目下各非专项资金收入明细科目，贷记"事业结余"科目。

四、期末结账后，本科目应无余额。

4201 上级补助收入

一、本科目核算中小学校从主管部门和上级单位取得的非财政补助收入。

二、本科目应当按照发放补助单位、补助项目等进行明细核算。上级补助收入中如有专项资金收入，还应当按照具体项目进行明细核算。

三、上级补助收入的主要账务处理如下：

（一）收到上级补助收入时，按照实际收到的金额，借记"银行存款"等科目，贷记本科目。

（二）期末，将本科目本期发生额中的专项资金收入结转至"非财政补助结转"科目，借记本科目下各专项资金收入明细科目，贷记"非财政补助结转"科目；将本科目本期发生额中的非专项资金收入结转至"事业结余"科目，借记本科目下各非专项资金收入明细科目，贷记"事业结余"科目。

四、期末结账后，本科目应无余额。

4301 附属单位上缴收入

一、本科目核算中小学校附属的独立核算单位按照规定上缴的收入。

二、本科目应当按照附属单位、缴款项目等进行明细核算。附属单位上缴收入中如有专项资金收入，还应当按照具体项目进行明细核算。

三、附属单位上缴收入的主要账务处理如下：

（一）收到附属单位缴来款项时，按照实际收到的金额，借记"银行存款"等科目，贷记本科目。

（二）期末，将本科目本期发生额中的专项资金收入结转至"非财政补助结转"科目，借记本科目下各专项资金收入明细科目，贷记"非财政补助结转"科目；将本科目本期发生额中的非专项资金收入结转至"事业结余"科目，借记本科目下各非专项资金收入明细科目，贷记"事业结余"科目。

四、期末结账后，本科目应无余额。

4401 经营收入△

一、本科目核算非义务教育阶段中小学校在教育教学及其辅助活动之外开展非独立核算经营活动取得的收入，主要包括与教育教学非直接相关的对外服务性收费等。

二、本科目应当按照经营活动类别、项目等进行明细核算。

三、经营收入的主要账务处理如下：

（一）经营收入应当在提供服务或发出存货，同时收讫价款或者取得索取价款的凭据时，按照实际收到或应收的金额确认收入。

实现经营收入时，按照实际出售价款，借记"银行存款"、"应收账款"等科目，按照确定的收入金额，贷记本科目，按照应缴增值税金额，贷记"应缴税费——应缴增值税"科目。

（二）期末，将本科目本期发生额结转至"经营结余"科目，借记本科目，贷记"经营结余"科目。

四、期末结账后，本科目应无余额。

4501 其他收入

一、本科目核算中小学校除财政补助收入、事业收入、上级补助收入、附属单位上缴收入、经营收入以外的各项收入，包括投资收益、银行存款利息收入、租金收入、捐赠收入、现金盘盈收入、存货盘盈收入、收回已核销应收及预付款项、无法偿付的应付及预收款项，以及食堂净收入等。

二、本科目应当按照其他收入的类别等进行明细核算。其他收入中如有专项资金收入（如限定用途的捐赠收入），还应当按照具体项目进行明细核算。

三、其他收入的主要账务处理如下：

（一）投资收益△

1. 对外投资持有期间收到利息、利润等时，按实际收到的金额，借记"银行存款"等科目，贷记本科目（投资收益）。

2. 出售或到期收回国债投资本息，按照实际收到的金额，借记"银行存款"等科目，按照出售或收回国债投资的成本，贷记"短期投资"、"长期投资"科目，按其差额，贷记或借记本科目（投资收益）。

（二）银行存款利息收入、租金收入

收到银行存款利息、资产承租人支付的租金，按照实际收到的金额，借记"银行存款"等科目,贷记本科目。

(三)捐赠收入

1.接受捐赠现金资产,按照实际收到的金额,借记"银行存款"等科目,贷记本科目。

2.接受捐赠的存货验收入库,按照确定的成本,借记"存货"科目,按照发生的相关税费、运输费等,贷记"银行存款"等科目,按照其差额,贷记本科目。

接受捐赠固定资产、无形资产等非流动资产,不通过本科目核算。

(四)现金盘盈收入

每日现金账款核对中如发现现金溢余,属于无法查明原因的部分,借记"库存现金"科目,贷记本科目。

(五)存货盘盈收入

盘盈的存货,按照确定的入账价值,借记"存货"科目,贷记本科目。

(六)收回已核销应收及预付款项

已核销应收账款、预付账款、其他应收款在以后期间收回的,按照实际收回的金额,借记"银行存款"等科目,贷记本科目。

(七)无法偿付的应付及预收款项

无法偿付或债权人豁免偿还的应付账款、预收账款、其他应付款及长期应付款,借记"应付账款"、"其他应付款"、"长期应付款"等科目,贷记本科目。

(八)期末,将本科目本期发生额中的专项资金收入结转至"非财政补助结转"科目,借记本科目下各专项资金收入明细科目,贷记"非财政补助结转"科目;将本科目本期发生额中的非专项资金收入结转至"事业结余"科目,借记本科目下各非专项资金收入明细科目,贷记"事业结余"科目。

四、中小学校食堂实行单独核算。年末,抵销中小学校与本校食堂内部往来后,将食堂收支净额并入本科目,借记"银行存款"等科目,贷记"应付账款"等科目,按照收支相抵后的净额,贷记本科目(食堂净收入)。

年末,经上述并账处理后,将食堂收支净额结转至"非财政补助结转"科目,借记本科目(食堂净收入),贷记"非财政补助结转——食堂资金结转"科目。

五、期末结账后,本科目应无余额。

五、支出类

5001 事业支出

一、本科目核算中小学校开展教育教学及其辅助活动发生的基本支出和项

目支出。

二、本科目应当按照"财政补助支出"、"非财政专项资金支出"和"其他资金支出"以及"基本支出"和"项目支出"进行明细核算,并按照《政府收支分类科目》中"支出功能分类"相关科目进行明细核算;"基本支出"和"项目支出"明细科目下应当按照《政府收支分类科目》中"支出经济分类"的款级科目进行明细核算;同时在"项目支出"明细科目下按照具体项目进行明细核算。

三、事业支出的主要账务处理如下:

(一)为从事教育教学及其辅助活动人员计提的薪酬等,借记本科目,贷记"应付职工薪酬"等科目。

(二)开展教育教学及其辅助活动领用的存货,按照领用存货的实际成本,借记本科目,贷记"存货"科目。

(三)开展教育教学及其辅助活动发生的其他各项支出,借记本科目,贷记"库存现金"、"银行存款"、"零余额账户用款额度"等科目。

(四)期末,将本科目(财政补助支出)本期发生额结转入"财政补助结转"科目,借记"财政补助结转——基本支出结转、项目支出结转"科目,贷记本科目(财政补助支出——基本支出、项目支出);将本科目(非财政专项资金支出)本期发生额结转至"非财政补助结转"科目,借记"非财政补助结转"科目,贷记本科目(非财政专项资金支出);将本科目(其他资金支出)本期发生额结转至"事业结余"科目,借记"事业结余"科目,贷记本科目(其他资金支出)。

四、期末结账后,本科目应无余额。

5101 上缴上级支出

一、本科目核算中小学校按照财政部门和主管部门的规定上缴上级单位的支出。

二、本科目应当按照收缴款项单位、缴款项目等进行明细核算。

三、上缴上级支出的主要账务处理如下:

(一)按规定将款项上缴上级单位的,按照实际上缴的金额,借记本科目,贷记"银行存款"等科目。

(二)期末,将本科目本期发生额结转至"事业结余"科目,借记"事业结余"科目,贷记本科目。

四、期末结账后,本科目应无余额。

5201 对附属单位补助支出△

一、本科目核算非义务教育阶段中小学校用财政补助收入之外的收入对附属单位补助发生的支出。

二、本科目应当按照接受补助单位、补助项目等进行明细核算。

三、对附属单位补助支出的主要账务处理如下：

（一）发生对附属单位补助支出的，按照实际支出的金额，借记本科目，贷记"银行存款"等科目。

（二）期末，将本科目本期发生额结转至"事业结余"科目，借记"事业结余"科目，贷记本科目。

四、期末结账后，本科目应无余额。

5301 经营支出△

一、本科目核算非义务教育阶段中小学校在教育教学及其辅助活动之外开展非独立核算经营活动发生的支出。

二、中小学校开展非独立核算经营活动的，应当正确归集开展经营活动发生的各项费用数；无法直接归集的，应当按照规定的标准或比例合理分摊。

中小学校的经营支出与经营收入应当配比。

三、本科目应当按照经营活动类别、项目等进行明细核算。

四、经营支出的主要账务处理如下：

（一）为在教育教学及其辅助活动之外开展非独立核算经营活动人员计提的薪酬等，借记本科目，贷记"应付职工薪酬"等科目。

（二）在教育教学及其辅助活动之外开展非独立核算经营活动领用、发出的存货，按领用、发出存货的实际成本，借记本科目，贷记"存货"科目。

（三）在教育教学及其辅助活动之外开展非独立核算经营活动发生的其他各项支出，借记本科目，贷记"库存现金"、"银行存款"、"应缴税费"等科目。

（四）期末，将本科目本期发生额结转至"经营结余"科目，借记"经营结余"科目，贷记本科目。

五、期末结账后，本科目应无余额。

5401 其他支出

一、本科目核算中小学校除事业支出、上缴上级支出、对附属单位补助支出、经营支出以外的各项支出，包括利息支出、捐赠支出、现金盘亏损失、资产处置损失、接受捐赠（调入）非流动资产发生的税费支出等。

二、本科目应当按照其他支出的类别等进行明细核算。其他支出中如有专项资金支出，还应当按照具体项目进行明细核算。

三、其他支出的主要账务处理如下：

（一）利息支出[△]

支付银行借款利息时，借记本科目，贷记"银行存款"科目。

（二）捐赠支出

1．对外捐赠现金资产，借记本科目，贷记"银行存款"等科目。

2．对外捐出存货，借记本科目，贷记"待处置资产损溢"科目。对外捐赠固定资产、无形资产等非流动资产，不通过本科目核算。

（三）现金盘亏损失

每日现金账款核对中如发现现金短缺，属于无法查明原因的部分，报经批准后，借记本科目，贷记"库存现金"科目。

（四）资产处置损失

报经批准核销应收及预付款项、处置存货，借记本科目，贷记"待处置资产损溢"科目。

（五）接受捐赠（调入）非流动资产发生的税费支出

接受捐赠、无偿调入非流动资产发生的相关税费、运输费等，借记本科目，贷记"银行存款"等科目。

以固定资产、无形资产取得长期股权投资，所发生的相关税费记入本科目。具体账务处理参见"长期投资"科目。

（六）期末，将本科目本期发生额中的专项资金支出结转至"非财政补助结转"科目，借记"非财政补助结转"科目，贷记本科目下各专项资金支出明细科目；将本科目本期发生额中的非专项资金支出结转至"事业结余"科目，借记"事业结余"科目，贷记本科目下各非专项资金支出明细科目。

四、期末结账后，本科目应无余额。

第四部分 会计报表格式

编 号	财务报表名称	编制期
会中小学校 01 表	资产负债表	月度、年度
会中小学校 02 表	收入支出表	月度、年度

续　表

编　号	财务报表名称	编制期
会中小学校 03 表	财政补助收入支出表	年度
	附　注	年度

注：第四部分报表格式因在前面"解读会计报表"章节中已有列出在此不在列举。

第五部分 财务报表编制说明

一、资产负债表编制说明

（一）本表反映中小学校在某一特定日期全部资产、负债和净资产的情况。

（二）本表"年初余额"栏内各项数字，应当根据上年年末资产负债表"期末余额"栏内数字填列。如果本年度资产负债表规定的各个项目的名称和内容同上年度不相一致，应对上年年末资产负债表各项目的名称和数字按照本年度的规定进行调整，填入本表"年初余额"栏内。

（三）本表"期末余额"栏各项目的内容和填列方法：

1．资产类项目

（1）"货币资金"项目，反映中小学校期末库存现金、银行存款和零余额账户用款额度的合计数。本项目应当根据"库存现金"、"银行存款"、"零余额账户用款额度"科目的期末余额合计填列。

（2）"短期投资△"项目，反映非义务教育阶段中小学校期末持有的短期投资成本。本项目应当根据"短期投资"科目的期末余额填列。

（3）"财政应返还额度"项目，反映中小学校期末财政应返还额度的金额。本项目应当根据"财政应返还额度"科目的期末余额填列。

（4）"应收账款"项目，反映中小学校期末尚未收回的应收账款余额。本项目应当根据"应收账款"科目的期末余额填列。

（5）"其他应收款"项目，反映中小学校期末尚未收回的其他应收款余额。本项目应当根据"其他应收款"科目的期末余额填列。

（6）"存货"项目，反映中小学校期末为开展教育教学及其他活动耗用而储存的各种材料、燃料、包装物、低值易耗品及达不到固定资产标准的用具、装具、动植物等的实际成本。本项目应当根据"存货"科目的期末余额填列。

(7)"长期投资△"项目,反映非义务教育阶段中小学校期末持有的长期投资成本。本项目应当根据"长期投资"科目的期末余额填列。

(8)"固定资产"项目,反映中小学校期末各项固定资产的账面余额。本项目应当根据"固定资产"科目的期末余额填列。

(9)"在建工程"项目,反映中小学校期末尚未完工交付使用的在建工程发生的实际成本。本项目应当根据"在建工程"科目的期末余额填列。

(10)"无形资产"项目,反映中小学校期末持有的各项无形资产的账面余额。本项目应当根据"无形资产"科目的期末余额填列。

(11)"待处置资产损溢"项目,反映中小学校期末待处置资产的价值及处置损溢。本项目应当根据"待处置资产损溢"科目的期末借方余额填列;如"待处置资产损溢"科目期末为贷方余额,则以"-"号填列。

2.负债类项目

(12)"短期借款△"项目,反映非义务教育阶段中小学校借入的期限在1年内(含1年)的各种借款本金。本项目应当根据"短期借款"科目的期末余额填列。

(13)"应缴税费"项目,反映中小学校应缴未缴的各种税费。本项目应当根据"应缴税费"科目的期末贷方余额填列;如"应缴税费"科目期末为借方余额,则以"-"号填列。

(14)"应缴国库款"项目,反映中小学校按规定应缴入国库的款项(应缴税费除外)。本项目应当根据"应缴国库款"科目的期末余额填列。

(15)"应缴财政专户款"项目,反映中小学校按规定应缴入财政专户的款项。本项目应当根据"应缴财政专户款"科目的期末余额填列。

(16)"应付职工薪酬"项目,反映中小学校按有关规定应付给职工及为职工支付的各种薪酬。本项目应当根据"应付职工薪酬"科目的期末余额填列。

(17)"应付账款"项目,反映中小学校期末尚未支付的应付账款的金额。本项目应当根据"应付账款"科目的期末余额填列。

(18)"其他应付款"项目,反映中小学校期末应付未付的其他各项应付及暂收款项。本项目应当根据"其他应付款"科目的期末余额填列。

(19)"长期借款△"项目,反映非义务教育阶段中小学校借入的期限超过1年(不含1年)的各项借款本金。本项目应当根据"长期借款"科目的期末余额填列。

(20)"长期应付款"项目,反映中小学校发生的偿还期限超过1年(不含1年)

的各种应付款项。本项目应当根据"长期应付款"科目的期末余额填列。

(21)"代管款项"项目,反映中小学校接受其他单位或个人委托代为管理的各类款项。本项目应当根据"代管款项"科目的期末余额填列。

3.净资产类项目

(22)"事业基金"项目,反映中小学校期末拥有的非限定用途的净资产。本项目应当根据"事业基金"科目的期末余额填列。

(23)"非流动资产基金"项目,反映中小学校期末非流动资产占用的金额。本项目应当根据"非流动资产基金"科目的期末余额填列。

(24)"专用基金"项目,反映中小学校按规定设置或提取的具有专门用途的净资产。本项目应当根据"专用基金"科目的期末余额填列。

(25)"财政补助结转"项目,反映中小学校滚存的财政补助结转资金。本项目应当根据"财政补助结转"科目的期末余额填列。

(26)"财政补助结余"项目,反映中小学校滚存的财政补助项目支出结余资金。本项目应当根据"财政补助结余"科目的期末余额填列。

(27)"非财政补助结转"项目,反映中小学校滚存的非财政补助专项结转资金。本项目应当根据"非财政补助结转"科目的期末余额填列。

(28)"非财政补助结余"项目,反映中小学校自年初至报告期末累计实现的非财政补助结余弥补以前年度经营亏损后的余额。本项目应当根据"事业结余"、"经营结余"科目的期末余额合计填列;如"事业结余"、"经营结余"科目的期末余额合计为亏损数,则以"-"号填列。在编制年度资产负债表时,本项目金额一般应为"0";如不为"0",本项目金额应为"经营结余"科目的期末借方余额(以"-"号填列)。

"事业结余"项目,反映中小学校自年初至报告期末累计实现的事业结余。本项目应当根据"事业结余"科目的期末余额填列;如"事业结余"科目的期末余额为亏损数,则以"-"号填列。在编制年度资产负债表时,本项目金额应为"0"。

"经营结余△"项目,反映非义务教育阶段中小学校自年初至报告期末累计实现的经营结余弥补以前年度经营亏损后的余额。本项目应当根据"经营结余"科目的期末余额填列;如"经营结余"科目的期末余额为亏损数,则以"-"号填列。在编制年度资产负债表时,本项目金额一般应为"0";如不为"0",本项目金额应为"经营结余"科目的期末借方余额(以"-"号填列)。

二、收入支出表编制说明

（一）本表反映中小学校在某一会计期间内各项收入、支出和结转结余情况，以及年末非财政补助结余的分配情况。

（二）本表（月报）"本月数"栏反映各项目的本月实际发生数。

本表（月报）"本年累计数"栏反映各项目自年初起至报告期末止的累计实际发生数。

（三）本表（月报）"本月数"栏各项目的内容和填列方法：

1．"财政补助收入"项目，反映中小学校本期从同级财政部门取得的各类财政拨款。本项目应当根据"公共财政预算拨款"和"政府性基金预算拨款"科目本期发生额的合计数填列。

（1）"公共财政预算拨款"项目，反映中小学校从同级财政部门取得的、用公共财政预算安排的各类财政拨款。本项目应当根据"公共财政预算拨款"科目的本期发生额填列。

（2）"政府性基金预算拨款"项目，反映中小学校从同级财政部门取得的、用政府性基金预算安排的各类财政拨款。本项目应当根据"政府性基金预算拨款"科目的本期发生额填列。

2．"事业收入"项目，反映中小学校本期开展教育教学及其辅助活动取得的收入。本项目应当根据"事业收入"科目的本期发生额填列。

3．"上级补助收入"项目，反映中小学校本期从主管部门和上级单位取得的非财政补助收入。本项目应当根据"上级补助收入"科目的本期发生额填列。

4．"附属单位上缴收入"项目，反映中小学校附属独立核算单位本期按照有关规定上缴的收入。本项目应当根据"附属单位上缴收入"科目的本期发生额填列。

5．"其他收入"项目，反映中小学校本期除财政补助收入、事业收入、上级补助收入、附属单位上缴收入、经营收入以外的其他收入。本项目应当根据"其他收入"科目的本期发生额填列。

6．"经营收入△"项目，反映非义务教育阶段中小学校本期在教育教学及其辅助活动之外开展非独立核算经营活动取得的收入。本项目应当根据"经营收入"科目的本期发生额填列。

7．"事业支出（财政补助支出）"项目，反映中小学校本期使用财政补助收入发生的事业支出。本项目应当根据"事业支出"科目下"财政补助支出"明细科目的本期发生额填列。

8．"事业支出（非财政补助支出）"项目，反映中小学校本期使用财政补助收入以外的资金发生的事业支出。本项目应当按照"事业支出"科目下"非财政专项资金支出"、"其他资金支出"明细科目的本期发生额合计填列。

9."上缴上级支出"项目，反映中小学校本期按照财政部门和主管部门的规定上缴上级单位的支出。本项目应当根据"上缴上级支出"科目的本期发生额填列。

10."对附属单位补助支出△"项目，反映非义务教育阶段中小学校本期用财政补助收入之外的收入对附属单位补助发生的支出。本项目应当根据"对附属单位补助支出"科目的本期发生额填列。

11."其他支出"项目，反映中小学校本期除事业支出、上缴上级支出、对附属单位补助支出、经营支出以外的其他支出。本项目应当根据"其他支出"科目的本期发生额填列。

12."经营支出△"项目，反映非义务教育阶段中小学校本期在教育教学及其辅助活动之外开展非独立核算经营活动发生的支出。本项目应当根据"经营支出"科目的本期发生额填列。

13."本期财政补助结转结余"项目，反映中小学校本期财政补助收入与财政补助支出相抵后的余额。本项目应当按照本表中"财政补助收入"项目金额减去"事业支出（财政补助支出）"项目金额后的余额填列。

14."本期事业结转结余"项目，反映中小学校本期除财政补助收支、经营收支以外的各项收支相抵后的余额。本项目应当按照本表中"事业收入"、"上级补助收入"、"附属单位上缴收入"、"其他收入"项目金额小计数减去"事业支出（非财政补助支出）"、"上缴上级支出"、"对附属单位补助支出"、"其他支出"项目金额小计数后的余额填列。

15."本期经营结余△"项目，反映非义务教育阶段中小学校本期经营收支相抵后的余额。本项目应当按照本表中"经营收入"项目金额减去"经营支出"项目金额后的余额填列；如为负数，以"－"号填列。

（四）本表（年报）"本年数"栏反映各项目的本年实际发生数。

本表（年报）"上年数"栏反映各项目上年度实际发生数。

（五）本表（年报）"本年数"栏各项目的内容和填列方法：

1.收入、支出项目的填列参照本表（月报）"本月数"栏的填列方式。

"其中：食堂净收入"项目，反映中小学校食堂本年收入与支出相抵后的净额。本项目应当根据"其他收入"科目下"食堂净收入"明细科目的本期发生额填列，其金额即中小学校食堂本年收入合计数减去本年支出合计数后的净额；

如为负数,以"-"号填列。

2."本年财政补助结转结余"项目,反映中小学校本年财政补助收入与财政补助支出相抵后的余额。本项目应当按照本表(年报)中"财政补助收入"项目金额减去"事业支出(财政补助支出)"项目金额后的余额填列。

"本年财政补助结余"项目,反映中小学校本年财政补助结余金额。本项目应当按照"财政补助结余"科目本年从"财政补助结转"科目转入的金额填列。

"本年财政补助结转"项目,反映中小学校本年财政补助结转金额。本项目应当按照本表(年报)中"财政补助结转结余"项目金额减去"财政补助结余"项目金额后的余额填列。

3."本年事业结转结余"项目,反映中小学校本年除财政补助收支、经营收支以外的各项收支相抵后的余额。本项目应当按照本表(年报)中"事业收入(非财政补助支出)"、"上级补助收入"、"附属单位上缴收入"、"其他收入"项目金额小计数减去"事业支出"、"上缴上级支出"、"对附属单位补助支出"、"其他支出"项目金额小计数后的余额填列。

"本年事业结余"项目,反映中小学校本年除财政补助收支、非财政专项资金收支和经营收支以外各项收支相抵后的余额。本项目应当根据"事业结余"科目本年贷方发生额中相关非专项资金收入转入金额减去本年借方发生额中相关非专项资金支出转入金额后的余额填列。

"本年事业结转"项目,反映中小学校本年除财政补助收支以外的各项专项资金收入减去各项专项资金支出后的余额。本项目应当按照本表(年报)中"本年事业结转结余"项目金额减去"本年事业结余"项目金额后的余额填列。

4."本年经营结余△"项目,反映非义务教育阶段中小学校本年经营收支相抵后的余额。本项目应当按照本表(年报)中"经营收入"项目金额减去"经营支出"项目金额后的余额填列;如为负数,以"-"号填列。

"以前年度经营亏损△"项目,反映非义务教育阶段中小学校以前年度尚未弥补的经营亏损。本项目应当按照"经营结余"科目年初借方余额,以"-"号填列。

"弥补以前年度经营亏损后的经营结余△"项目,反映非义务教育阶段中小学校本年实现的经营结余扣除本年初未弥补经营亏损后的余额。本项目应当根据"经营结余"科目本年末转入"非财政补助结转分配"科目前的余额填列;如本年末余额为借方余额,以"-"号填列。本项目金额也等于本表(年报)中"本年经营结余"、"以前年度经营亏损(-)"项目金额的合计数。

5."本年结转结余"项目,反映中小学校本年收入总额减去支出总额后的净额。本项目应当按照本表(年报)中"收入总计"项目金额减去"支出总计"项目金额后的金额填列。本项目金额也等于本表(年报)中"本年财政补助结转结余"、"本年事业结转结余"、"本年经营结余"项目金额的合计数。

"本年非财政补助结余"项目,反映中小学校本年除财政补助之外的其他结余金额。本表(年报)中"弥补以前年度经营亏损后的经营结余"项目为正数的,本项目应当按照本表(年报)中"本年事业结余"、"弥补以前年度经营亏损后的经营结余"项目金额的合计数填列;如为负数,以"-"号填列。本表(年报)中"弥补以前年度经营亏损后的经营结余"项目为负数的,本项目应当按照本表(年报)中"本年事业结余"项目金额填列;如为负数,以"-"号填列。

"应缴企业所得税"项目,反映中小学校按照税法规定应缴纳的企业所得税金额。本项目应当根据"非财政补助结余分配"科目的本年发生额分析填列。

"提取专用基金"项目,反映中小学校本年按规定提取的专用基金金额。本项目应当根据"非财政补助结余分配"科目的本年发生额分析填列。

"本年转入事业基金"项目,反映中小学校本年按规定转入事业基金的非财政补助结余资金。本项目应当按照本表(年报)中"本年非财政补助结余"项目金额减去"应缴企业所得税"、"提取专用基金"项目金额后的余额填列;如为负数,以"-"号填列。

三、财政补助收入支出表编制说明

(一)本表反映中小学校某一会计年度财政补助收入、支出、结转及结余情况。

(二)本表"上年数"栏内各项数字,应当根据上年度财政补助收入支出表中"本年数"栏内数字填列。

(三)本表"本年数"栏各项目的内容和填列方法:

1."年初财政补助结转结余"项目及其所属各明细项目,反映中小学校本年初财政补助结转和结余余额。各项目应当根据上年度"财政补助收入支出表"中"年末财政补助结转结余"项目及其所属各明细项目"本年数"栏的数字填列。

2."调整年初财政补助结转结余"项目及其所属各明细项目,反映中小学校因本年发生需要调整以前年度财政补助结转结余的事项,而对年初财政补助结转结余的调整金额。各项目应当根据"财政补助结转"、"财政补助结余"科目及其所属明细科目的本年发生额分析填列。如调整减少年初财政补助结转结余,以"-"号填列。

· 337 ·

3. "本年归集调入财政补助结转结余"项目及其所属各明细项目,反映中小学校本年度取得主管部门归集调入的财政补助结转结余资金或额度金额。各项目应当根据"财政补助结转"、"财政补助结余"科目及其所属明细科目的本年发生额分析填列。

4. "本年上缴财政补助结转结余"项目及其所属各明细项目,反映中小学校本年度按规定实际上缴的财政补助结转结余资金或额度金额。各项目应当根据"财政补助结转"、"财政补助结余"科目及其所属明细科目的本年发生额分析填列。

5. "本年财政补助收入"项目及其所属各明细项目,反映中小学校本年度从同级财政部门取得的各类财政拨款金额。各项目应当根据"公共财政预算拨款"、"政府性基金预算拨款"科目及其所属明细科目的本年发生额填列。

6. "本年财政补助支出"项目及其所属各明细项目,反映中小学校本年度发生的财政补助支出金额。各项目应当根据"事业支出"科目下"财政补助支出"明细科目本年发生额填列。

7. "年末财政补助结转结余"项目及其所属各明细项目,反映中小学校截至本年末的财政补助结转和结余余额。各项目应当根据"财政补助结转"、"财政补助结余"科目及其所属明细科目的年末余额填列。

五、附注

中小学校的会计报表附注至少应当披露下列内容:

(一)遵循《事业单位会计准则》、《中小学校会计制度》的声明。

(二)学校整体财务状况、业务活动情况的说明。

(三)会计报表中列示的重要项目的进一步说明,包括其主要构成、增减变动情况等。

学校学生、教职工、离退休人员及固定资产基本情况的披露格式参见中小学校基本数字表。事业支出基本情况的披露格式参见中小学校事业支出明细表。

(四)重要资产处置情况的说明。

(五)(非义务教育阶段中小学校)重大投资、借款及经营活动的说明。

(六)以前年度结转结余调整情况的说明。

(七)本校食堂单独核算的会计报表。

(八)有助于理解和分析会计报表需要说明的其他事项。

民间非营利组织会计制度

第一章 总 则

第一条 为了规范民间非营利组织的会计核算,保证会计信息的真实、完整,根据《中华人民共和国会计法》及国家其他有关法律、法规的规定,制定本制度。

第二条 本制度适用于在中华人民共和国境内依法设立的符合本制度规定特征的民间非营利组织。民间非营利组织包括依照国家法律、行政法规登记的社会团体、基金会、民办非企业单位和寺院、宫观、清真寺、教堂等。

适用本制度的民间非营利组织应当同时具备以下特征:

(一)该组织不以营利为宗旨和目的;

(二)资源提供者向该组织投入资源不得取得经济回报;

(三)资源提供者不享有该组织的所有权。

第三条 会计核算应当以民间非营利组织的交易或者事项为对象,记录和反映该组织本身的各项业务活动。

第四条 会计核算应当以民间非营利组织的持续经营为前提。

第五条 会计核算应当划分会计期间,分期结算账目和编制财务会计报告。

第六条 会计核算应当以人民币作为记账本位币。业务收支以人民币以外的货币为主的民间非营利组织,可以选定其中一种货币作为记账本位币,但是编制的财务会计报告应当折算为人民币。

民间非营利组织在核算外币业务时,应当设置相应的外币账户。外币账户包括外币现金、外币银行存款、以外币结算的债权和债务账户等,这些账户应当与非外币的各该相同账户分别设置,并分别核算。

民间非营利组织发生外币业务时,应当将有关外币金额折算为记账本位币金额记账。除另有规定外,所有与外币业务有关的账户,应当采用业务发生时的汇率。当汇率波动较小时,也可以采用业务发生当期期初的汇率进行折算。

各种外币账户的外币余额,期末时应当按照期末汇率折合为记账本位币。按照期末汇率折合的记账本位币金额与账面记账本位币金额之间的差额,作为汇兑损益计入当期费用。但是,属于在借款费用应予资本化的期间内发生的与

购建固定资产有关的外币专门借款本金及其利息所产生的汇兑差额，应当予以资本化，计入固定资产成本。借款费用应予资本化的期间依照本制度第三十五条加以确定。

本制度所称外币业务，是指以记账本位币以外的货币进行的款项收付、往来结算等业务。

本制度所称的专门借款，是指为购建固定资产而专门借入的款项。

第七条 会计核算应当以权责发生制为基础。

第八条 民间非营利组织在会计核算时，应当遵循以下基本原则：

（一）会计核算应当以实际发生的交易或者事项为依据，如实反映民间非营利组织的财务状况、业务活动情况和现金流量等信息。

（二）会计核算所提供的信息应当能够满足会计信息使用者（如捐赠人、会员、监管者）等的需要。

（三）会计核算应当按照交易或者事项的实质进行，而不应当仅仅按照它们的法律形式作为其依据据。

（四）会计政策前后各期应当保持一致，不得随意变更。如有必要变更，应当在会计报表附注中披露变更的内容和理由、变更的累积影响数，以及累积影响数不能合理确定的理由等。

（五）会计核算应当按照规定的会计处理方法进行，会计信息应当口径一致、相互可比。

（六）会计核算应当及时进行，不得提前或延后。

（七）会计核算和编制的财务会计报告应当清晰明了，便于理解和使用。

（八）在会计核算中，所发生的费用应当与其相关的收入相配比，同一会计期间内的各项收入和与其相关的费用，应当在该会计期间内确认。

（九）资产在取得时应当按照实际成本计量，但本制度有特别规定的，按照特别规定的计量基础进行计量。其后，资产账面价值的调整，应当按照本制度的规定执行。除法律、行政法规和国家统一的会计制度另有规定的外，民间非营利组织一律不得自行调整资产账面价值。

（十）会计核算应当遵循谨慎性原则。

（十一）会计核算应当合理划分应当计入当期费用的支出和应当予以资本化的支出。

（十二）会计核算应当遵循重要性原则的要求，对资产、负债、净资产、收入、费用等有较大影响，并进而影响财务会计报告使用者据以作出合理判断的重要会计事项,必须按照规定的会计方法和程序进行处理,并在财务会计报告中予以充分披露;对于非重要的会计事项,在不影响会计信息真实性和不致于误导会计信息使用者作出正确判断的前提下,可适当简化处理。

第九条 会计记账应当采用借贷记账法。

第十条 会计记录的文字应当使用中文。在民族自治地区,会计记录可以同时使用当地通用的一种民族文字。境外民间非营利组织在中华人民共和国境内依法设立的代表处、办事处等机构也可以同时使用一种外国文字记账。

第十一条 民间非营利组织应当根据有关会计法律、行政法规和本制度的规定,在不违反本制度的前提下,结合其具体情况,制定会计核算办法。

第十二条 民间非营利组织填制会计凭证、登记会计账簿、管理会计档案等要求,按照《中华人民共和国会计法》、《会计基础工作规范》和《会计档案管理办法》等的规定执行。

第十三条 民间非营利组织应当根据国家有关法律、行政法规和内部会计控制规范,结合本单位的业务活动特点,制定相适应的内部会计控制制度,以加强内部会计监督,提高会计信息质量和管理水平。

第二章 资 产

第十四条 资产,是指过去的交易或者事项形成并由民间非营利组织拥有或者控制的资源,该资源预期会给民间非营利组织带来经济利益或者服务潜力。资产应当按其流动性分为流动资产、长期投资、固定资产、无形资产和受托代理资产等。

第十五条 民间非营利组织应当定期或者至少于半年年度终了,对短期投资、应收款项、存货、长期投资等资产是否发生了减值进行检查,如果这些资产发生了减值,应当计提减值准备,确认减值损失,并计入当期费用。对于固定资产、无形资产等其他资产,如果发生了重大减值,也应当计提减值准备,确认减值损失,并计入当期费用。如果已计提减值准备的资产价值在以后会计期间得以恢复,则应当在该资产已计提减值准备的范围内部分或全部转回已确认的减值损失,冲减当期费用。

第十六条 对于民间非营利组织接受捐赠的现金资产,应当按照实际收到的金额入账。对于民间非营利组织接受捐赠的非现金资产,如接受捐赠的短期投资、存货、长期投资、固定资产和无形资产等,应当按照以下方法确定其入

账价值：

（一）如果捐赠方提供了有关凭据（如发票、报关单、有关协议等）的，应当按照凭据上标明的金额，作为入账价值。如果凭据上表明的金额与受赠资产公允价值相差较大的，受赠资产应当以其公允价值作为其实际成本。

（二）如果捐赠方没有提供有关凭据的，受赠资产应当以其公允价值作为入账价值。

对于民间非营利组织接受的劳务捐赠，不予确认，但应当在会计报表附注中作相关披露。

第十七条　本制度中所称的公允价值是指在公平交易中，熟悉情况的交易双方，自愿进行资产交换或者债务清偿的金额。公允价值的确定顺序如下：

（一）如果同类或者类似资产存在活跃市场的，应当按照同类或者类似资产的市场价格确定公允价值；

（二）如果同类或类似资产不存在活跃市场，或者无法找到同类或者类似资产的，应当采用合理的计价方法确定资产的公允价值。

在本制度规定应当采用公允价值的情况下，如果有确凿的证据表明资产的公允价值确实无法可靠计量，则民间非营利组织应当设置辅助账，单独登记所取得资产的名称、数量、来源、用途等情况，并在会计报表附注中作相关披露。在以后会计期间，如果该资产的公允价值能够可靠计量，则民间非营利组织应当在该资产能够可靠计量的会计期间确认，并以公允价值予以计量。

第十八条　民间非营利组织如发生非货币性交易，应当按照以下原则处理：

（一）以换出资产的账面价值，加上应支付的相关税费，作为换入资产的入账价值。

（二）非货币性交易中如果发生补价，应区别不同情况处理：

1. 支付补价的民间非营利组织，应以换出资产的账面价值加上补价和应支付的相关税费，作为换入资产的入账价值。

2. 收到补价的民间非营利组织，应按以下公式确定换入资产的入账价值和应确认的收入或费用：

换入资产入账价值＝换出资产账面价值－（补价÷换出资产公允价值）×换出资产账面价值－（补价÷换出资产公允价值）×应交税金＋应支付的相关税费

应确认的收入或费用＝补价×[1－（换出资产账面价值＋应交税金）÷换出资产公允价值]

（三）在非货币性交易中，如果同时换入多项资产，应按换入各项资产的公允价值占换入资产公允价值总额的比例，对换出资产的账面价值总额和应支付的相关税费进行分配，以确定各项换入资产的入账价值。

本制度所称非货币性交易是指交易双方以非货币性资产进行的交换，这种交换不涉及或只涉及少量的货币性资产（即补价）。其中，货币性资产是指持有的现金及将以固定或可确定金额的货币收取的资产；非货币性资产是指货币性资产以外的资产。

第一节 流动资产

第十九条 流动资产是指预期可在1年内（含1年）变现或者耗用的资产，主要包括现金、银行存款、短期投资、应收款项、预付账款、存货、待摊费用等。

第二十条 民间非营利组织应当设置现金和银行存款日记账。按照业务发生顺序逐日逐笔登记。有外币现金和存款的民间非营利组织，还应当分别按人民币和外币进行明细核算。

现金的核算应当做到日清月结，其账面余额必须与库存数相符；银行存款的账面余额应当与银行对账单定期核对，并与按月编制的银行存款余额调节表调节相符。

本制度所称的账面余额，是指会计科目的账面实际余额，不扣除作为该科目备抵的项目（如累计折旧、资产减值准备等）。

第二十一条 短期投资是指能够随时变现并且持有时间不准备超过1年（含1年）的投资，包括股票、债券投资等。

（一）短期投资在取得时应当按照投资成本计量。短期投资取得时的投资成本按以下方法确定：

1. 以现金购入的短期投资，按照实际支付的全部价款，包括税金、手续费等相关税费作为其投资成本。实际支付的价款中包含的已宣告但尚未领取的现金股利或已到付息期但尚未领取的债券利息，应当作为应收款项单独核算，不构成短期投资成本。

2. 接受捐赠的短期投资，按照本制度第十六条的规定确定其投资成本。

3. 通过非货币性交易换入的短期投资，按照本制度第十八条的规定确定其投资成本。

（二）短期投资的利息或现金股利应当于实际收到时冲减投资的账面价值，但在购买时已计入应收款项的现金股利或者利息除外。

（三）在期末，民间非营利组织应当按照本制度第十五条的规定对短期投资是否发生了减值进行检查。如果短期投资的市价低于其账面价值，应当按照市价低于账面价值的差额计提短期投资跌价准备，确认短期投资跌价损失并计入当期费用。如果短期投资的市价高于其账面价值，应当在该短期投资期初已计提跌价准备的范围内转回市价高于账面价值的差额，冲减当期费用。

（四）处置短期投资时，应当将实际取得价款与短期投资账面价值的差额确认当期投资损益。

本制度所称的账面价值，是指某会计科目的账面余额减去相关的备抵项目后的净额。

民间非营利组织的委托贷款和委托投资（包括委托理财）应当区分期限长短，分别作为短期投资和长期投资核算和列报。

第二十二条　应收款项是指民间非营利组织在日常业务活动过程中发生的各项应收未收债权，包括应收票据、应收账款和其他应收款等。

（一）应收款项应当按照实际发生额入账，并按照往来单位或个人等设置明细账，进行明细核算。

（二）期末，应当分析应收款项的可收回性，对预计可能产生的坏账损失计提坏账准备，确认坏账损失并计入当期费用。

第二十三条　预付账款是指民间非营利组织预付给商品供应单位或者服务提供单位的款项。

预付账款应当按照实际发生额入账，并按照往来单位或个人等设置明细账，进行明细核算。

第二十四条　存货是指民间非营利组织在日常业务活动过程中持有以备出售或捐赠的，或者为了出售或捐赠仍处在生产过程中的，或者将在生产、提供服务或日常管理过程中耗用的材料、物资、商品等。

（一）存货在取得时，应当以其实际成本入账。存货成本包括采购成本、加工成本和其他成本。其中，采购成本一般包括实际支付的采购价款、相关税费、运输费、装卸费、保险费以及其他可直接归属于存货采购的费用。加工成本包括直接人工以及按照合理方法分配的与存货加工有关的间接费用。其他成本是指除采购成本、加工成本以外的，使存货达到目前场所和状态所发生的其他支出。接受捐赠的存货，按照本制度第十六条的规定确定其成本。通过非货币性交易换入的存货，按照本制度第十八条的规定确定其成本。

（二）存货在发出时，应当根据实际情况采用个别计价法、先进先出法、或者加权平均法，确定发出存货的实际成本。

（三）存货应当定期进行清查盘点，每年至少盘点一次。对于发生的盘盈、盘亏以及变质、毁损等存货，应当及时查明原因，并根据民间非营利组织的管理权限，经理事会、董事会或类似权力机构批准后，在期末结账前处理完毕。对于盘盈的存货，应当按照其公允价值入账，并确认为当期收入；对于盘亏或者毁损的存货，应先扣除残料价值、可以收回的保险赔偿和过失人的赔偿等，将净损失确认为当期费用。

（四）期末，民间非营利组织应当按照本制度第十五条的规定对存货是否发生了减值进行检查。如果存货的可变现净值低于其账面价值，应当按照可变现净值低于账面价值的差额计提存货跌价准备，确认存货跌价损失并计入当期费用。如果存货的可变现净值高于其账面价值，应当在该存货期初已计提跌价准备的范围内转回可变现净值高于账面价值的差额，冲减当期费用。

本制度所称的可变现净值，是指在正常业务活动中，以存货的估计售价减去至完工将要发生的成本以及销售所必需的费用后的金额。

第二十五条　待摊费用是指民间非营利组织已经支出，但应当由本期和以后各期分别负担的、分摊期在1年以内（含1年）的各项费用，如预付保险费、预付租金等。

待摊费用应当按其受益期限在1年内分期平均摊销，计入有关费用。

第二节　长期投资

第二十六条　长期投资是指除短期投资以外的投资，包括长期股权投资和长期债权投资等。

第二十七条　长期股权投资应当按照以下原则核算：

（一）长期股权投资在取得时，应当按取得时的实际成本作为初始投资成本。初始投资成本按以下方法确定：

1. 以现金购入的长期股权投资，按照实际支付的全部价款，包括税金、手续费等相关费用，作为初始投资成本。实际支付的价款中包含的已宣告但尚未领取的现金股利，应当作为应收款项单独核算，不构成初始投资成本。

2. 接受捐赠的长期股权投资，按照本制度第十六条的规定，确定其初始投资成本。

3. 通过非货币性交易换入的长期股权投资，按照本制度第十八条的规定确定其初始投资成本。

（二）长期股权投资应当区别不同情况，分别采用成本法或者权益法核算。如果民间非营利组织对被投资单位无控制、无共同控制且重大影响，长期股权投资应当采用成本法进行核算；如果民间非营利组织对被投资单位具有控制、共同控制或重大影响，长期股权投资应当采用权益法进行核算。

采用成本法核算时，被投资单位经股东大会或者类似权力机构批准宣告发放的利润或现金股利，作为当期投资收益。

采用权益法核算时，按应当享有或应当分担的被投资单位当年实现的净利润或发生的净亏损的份额调整投资账面价值，并作为当期投资损益。按被投资单位宣告分派的利润或现金股利计算分得的部分，减少投资账面价值。

被投资单位宣告分派的股票股利，不作账务处理，但应当设置辅助账，进行数量登记。

本制度所称的控制，是指有权决定被投资单位的财务和经营政策，并能据以从该单位的经济活动中获得利益；本制度所称的共同控制，是指按合同约定对某项经济活动所共有的控制；本制度所称的重大影响，是指对被投资单位的财务和经营政策有参与决策的权力，但并不决定这些政策。

（三）处置长期股权投资时，应当将实际取得价款与投资账面价值的差额确认为当期投资损益。

第二十八条　长期债权投资应当按照以下原则核算：

（一）长期债权投资在取得时，应当按取得时的实际成本作为初始投资成本。初始投资成本按以下方法确定：

1. 以现金购入的长期债权投资，按照实际支付的全部价款，包括税金、手续费等相关费用，作为初始投资成本。实际支付的价款中包含的已到付息期但尚未领取的债券利息，应当作为应收款项单独核算，不构成初始投资成本。

2. 接受捐赠取得的长期债权投资，按照本制度第十六条的规定确定其初始投资成本。

3. 通过非货币性交易换入的长期债权投资，按照本制度第十八条的规定确定其初始投资成本。

（二）长期债权投资应当按照票面价值与票面利率按期计算确认利息收入。长期债券投资的初始投资成本与债券面值之间的差额，应当在债券存续期间，按照直线法，于确认相关债券利息收入时予以摊销。

（三）持有可转换公司债券的民间非营利组织，可转换公司债券在购买以及转换为股份之前，应当按一般债券投资进行处理。当民间非营利组织行使转换权利,将其持有的债券投资转换为股份时,应当按其账面价值减去收到的现金后的余额,作为股权投资的初始投资成本。

(四)处置长期债权投资时,应当将实际取得价款与投资账面价值的差额,确认为当期投资损益。

第二十九条 民间非营利组织改变投资目的,将短期投资划转为长期投资,应当按短期投资的成本与市价孰低结转。

第三十条 期末,民间非营利组织应当按照本制度第十五条的规定对长期投资是否发生了减值进行检查。如果长期投资的可收回金额低于其账面价值,应当按照可收回金额低于账面价值的差额计提长期投资减值准备,确认长期投资减值损失并计入当期费用。如果长期投资的可收回金额高于其账面价值,应当在该长期投资期初已计提减值准备的范围内转回可收回金额高于账面价值的差额,冲减当期费用。

本制度所称可收回金额是指资产的销售净价与预期从该资产的持续使用和使用寿命结束时的处置中形成的预计未来现金流量的现值两者之中的较高者,其中销售净价指销售价值减资产处置费用后的余额。

第三节 固定资产

第三十一条 固定资产是指同时具有以下特征的有形资产:

(一)为行政管理、提供服务、生产商品或者出租目的而持有的;

(二)预计使用年限超过1年;

(三)单位价值较高。

第三十二条 固定资产在取得时,应当按取得时的实际成本入账。取得时的实际成本包括买价、包装费、运输费、交纳的有关税金等相关费用,以及为使固定资产达到预定可使用状态前所必要的支出。固定资产取得时的实际成本应当根据以下具体情况分别确定:

(一)外购的固定资产,按照实际支付的买价、相关税费以及为使固定资产达到预定可使用状态前所发生的可直接归属于该固定资产的其他支出(如,运输费、安装费、装卸费等)确定其成本。

如果以一笔款项购入多项没有单独标价的固定资产,按各项固定资产公允价值的比例对总成本进行分配,分别确定各项固定资产的成本。

(二)自行建造的固定资产,按照建造该项资产达到预定可使用状态前所发生的全部必要支出确定其成本。

（三）接受捐赠的固定资产，应当按照本制度第十六条的规定确定其成本。

（四）通过非货币性交易换入的固定资产，按照本制度第十八条的规定确定其成本。

（五）融资租入的固定资产，按照租赁协议或者合同确定的价款、运输费、途中保险费、安装调试费以及融资租入固定资产达到预定可使用的状态前发生的借款费用等确定其成本。

第三十三条　在建工程，包括施工前期准备、正在施工中的建筑工程、安装工程、技术改造工程等。工程项目较多且工程支出较大的，应当按照工程项目的性质分项核算。

第三十四条　在建工程应当按照所建造工程达到预定可使用状态前实际发生的全部必要支出确定其工程成本，并单独核算。在建工程的工程成本应当根据具体情况分别确定：

（一）对于自营工程，按照直接材料、直接人工、直接机械使用费等确定其成本。

（二）对于出包工程，按照应支付的工程价款等确定其成本。

第三十五条　为购建固定资产而发生的专门借款的借款费用在确定的允许资本化的期间内，应当按照专门借款的借款费用的实际发生额予以资本化，计入在建工程成本。这里的借款费用包括因借款而发生的利息、辅助费用以及因外币借款而发生的汇兑差额。

只有在以下三个条件同时具备时，因专门借款所发生的借款费用才允许开始资本化：

（一）资产支出已经发生；

（二）借款费用已经发生；

（三）为使资产达到预定可使用状态所必要的购建活动已经开始。

如果固定资产的购建活动发生非正常中断，并且中断时间连续超过3个月（含3个月），应当暂停借款费用的资本化，将中断期间内所发生的借款费用确认为当期费用，直至资产的购建活动重新开始。但是，如果中断是使购建的固定资产达到预定可使用状态所必要的程序，则借款费用的资本化应当继续进行。

当所购建的固定资产达到预定可使用状态时，应当停止借款费用的资本化。之后所发生的借款费用应当于发生时计入当期费用。通常所购建的固定资产达到以下状态时，应当视为所购建的固定资产已经达到预定可使用状态：

（一）固定资产的实体建造（包括安装）工作已经全部完成或者实质上已

· 348 ·

经完成；

（二）所购建的固定资产与设计要求或者合同要求相符或者基本相符，即使有极个别与设计或者合同要求不相符的地方，也不影响其正常使用；

（三）继续发生在所购建固定资产上的支出金额很少或者几乎不再发生。

第三十六条 所购建的固定资产已达到预定可使用状态时，应当自达到预定可使用状态之日起，将在建工程成本转入固定资产核算。

第三十七条 民间非营利组织应当对固定资产计提折旧，在固定资产的预计使用寿命内系统地分摊固定资产的成本。

民间非营利组织应当根据固定资产的性质和消耗方式，合理地确定固定资产的预计使用年限和预计净残值。

民间非营利组织应当按照固定资产所含经济利益或者服务潜力的预期实现方式选择折旧方法，可选用的折旧方法包括年限平均法、工作量法、双倍余额递减法和年数总和法。折旧方法一经确定，不得随意变更。如果由于固定资产所含经济利益或者服务潜力预期实现方式发生重大改变而确实需要变更的，应当在会计报表附注中披露相关信息。

第三十八条 民间非营利组织应当按月提取折旧，当月增加的固定资产，当月不提折旧，从下月起计提折旧；当月减少的固定资产，当月照提折旧，从下月起不提折旧。

第三十九条 与固定资产有关的后续支出，如果使可能流入民间非营利组织的经济利益或者服务潜力超过了原先的估计，如延长了固定资产的使用寿命，或者使服务质量实质性提高，或者使商品成本实质性降低，则应当计入固定资产账面价值，但其增计后的金额不应当超过该固定资产的可收回金额。其他后续支出，应当计入当期费用。

第四十条 民间非营利组织由于出售、报废或者毁损等原因而发生的固定资产清理净损益，应当计入当期收入或者费用。

第四十一条 用于展览、教育或研究等目的的历史文物、艺术品以及其他具有文化或者历史价值并作长期或者永久保存的典藏等，作为固定资产核算，但不必计提折旧。在资产负债表中，应当单列单列"文物文化资产"项目予以反映。

第四十二条 民间非营利组织对固定资产应当定期或者至少每年实地盘点一次。对盘盈、盘亏的固定资产，应当及时查明原因，写出书面报告，并根据管理权限经董事会、理事会或类似权力机构批准后，在期末结账前处理完毕。

盘盈的固定资产应当按照其公允价值入账，并计入当期收入；盘亏的固定资产在减去过失人或者保险公司等赔款和残料价值之后计入当期费用。

第四十三条　民间非营利组织对固定资产的购建、出售、清理、报废和内部转移等都应当办理会计手续，并应当设置固定资产明细账（或者固定资产卡片）进行明细核算。

第四节　无形资产

第四十四条　无形资产是指民间非营利组织为开展业务活动、出租给他人、或为管理目的而持有的、没有实物形态的、非货币性长期资产，包括专利权、非专利技术、商标权、著作权、土地使用权等。

第四十五条　无形资产在取得时，应当按照取得时的实际成本入账。

（一）购入的无形资产，按照实际支付的价款确定其实际成本。

（二）自行开发并按法律程序申请取得的无形资产，按依法取得时发生的注册费、聘请律师费等费用，作为无形资产的实际成本。依法取得前，在研究与开发过程中发生的材料费用、直接参与开发人员的工资及福利费、开发过程中发生的租金、借款费用等直接计入当期费用。

（三）接受捐赠的无形资产，按照本制度第十六条的规定确定其实际成本。

（四）通过非货币性交易换入的无形资产，按照本制度第十八条的规定确定其实际成本。

第四十六条　无形资产应当自取得当月起在预计使用年限内分期平均摊销，计入当期费用。如预计使用年限超过了相关合同规定的受益年限或法律规定的有效年限，该无形资产的摊销年限按如下原则确定：

（一）合同规定了受益年限但法律没有规定有效年限的，摊销期不应超过合同规定的受益年限；

（二）合同没有规定受益年限但法律规定了有效年限的，摊销期不应超过法律规定的有效年限；

（三）合同规定了受益年限，法律也规定了有效年限的，摊销期不应超过受益年限和有效年限两者之中较短者。

如果合同没有规定受益年限，法律也没有规定有效年限的，摊销期不应超过 10 年。

第四十七条　民间非营利组织处置无形资产，应当将实际取得的价款与该项无形资产的账面价值之间的差额，计入当期收入或者费用。

第五节 受托代理资产

第四十八条 受托代理资产，是指民间非营利组织因从事受托代理交易而从委托方取得的资产。在受托代理交易过程中，民间非营利组织通常只是从委托方收到受托资产，并按照委托人的意愿将资产转赠给指定的其他组织或者个人，或者按照有关规定将资产转交给指定的其他组织或者个人，民间非营利组织本身只是在交易过程中起中介作用。无权改变受托代理资产的用途或者变更受益人。

民间非营利组织应当对受托代理资产比照接受捐赠资产的原则进行确认和计量原则，但在确认一项受托代理资产时，应当同时确认一项受托代理负债。

第三章 负 债

第四十九条 负债是指过去的交易或者事项形成的现时义务，履行该义务预期会导致含有经济利益或者服务潜力的资源流出民间非营利组织。负债应当按其流动性分为流动负债、长期负债和受托代理负债等。

第五十条 或有事项是指过去的交易或者事项形成的一种状况，其结果须通过未来不确定事项的发生或不发生予以证实。

如果与或有事项相关的义务同时符合以下条件，应当将其确认为负债，以清偿该负债所需支出的最佳估计数予以计量，并在资产负债表中单列项目予以反映：

（一）该义务是民间非营利组织承担的现时义务；

（二）该义务的履行很可能导致含有经济利益或者服务潜力的资源流出民间非营利组织；

（三）该义务的金额能够可靠地计量。

第五十一条 流动负债是指将在 1 年内（含 1 年）偿还的负债，包括短期借款、应付款项、应付工资、应交税金、预收账款、预提费用和预计负债等。

（一）短期借款是指民间非营利组织向银行或其他金融机构等借入的期限在 1 年以下（含 1 年）的各种借款。

（二）应付款项是指民间非营利组织在日常业务活动过程中发生的各项应付票据、应付账款和其他应付款等应付未付款项。

（三）应付工资是指民间非营利组织应付未付的员工工资。

（四）应交税金是指民间非营利组织应交未交的各种税费。

（五）预收账款是指民间非营利组织向服务和商品购买单位预收的各种款项。

（六）预提费用是指民间非营利组织预先提取的已经发生但尚未支付的费用，如预提的租金、保险费、借款利息等。

（七）预计负债是指民间非营利组织对因或有事项所产生的现时义务而确认的负债。

第五十二条 各项流动负债应当按实际发生额入账。

短期借款应当按照借款本金和确定的利率按期计提利息，计入当期费用。

第五十三条 长期负债是指偿还期限在1年以上（不含1年）的负债，包括长期借款、长期应付款和其他长期负债。

（一）长期借款是指民间非营利组织向银行或其他金融机构等借入的期限在1年以上（不含1年）的各种借款。

（二）长期应付款主要是指民间非营利组织融资租入固定资产发生的应付租赁款。

（三）其他长期负债是指除长期借款和长期应付款外的长期负债。

第五十四条 各项长期负债应当按实际发生额入账。

第五十五条 受托代理负债是指民间非营利组织因从事受托代理业务、接受受托代理资产而产生的负债。受托代理负债应当按照相对应的受托代理资产的金额予以确认和计量。

第四章 净资产

第五十六条 民间非营利组织的净资产是指资产减去负债后的余额。净资产应当按照其是否受到限制，分为限定性净资产和非限定性净资产等。

如果资产或者资产所产生的经济利益（如资产的投资收益和利息等）的使用受到资产提供者或者国家有关法律行政法规所设置的时间限制或（和）用途限制，则由此形成的净资产即为限定性净资产；国家有关法律行政法规对净资产的使用直接设置限制的，该受限制的净资产亦为限定性净资产；除此之外的其他净资产，即为非限定性净资产。

本制度所称的时间限制，是指资产提供者或者国家有关法律行政法规要求民间非营利组织在收到资产后的特定时期之内或特定日期之后使用该项资产，或者对资产的使用设置了永久限制。

本制度所称的用途限制，是指资产提供者或者国家有关法律、行政法规要求民间非营利组织将收到的资产用于某一特定的用途。

民间非营利组织的董事会、理事会或类似机构对净资产的使用所作的限定性决策、决议或拨款限额等,属于民间非营利组织内部管理上对资产使用所作的限制,不属于本制度所界定的限定性净资产。

第五十七条　如果限定性净资产的限制已经解除,应当对净资产进行重新分类,将限定性净资产转为非限定性净资产。

当存在下列情况之一时,可以认为限定性净资产的限制已经解除:

(一)所限定净资产的限制时间已经到期;

(二)所限定净资产规定的用途已经实现(或者目的已经达到);

(三)资产提供者或者国家有关法律行政法规撤销了所设置的限制。

如果限定性净资产受到两项或两项以上的限制,应当在最后一项限制解除时,才能认为该项限定性净资产的限制已经解除。

第五章　收　入

第五十八条　收入是指民间非营利组织开展业务活动取得的、导致本期净资产增加的经济利益或者服务潜力的流入,收入应当按照其来源分为捐赠收入、会费收入、提供服务收入、政府补助收入、投资收益、商品销售收入等主要业务活动收入和其他收入等。

(一)捐赠收入是指民间非营利组织接受其他单位或者个人捐赠所取得的收入。

(二)会费收入是指民间非营利组织根据章程等的规定向会员收取的会费收入。

(三)提供服务收入是指民间非营利组织根据章程等的规定向其服务对象提供服务取得的收入,包括学费收入、医疗费收入、培训收入等。

(四)政府补助收入是指民间非营利组织接受政府拨款或者政府机构给予的补助而取得的收入。

(五)商品销售收入是指民间非营利组织销售商品(如出版物、药品等)等所形成的收入。

(六)投资收益是指民间非营利组织因对外投资取得的投资净损益。

民间非营利组织如果有除上述捐赠收入、会费收入、提供服务收入、政府补助收入、商品销售收入、投资收益之外的其他主要业务活动收入,也应当单

独核算。

（七）其他收入是指除上述主要业务活动收入以外的其他收入，如固定资产处置净收入、无形资产处置净收入等。

对于民间非营利组织接受的劳务捐赠，不予确认，但应当在会计报表附注中作相关披露。

第五十九条 民间非营利组织在确认收入时，应当区分交换交易所形成的收入和非交换交易所形成的收入。

（一）交换交易是指按照等价交换原则所从事的交易，即当某一主体取得资产、获得服务或者解除债务时，需要向交易对方支付等值或者大致等值的现金，如果提供等值或者大致等值的货物、服务等的交易。如按照等价交换原则销售商品、提供劳务等均属于交换交易。对于因交换交易所形成的商品销售收入，应当在下列条件同时满足时予以确认：

1．已将商品所有权上的主要风险和报酬转移给购货方；

2．既没有保留通常与所有权相联系的继续管理权，也没有对已售出的商品实施控制；

3．与交易相关的经济利益能够流入民间非营利组织；

4．相关的收入和成本能够可靠地计量。

对于因交换交易所成本的提供劳务收入，应当按以下规定予以确认：

1．在同一会计年度内开始并完成的劳务，应当在完成劳务时确认收入；

2．如果劳务的开始和完成分属不同的会计年度，可以按完工进度或完成的工作量确认收入。

对于因交换交易所形成的因让渡资产使用权而发生的收入应当在下列条件同时满足时予以确认：

1．与交易相关的经济利益能够流入民间非营利组织；

2．收入的金额能够可靠地计量。

（二）非交换交易是指除交换交易之外的交易。在非交换交易中，某一主体取得资产、获得服务或者解除债务时，不必向交易对方支付等值或者大致等值的现金，或者提供等值或者大致等值的货物、服务等；或者某一主体在对外提供货物、服务等时，没有收到等值或者大致等值的现金、货物等。如捐赠、政府补助等属于非交换交易。

对于因非交换交易所形成的收入，应当在同时满足下列条件时予以确认：

1．与交换相关的经济利益或者服务潜力的资源能够流入民间非营利组织并

为其所控制,或者相关的债务能够得到解除;

2. 交换能够引起净资产的增加;

3. 收入的金额能够可靠地计量。

一般情况下,对于无条件的捐赠或政府补助,应当在捐赠或政府补助收到时确认收入;对于附条件的捐赠或政府补助,应当在取得捐赠资产或政府补助资产控制权时确认收入,但当民间非营利组织存在需要偿还全部或部分捐赠资产(或者政府补助资产)或者相应金额的现时义务时,应当根据需要偿还的金额同时确认一项负债和费用。

第六十条 民间非营利组织对于各项收入应当按是否存在限定区分为非限定性收入和限定性收入进行核算。

如果资产提供者对资产的使用设置了时间限制或者(和)用途限制,则所确认的相关收入为限定性收入;除此之外的其他所有收入,为非限定性收入。

民间非营利组织的会费收入、提供服务收入、商品销售收入和投资收益等一般为非限定性收入,除非相关资产提供者对资产的使用设置了限制;民间非营利组织的捐赠收入和政府补助收入,应当视相关资产提供者对资产的使用是否设置了限制,分别限定性收入和非限定性收入进行核算。

第六十一条 期末,民间非营利组织应当将本期限定性收入和非限定性收入分别结转至净资产项下的限定性净资产和非限定性净资产。

第六章 费　用

第六十二条 费用是指民间非营利组织为开展业务活动所发生的、导致本期净资产减少的经济利益或者服务潜力的流出。费用应当按照其功能分为业务活动成本、管理费用、筹资费用和其他费用等。

(一)业务活动成本,是指民间非营利组织为了实现其业务活动目标、开展其项目活动或者提供服务所发生的费用。如果民间非营利组织从事的项目、提供的服务或者开展的业务比较单一,可以将相关费用全部归集在"业务活动成本"项目下进行核算和列报;如果民间非营利组织从事的项目、提供的服务或者开展的业务种类较多,民间非营利组织应当在"业务活动成本"项目下分别项目、服务或者业务大类进行核算和列报。

(二)管理费用,是指民间非营利组织为组织和管理其业务活动所发生的各项费用。包括民间非营利组织董事会(或者理事会或者类似权力机构)经费

和行政管理人员的工资、奖金、住房公积金、住房补贴、社会保障费、离退休人员工资与补助，以及办公费、水电费、邮电费、物业管理费、差旅费、折旧费、修理费、租赁费、无形资产摊销费、资产盘亏损失、资产减值损失、因预计负债所产生的损失、聘请中介机构费和应偿还的受赠资产等。其中，福利费应当依法根据民间非营利组织的管理权限，按照董事会、理事会或类似权力机构等的规定据实列支。

（三）筹资费用，是指民间非营利组织为筹集业务活动所需资金而发生的费用，包括民间非营利组织为了获得捐赠资产而发生的费用以及应当计入当期费用的借款费用、汇兑损失（减汇兑收益）等。民间非营利组织为了获得捐赠资产而发生的费用包括举办募款活动费、准备、印刷和发放募款宣传资料费以及其他与募款或者争取捐赠资产有关的费用。

（四）其他费用，是指民间非营利组织发生的、无法归属到上述业务活动成本、管理费用或者筹资费用中的费用，包括固定资产处置净损失、无形资产处置净损失等。

民间非营利组织的某些费用如果属于多项业务活动或者属于业务活动、管理活动和筹资活动等共同发生的，而且不能直接归属于某一类活动，应当将这些费用按照合理的方法在各项活动中进行分配。

第六十三条　民间非营利组织发生的业务活动成本、管理费用、筹资费用和其他费用，应当在实际发生时按其发生额计入当期费用。

第六十四条　期末，民间非营利组织应当将本期发生的各项费用结转至净资产项下的非限定性净资产，作为非限定性净资产的减项。

第七章　财务会计报告

第六十五条　财务会计报告是反映民间非营利组织财务状况、业务活动情况和现金流量等的书面报告。

第六十六条　财务会计报告分为年度财务会计报告和中期财务会计报告。以短于一个完整的会计年度的期间（如半年度、季度和月度）编制的财务会计报告称为中期财务会计报告。年度财务会计报告则是以整个会计年度为基础编制的财务会计报告。

第六十七条　财务会计报告由会计报表、会计报表附注和财务情况说明书组成。民间非营利组织对外提供的财务会计报告的内容、会计报表的种类和格式、会计报表附注应予披露的主要内容等，由本制度规定；民间非营利组织内部管理需要的会计报表由单位自行规定。

民间非营利组织在编制中期财务会计报告时，应当采用与年度会计报表相一致的确认与计量原则。中期财务会计报告的内容相对于年度财务会计报告而言可以适当简化，但是，它仍然应当保证包括了与理解中期期末财务状况和中期业务活动情况及其现金流量相关的重要财务信息。

第六十八条　民间非营利组织采用的会计政策前后各期应当保持一致，不得随意变更，除非符合下列条件之一：

（一）法律或会计制度等行政法规、规章的要求；

（二）这种变更能够提供有关民间非营利组织财务状况、业务活动情况和现金流量等更可靠、更相关的会计信息。

民间非营利组织应当采用追溯调整法核算会计政策的变更，如果追溯调整法不可行，则应当采用未来适用法核算；如果相关法律或会计制度等另有规定，则应当按照相关规定进行核算。

本制度中所称追溯调整法，是指对某项交易或者事项变更会计政策时，如同该交易或者事项初次发生时就开始采用新的会计政策，并以此对相关项目进行调整的方法；本制度所称未来适用法，是指对某项交易或者事项变更会计政策时，新的会计政策适用于变更当期及未来期间发生的交易或者事项的方法。

第六十九条　资产负债表日至财务会计报告批准报出日之间发生的需要调整或说明的有利或不利事项，属于资产负债表日后事项。对于资产负债表日后事项，应当区分调整事项和非调整事项进行处理。

调整事项，是指资产负债表日后至财务会计报告批准报出日之间发生的，为资产负债表日已经存在的情况提供了新的或进一步证据，有助于对资产负债表日存在情况有关的金额作出重新估计的事项。民间非营利组织应当就调整事项，对资产负债表日所确认的相关资产、负债和净资产，以及资产负债表日所属期间的相关收入、费用等进行调整。

非调整事项，是指资产负债表日后至财务会计报告批准报出日之间才发生的，不影响资产负债表日的存在情况，但不加以说明将会影响财务会计报告使用者作出正确估计和决策的事项。民间非营利组织应当在会计报表附注中披露非调整事项的性质、内容，以及对财务状况和业务活动情况的影响。如无法估计其影响，应当说明理由。

第七十条　财务会计报告中的会计报表至少应当包括以下三张报表：

（一）资产负债表；

（二）业务活动表；

（三）现金流量表。

第七十一条 会计报表附注至少应当包括下列内容：

（一）重要会计政策及其变更情况的说明；

（二）董事会（或者理事会或者类似权力机构）成员和员工的数量、变动情况以及获得的薪金等报酬情况的说明；

（三）会计报表重要项目及其增减变动情况的说明；

（四）资产提供者设置了时间或用途限制的相关资产情况的说明；

（五）受托代理交易情况的说明，包括受托代理资产的构成、计价基础和依据、用途等；

（六）重大资产减值情况的说明；

（七）公允价值无法可靠取得的受赠资产和其他资产的名称、数量、来源和用途等情况的说明；

（八）对外承诺和或有事项情况的说明；

（九）接受劳务捐赠情况的说明；

（十）资产负债表日后非调整事项的说明；

（十一）有助于理解和分析会计报表需要说明的其他事项。

第七十二条 财务情况说明书至少应当对下列情况作出说明：

（一）民间非营利组织的宗旨、组织结构以及人员配备等情况；

（二）民间非营利组织业务活动基本情况，年度计划和预算完成情况，产生差异的原因分析，下一会计期间业务活动计划和预算等；

（三）对民间非营利组织运作有重大影响的其他事项。

第七十三条 民间非营利组织对外投资，而且占对被投资单位资本总额50%以上（不含50%），或者虽然占该单位资本总额不足50%但具有实质上的控制权的，或者对被投资单位具有控制权的，应当编制合并会计报表。

第七十四条 民间非营利组织的年度财务会计报告至少应当于年度终了后4个月内对外提供。如果民间非营利组织被要求对外提供中期财务会计报告的，应当在规定的时间内对外提供。

会计报表的填列，以人民币"元"为金额单位，"元"以下填至"分"。

第七十五条 民间非营利组织对外提供的财务会计报告应当依次编定页数，加具封面，装订成册，加盖公章。封面上应当注明：组织名称、组织登记证号、组织形式、地址、报表所属年度或者中期、报出日期,并由单位负责人和主管会计工作的负责人、会计机构负责人(会计主管人员)签名并盖章;设置总会计师的单位,还应当由总会计师签名并盖章。

第八章 附 则

第七十六条 本制度自 2005 年 1 月 1 日起施行。

中小学校长财务管理实务

上海市民办中小学校财务管理办法

第一章 总 则

第一条 本着遵循国家对民办教育实行"积极鼓励、大力支持、正确引导、依法管理"的工作方针,加强民办中小学校的财务管理工作,规范民办中小学校的会计核算,保证会计信息质量;维护国家、举办者、出资人、学校和受教育者的合法权益,促进民办中小学校教育事业持续、健康的发展,根据《中华人民共和国民办教育促进法》及实施条例、《中华人民共和国会计法》、《民间非营利组织会计制度》等有关法律法规,结合民办中小学校特点,制定本办法。

第二条 本办法适用于国家机构以外的社会组织或者个人利用非国家财政性经费,面向社会举办的民办中小学校。

第三条 本办法所称的民办中小学校包括:民办普通中小学校、幼儿园、中等职业学校(以下简称学校)。

第四条 民办教育属于公益性事业,是社会主义教育事业的组成部分。如果出资人要求依法取得合理回报,应当在学校的章程中明确载明。

第五条 学校应当依法建立健全财务制度、会计制度和资产管理制度,并规范:

(一)财务预算和决算制度;

(二)基本建设的财务管理制度;

(三)教职工绩效考评与薪酬管理制度;

(四)资金结算管理制度;

(五)收费标准管理制度;

(六)费用开支标准管理制度;

(七)收据和发票管理制度;

(八)经营承包财务管理制度;

(九)会计档案管理制度;

(十)有价证券管理制度;

(十一)专用资金管理制度;

(十二)其他财务会计工作的制度。

第六条　学校财务管理的主要原则是：保证国家有关法律、法规和财务规章制度的贯彻执行，保证党和国家的方针、政策的有效落实；促使财务工作有章可循，财务活动有序进行；正确处理国家、举办者、出资人、学校和受教育者的经济利益关系。

第七条　学校财务管理的主要任务是：严格履行举办者投入财产的认定和过户手续，保证出资的真实、合法；建立、健全财务管理体制，配备合格的财会人员，保障财会工作的有序开展；有效落实学校的法人财产权，加强法人财产的管理，防止学校法人财产流失；合理编制预算，依法多渠道筹集办学资金，加强核算，提高资金使用效益；完善内部控制制度，加强风险管理；定期进行财务分析，如实反映学校财务状况和办学活动情况。

第二章　财务管理体制

第八条　学校的财务工作实行法定代表人负责制和"统一领导，集中管理"的财务管理体制。学校的法定代表人由理事长、董事长或者校长担任。

第九条　学校必须设置独立的财务机构，统一管理学校的各项财务工作，制定财务规章制度，编制财务收支预决算，集中管理学校的各种资金。

第十条　学校财务机构负责人（会计主管人员）由校长提名，经学校决策机构（理事会、董事会或者其他形式的决策机构，下同）批准后任命，并报教育主管部门备案。

第十一条　学校财会人员的工作职责、工作权限、技术职称、任免奖罚，应当严格按照《中华人民共和国会计法》的规定执行。学校财务机构负责人（会计主管人员）必须取得会计从业资格证书，并应当具备会计师以上专业技术职务资格或者从事会计工作三年以上经历。学校的一般会计人员必须取得会计从业资格证书。学校的会计人员必须按时接受本市组织的会计人员继续教育，并落实《会计从业资格管理办法》相关条款的规定。

第三章　预算管理

第十二条　学校预算编制坚持"透明公开、完整科学、及时有效、注重效益、勤俭节约"的原则。

第十三条　预算是指学校根据年度办学发展计划和经费支出需要编制的年度财务收支计划。预算分为收入预算、费用预算和资产预算等。预算由校级预

算和所属各级部门预算组成。学校应当根据科学的方法编制预算。

第十四条　学校必须建立严格的预算管理制度，明确预算编制方法和审批程序。学校校长负责拟订年度预算，由学校决策机构审批后实施，对学校的业务活动具有约束力。

第十五条　学校预算在执行过程中确需调整时，可以报学校决策机构调整预算。收入预算调整后，相应调增或者调减费用预算。

第四章　资产和负债管理

第十六条　学校举办者投入资产的认定和过户：

（一）学校的举办者应当按照民办教育促进法及实施条例的规定，按时、足额履行出资义务。

（二）举办者可以资金、实物、土地使用权、知识产权以及其他财产作为办学出资。举办者投入的知识产权等必须合规、真实。凡国家的资助、向学生收取的费用和学校的借款、接受的捐赠财产不属于举办者的出资。

（三）举办者投入的资金、实物、土地使用权、知识产权以及其他财产必须通过经依法设立的验资机构验资并出具证明；其中实物、土地使用权、知识产权以及其他财产，必须通过具有评估资格的中介机构依法进行评估并出具证明，且评估基准日为办学批准日；出资人按一定比例从办学结余中取得的合理回报，如再投入到学校，必须经依法设立的验资机构验资并出具证明。

（四）举办者必须在学校法人登记成立后一年内办理过户手续，将投入资产（房屋、建筑物和土地使用权等）过户到学校名下。

本办法试行前举办者投入学校的资产尚未过户到学校名下的，自本办法下发之日起1年内完成过户工作。资产未过户到学校名下前，举办者对学校债务等依法承担相应法律责任。

第十七条　学校按法定验资机构或具有评估资格的中介机构所出具的书面报告合理确定举办者的出资额，依法向教育主管部门和登记管理部门核准；如需修改学校章程中有关出资额的记载事项，学校应当按法定验资机构或具有评估资格的中介机构所出具的书面报告合理确定出资额，经教育主管部门审核后，报登记管理部门核准。要依法落实学校的法人财产权。学校的法人财产权依法受到国家有关法律法规保护，学校存续期间，可以依法管理和使用其资产，任何组织和个人不得截留、私分、挪用或侵占学校的资产。禁止学校利用本校教学设施提供经济担保或财产抵押。

第十八条 学校必须依法加强和规范法人财产管理,并按照国家有关规定设置会计账簿。

学校应当对国家资助财产、出资人投入学校的财产、受赠财产和办学积累的财产,进行分类核算和管理。出资人对学校投入的财产和学校接受捐赠的财产,应当按依法设立的验资机构验资或具有评估资格的中介机构依法进行评估所出具的书面报告中确定的财产,进行登记和管理。

第十九条 学校要对取得的有指定项目和用途的财产进行分类核算;对获得的专项经费,应当在每年度末向专项经费的提供者报送资金使用情况。

第二十条 固定资产是指单位价值在规定标准以上(单位价值在2000元以上),使用期限在1年以上,并在使用过程中基本保持原有物质形态的资产。单位价值虽未达到规定标准,但耐用时间在1年以上的大批同类物资,也作为固定资产管理。

学校的固定资产一般分为6类:

(一)房屋和建筑物;

(二)专用设备;

(三)一般设备;

(四)文物和陈列品;

(五)图书;

(六)其他固定资产。

学校应当根据规定的固定资产标准,结合本校的具体情况,制定各类固定资产的明细目录。

第二十一条 为便于准确反映固定资产的新旧程度,正确核算办学成本,学校应当进行固定资产折旧核算。

固定资产折旧按照《民办中小学校固定资产分类折旧年限表》的规定执行。折旧方法采用平均年限法,残值率为5%。学校应当对固定资产按月提取折旧,文物和陈列品除外。当月增加的固定资产,当月不提折旧,从下月起计提折旧;当月减少的固定资产,当月照提折旧,从下月起不提折旧。

民办中小学校固定资产折旧年限表

固定资产分类	折旧年限
一、房屋、建筑物	
1. 钢筋混凝土框架结构 2. 混合结构 3. 砖木结构 4. 简易房	40—50年 35—45年 20—25年 8—10年
二、专用设备	
5. 文体设备 6. 医疗设备 7. 机器、机械设备 8. 交通运输工具	8年
三、一般设备	
9. 电教设备 10. 印刷设备 11. 办公设备 12. 家具 13. 实验器材	5年
14. 电子计算机 15. 电子配件	3年
四、文物及陈列品	—
五、图书	3年
六、其他固定资产	10年

第二十二条　学校应当对不同性质的负债分别管理，及时清理并按照规定办理结算，保证各项负债在规定期限内归还。

第二十三条　学校应当对教职工实施有效的绩效考评，合理控制教职工薪酬，调动教职工的积极性。学校高级管理人员的薪酬支付方案应当经学校决策机构审议、批准。

第五章 收入和费用管理

第二十四条 学校的收入分为：提供服务收入、政府补助收入、捐赠收入、投资收益和其他收入。收入应当按照是否存在限定，区分为非限定性收入和限定性收入，并设置相应的明细科目进行明细核算。

（一）提供服务收入是指学校开展教学及辅助活动取得的收入，包括学费收入、住宿费收入等。

（二）政府补助收入是指学校因国家机构给予的资助而取得的收入。

（三）捐赠收入是指学校接受公民、法人或其他组织的捐赠所取得的收入。

（四）投资收益是指因对外投资取得的投资净损益。

（五）其他收入是指学校除提供服务收入、政府补助收入、捐赠收入、投资收益以外的其他收入，如确实无法支付的应付款项、存货盘盈、固定资产盘盈、固定资产处置净收入、无形资产处置净收入等。

第二十五条 学校的费用分为：业务活动成本、管理费用、筹资费用、所得税和其他费用。

（一）业务活动成本是指学校开展教学及辅助活动中所发生的与直接提供教育服务相关的费用，可细分为：基本工资、津贴、奖金、住房公积金、社会保险缴费、福利费、兼职教师薪酬、劳务费、工会经费、折旧、材料费、图书资料购置费、办公费、印刷费、水电费、邮电费、取暖费、交通费、差旅费、会议费、培训费、招待费、租赁费、物业管理费、维修费、医疗费、助学金、绿化费、宣传活动费、税费支出及其他费用。

（二）管理费用是指学校决策机构进行管理和学校的后勤保障部门提供后勤服务等所发生的各项费用，包括学校决策机构的公务支出（包括办公费、会议费和差旅费等）、后勤服务人员的薪酬支出（基本工资、津贴、奖金、住房公积金、社会保障费、福利费等）、存货和固定资产盘亏损失、资产减值损失、聘请中介机构费、因预计负债所产生的损失等。

（三）筹资费用是指学校为筹集业务活动所需资金而发生的费用，包括学校获得捐赠资产而发生的费用以及应当计入当期费用的借款费用、汇兑损失（减汇兑收益）等。

（四）所得税是指学校办学活动过程中应依法缴纳的所得税。

（五）其他费用是指学校发生的、无法归属到上述业务活动成本、管理费用、

筹资费用、所得税的各种费用，包括固定资产处置净损失、无形资产处置净损失等。

学校发生的业务活动成本、管理费用、筹资费用、所得税和其他费用，应当在实际发生时按其发生额计入当期费用。学校发生的各项交易或事项（包括与出资人相关的交易或事项）应当以公允价值为基础。

第二十六条　学校应当明确区分教育活动收入和非教育活动收入、教育活动支出和非教育活动支出；无法明确区分的支出项目，应按合理的标准分摊归集到有关项目；分摊标准一经确定，本年度内不得变更，下年度确需变更的，按规定程序办理；并在会计报表附注中说明变更的内容、事由和影响。

第六章　结余及其分配

第二十七条　结余是学校（业务活动）取得的全部收入扣除全部费用形成的年度净收益（或发生的净亏损）。办学结余是指学校的全部收入扣除全部费用形成的年度净收益，扣除社会捐助、国家资助的资产后，并依据民办教育促进法及实施条例的规定预留发展基金及按照国家有关规定提取其他必要的专用资金后的余额。

第二十八条　学校决策机构应当根据国家有关规定和自身发展、建设需要提取具有专门用途的资金，即专用资金。

（一）提取发展基金。学校应当按照民办教育促进法及实施条例的规定提取发展基金。发展基金用于学校的建设、维护和教学设备的添置和更新。

（二）鼓励学校根据自身发展和建设需要提取风险保证金等其他专用资金。

1. 风险保证金。学校可以根据决策机构确定的比例从非限定性收支形成的年度净收益中提取风险防范基金。风险防范基金用于学校发生意外事故和学校终止的善后处理。

学校可以按当年学费收入（或管理费）的2%提取风险保证金。风险保证金的累计金额达到学校当年学费收入（或管理费）50%时及以后期间，可以不再提取。

2. 其他专用资金。学校可以根据国家有关规定和事业发展需要设立其他专用资金。

如果当期发生亏损，学校可以暂停计提各类专用资金；如果学校前期发生亏损，学校应当在弥补亏损后按上述程序提取各类专用资金。各类专用资金的提取比例和管理办法,按照国家有关规定统一执行;没有统一规定的,应当根据学校决策机构的决议确定。各类专用资金应当单独核算,专款专用。

第二十九条 学校的办学活动符合民办教育促进法及实施条例的规定,且依法提取了各类专用资金后的办学结余仍有余额,可以在办学结余的余额范围内,根据国家有关规定,由学校决策机构依法确定合理比例提取出资人回报。

学校在确定出资人从办学结余中取得回报的比例时,应当严格按照民办教育促进法实施条例的相关规定操作。对于收取费用高、用于教育教学活动和改善办学条件的支出占收取费用的比例低,并且办学水平和教育质量低的民办学校,其出资人从办学结余中取得回报的比例不得高于同级同类其他民办学校。

学校决策机构作出向出资人支付回报的决定,应当自该决定作出之日起15日内,将初步决定、具体支付方案及与其办学水平和教育质量有关的材料、财务状况在校内公示,并向社会公布。如果在1个月的公示期内社会各方均无异议,学校应当在公示期满15日内将该决定作为向出资人支付回报的正式决定,一并与具体支付方案和与其办学水平和教育质量有关的材料、财务状况报教育主管部门备案。如果1个月的公示期内社会各界对该决定草案存在异议,可以向学校提出或者向教育主管部门反映。

第七章 内部控制

第三十条 学校应当根据国家有关法律、行政法规和内部控制规范,结合本学校的业务活动特点,制定相应的内部控制制度,加强风险管理,提高会计信息质量和管理水平。

(一)学校应当按照不相容职务相分离的原则,合理设置会计及相关工作岗位,明确职责权限,形成相互牵制机制,完善会计系统控制。

(二)学校应当实施财产保全控制。学校应限制未经授权的人员对财产的直接接触,采取定期盘点、财产记录、账实核对、财产保险等措施,确保各种资产的安全、完整。

(三)学校应当实施严格的贷款审批控制。学校的贷款须经财务部门、决策机构审核、批准。学校应以自有资金为基础,合理确定外借资金的需要量和期限,尽可能降低利息成本和筹资风险。

(四)实施会计电算化的学校,其会计电算化核算软件应事先通过主管财政部门的检查备案。学校应当严密会计电算化操作、审核等各个环节的制度规

范,加强对财务会计电子信息系统的开发与维护、数据输入与输出、文件存储与保管、网络安全等方面的控制,防止人为操纵因素,确保内部会计控制有效实施。

(五)学校应当加强监督,充分发挥内部审计的职能。学校应建立内部审计机构,并保证其独立性。内部审计机构向学校决策机构负责,定期或不定期开展内部审计工作,审计结果向学校决策机构汇报,及时发现问题,并消除隐患,堵塞漏洞,防止舞弊、经济职务犯罪,保护学校的财产安全。

第八章 财务报告和财务分析

第三十一条 每个会计年度结束时,学校应当按照决算要求提供年度财务会计报告和财务分析报告。财务会计报告是反映学校财务状况、业务活动和现金流量等情况的书面报告,由会计报表、会计报表附注和财务情况说明书组成。

第三十二条 财务报告中的会计报表至少应当包括以下三张报表:资产负债表、业务活动表和现金流量表。

各报表的编号及编制期如下:

编 号	适用范围	会计报表名称	编制期
会民办中小01表	所有民办中小学校	资产负债表	中期报告、年度报告
会民办中小02表	所有民办中小学校	业务活动表	中期报告、年度报告
会民办中小03表	所有民办中小学校	现金流量表	中期报告、年度报告

财务会计报告的格式、编制及年终结账说明见《上海市民办中小学校会计核算办法》。

第三十三条 财务会计报告分为年度财务会计报告和中期财务会计报告。学校在编制中期财务会计报告时,应当采用与年度会计报表相一致的确认与计量原则。中期财务会计报告的内容较年度财务会计报告内容可以适当简化,但仍应保证有与理解中期期末财务状况和中期业务活动情况及其现金流量相关的重要财务信息。

学校内部管理需要的会计报表由单位自行规定。

第三十四条 财务分析是财务管理工作的重要组成部分。学校应当按照主管部门的规定和要求,根据学校财务管理的需要,定期编制财务分析报告。财务分析的内容包括学校事业发展和预算执行、资产使用管理、收入、费用和专用资金的使用、学校对出资人支付回报的情况以及学校存在主要问题和改进措施等。

财务分析指标包括出资人投入资金变动情况、国家资助的变动情况、社会捐赠的变动情况、学校办学积累增减变动情况、固定资产增减变动情况;预算收支完成率、人员支出和公用支出占业务活动成本及管理费用的比例、资产负债率、生均费用(或成本)增减、现金流量变动情况等。学校可以根据本校特点增加财务分析指标。

第三十五条　学校年度财务会计报告和财务分析报告,应当经财务机构负责人(会计主管人员)、法定代表人审核,同时签名并盖章。学校年度财务会计报告须经注册会计师审计并出具书面审计报告。学校应当在年度终了后4个月内将年度财务会计报告和审计报告一并上报教育主管部门和有关报表使用者。

第九章　财务清算

第三十六条　经国家有关部门批准,学校举办者变更或学校终止时,应当予以公告,并依法进行财务清算。

第三十七条　学校因举办者变更或自己要求终止的,由学校组织清算;被审批机关依法撤销的,由审批机关组织清算;因资不抵债无法继续办学而被终止的,由人民法院组织清算。学校财务清算,应当成立清算机构,并在教育主管部门、登记管理部门和财政部门、国有资产管理部门的监督指导下,对学校的财产、债权、债务等进行全面清理,编制财产目录和债权、债务清单,提出财产作价依据和债权、债务处理办法。

第三十八条　学校财务清算时,首先应退学生学费、杂费和其他费用;其次支付所欠教职工的工资及社会保险缴费;最后偿还银行贷款及其他各种债务。学校清算后的剩余财产,返还或者折价返还出资人的投入后,由教育主管部门统筹安排,做好社会公益资产的移交、接收、划转和管理工作,并妥善处理各项遗留问题。

第十章　附　则

第三十九条　民办成人中专、成人中学和非学历教育机构及政府委托的以

招收农民工同住子女为主的民办农民工子女小学可参照本办法执行。

第四十条 本办法自 2010 年 1 月 1 日起执行。

第四十一条 本办法由上海市教育委员会负责解释和修订。

参 考 文 献

著作类：

[1] 马赞主编. 学校会计教程[M]. 北京：中国建材工业出版社，1998

[2] 李海波，刘学华主编. 行政事业会计（第二版）[M]. 上海：立信会计出版社，2001

[3] 候立新，周斌编著. 单位负责人必备财会知识[M]. 北京：经济科学出版社，2005

[4] 王允平，孙丽红主编. 会计学基础（新版）[M]. 北京：经济科学出版社，2006

[5] 李凤鸣主编. 会计制度设计（第二版）[M]. 上海：复旦大学出版社，2007

[6] 穆林娟主编. 财务报表分析[M]. 上海：复旦大学出版社，2007

[7] 田昆儒主编. 基础会计学[M]. 北京：清华大学出版社，2007

[8] （美）Treadway委员会发起组织委员会（COSO）. 方红星主译. 内部控制——整合框架[M]. 大连：东北财经大学出版社，2008

[9] 李骏修，沈国强主编. 教育审计工作手册[M]. 上海：上海社会科学院出版社，2009

[10] 李端生主编. 会计制度设计（第三版）[M]. 大连：东北财经大学出版社，2008

[11] 刘晓斌，王晓波主编. 非财务人员财务知识读本[M]. 北京：中国纺织出版社，2009

[12] 王合喜，胡伟主编. 政府与事业单位会计[M]. 北京：科学出版社，2009

[13] 王庆成主编. 政府与事业单位会计（第三版）[M]. 北京：中国人民大学出版社，2009

[14] 于玉林，王建忠主编. 会计原理（第九版）[M]. 北京：经济科学出版社，2008

[15] 玉卓主编. 教你做一名优秀的行政事业单位会计[M]. 北京：北京工业大

学出版社，2010

[16] 赵京菊编著．新编行政事业单位会计实务速成[M]．北京：企业管理出版社，2008

[17] 赵建勇主编．政府与非营利组织会计（第二版）[M]．上海：复旦大学出版社，2008

[18] 孙玉栋，张斌，樊勇编著．民间非营利组织会计实务[M]．北京：清华大学出版社，2006

[19] 姜雅净，樊晶玉，潘颖编著．民间非营利组织会计[M]．上海：上海财经大学出版社，2009

[20] 袁志主编．民间非营利组织会计实务[M]．北京：经济科学出版社，2004

[21] 朱传华主编．行政单位会计理论与实务[M]．北京：首都经济贸易大学出版社，1998

[22] 文通主编．新编新手学行政事业单位会计三天速成[M]．北京：中国纺织出版社，2011

论文类：

[1] 赵建设．我国小学财务管理中存在的问题及对策研究[J]．西安联合大学学报，2001.3

[2] 张国忠．完善会计集中核算若干问题的思考[J]．经济与社会发展，2004.8

[3] 黄兆龙．谈中小学校长如何实施财务管理（一）[J]．吉林教育．现代校长．2005.Z1

[4] 黄兆龙．谈中小学校长如何实施财务管理（二）——中小学校预算管理[J]．吉林教育．现代校长．2005.3

[5] 黄兆龙．谈中小学校长如何实施财务管理（三）——中小学校收入和支出管理[J]．吉林教育．现代校长．2005.4

[6] 黄兆龙．谈中小学校长如何实施财务管理（四）——中小学校资产管理[J]．吉林教育．现代校长．2005.5

[7] 黄兆龙．谈中小学校长如何实施财务管理（五）——中小学校资产管理[J]．吉林教育．现代校长．2tp://dlib.cnki.net/kns50/detail.aspx?QueryID=30&CurRec=1"\t"_blank"中小学财务管理机制的构建[J]．吉林教育．现代校长．2005.10

[8] 周彬玲．浅谈学校财务管理[J]．文教资料．2006.2

[9] 崔国平. 中小学财务管理存在的问题及对策探析[J]. 当代教育科学. 2006.6

[10] 姜辉. "经费统管"背景下中小学财务管理的问题及对策[J]. 中小学管理. 2007.9

[11] 陈太永. 公办中小学财务管理之管见[J]. 中国集体经济. 2008.2

[12] 林文勇. 加强中小学财务管理工作的三大关键[J]. 中学校长. 2008.5

[13] 肖霞. 教育事业单位财务管理的问题与对策[J]. 中国乡镇企业会计. 2008.9

[14] 罗红娟. "两免制"下公办学校财务管理的思考[J]. 中国集体经济. 2009.2上

[15] 张雪峰. 浅谈学校财务管理[J]. 辽宁行政学院学报. 2009.2

[16] 官滔滔. 浅谈会计在教育事业单位的应用[J]. 中国科教创新导刊. 2009.4

[17] 董晋. 学校教育经费的安全理论与控制程序[J]. 中国成人教育. 2009.7

[18] 张鹏霞. 学校财务管理工作中的"五坚持"[J]. 发展. 2009.8

[19] 张连东. 对目前学校财务管理工作现状的相应探讨[J]. 现代商业. 2010.6

[20] 曾永平, 徐安兴. 学校财务管理中存在的问题与对策[J]. 经济研究导刊. 2010.7

[21] 侯利敏, 赵自强. 高等学校财务分析存在的问题及对策研究[J]. 中小企业管理与科技. 2011.12